LA VIE
D'AUGUSTE COMTE

DU MÊME AUTEUR
SUR AUGUSTE COMTE

La jeunesse d'Auguste Comte et la formation du positivisme :
- I. *Sous le signe de la liberté*, 1933
- II. *Saint-Simon jusqu'à la Restauration*, 1964
- III. *Auguste Comte et Saint-Simon*, 1970

BIBLIOTHÈQUE DES TEXTES PHILOSOPHIQUES

Fondateur : Henri GOUHIER   Directeur : Jean-François COURTINE

H. GOUHIER

LA VIE
D'AUGUSTE COMTE

Préface de
Annie PETIT

Deuxième édition revue
Nouveau Tirage

PARIS

LIBRAIRIE PHILOSOPHIQUE J. VRIN

6, Place de la Sorbonne, Ve

1997

© *Librairie Philosophique J. VRIN,* 1997
ISBN 2-7116-1332-1
Imprimé en France

PRÉFACE

Auguste Comte est un philosophe dont on ne peut ignorer la vie pour comprendre l'œuvre ; lui-même s'est plu à exposer l'une pour expliquer l'autre, s'est complu à dire leurs entrelacs. Il y emploie Préfaces, Dédicaces, Appendices, Confessions, Circulaires, Appels publics, correspondances publiées, les textes devenant de plus en plus amples, nombreux et emboîtés[1]. De son œuvre, il raconte la vie, la gestation, la naissance, les développements, les infléchissements, les réorientations, la patiente et systématique édification. De sa vie, il fait une œuvre, ses désordres étant des progrès, ses va-et-vient des passages obligés ; les événements sont intégrés dans un parcours initiatique et ses heurs et malheurs dans une édification systématique.

Henri Gouhier est un philosophe dont une part importante de l'œuvre a été de comprendre cette vie. L'ouvrage ici réédité, paru pour la première fois en 1931, a été très vite prolongé par des études plus approfondies : dès 1933 paraissait le premier volume de *La Jeunesse d'Auguste Comte et la*

---

1. On ne donnera ici que l'exemple du *Système de politique positive,* dont le premier tome paru en 1851 s'ouvre sur une série de préalables : une Préface, puis une Dédicace, des Compléments de la dédicace comprenant la publication d'un poème et d'une nouvelle de sa bien-aimée. Ce tome est d'ailleurs entièrement composé de préliminaires, puisqu'il ne comprend que le *Discours sur l'ensemble du positivisme,* écrit et publié en 1848, repris ici comme « Discours préliminaire » du second grand traité, et l'Introduction.

formation du positivisme, explorées pendant presque dix ans[1].
Puis, tout au cours d'une longue et très riche carrière
philosophique, Henri Gouhier a souvent développé ses
enquêtes sur Auguste Comte : il en a diffusé les œuvres[2], ana-
lysé les thèses philosophiques — philosophie de l'histoire,
philosophie de la religion, plus particulièrement[3] ; il a précisé
des points d'érudition pour l'établissement des textes[4] ou
retracé des portraits et présentations synthétiques[5] ; il a aussi
retrouvé Comte et le positivisme en étudiant d'autres
penseurs du XIXe siècle[6]... Ainsi, grâce à Henri Gouhier la
connaissance d'Auguste Comte et de sa philosophie s'est
considérablement enrichie.

Certes, avant Gouhier, Comte avait trouvé déjà bien des
biographes et l'histoire de la philosophie lui avait reconnu sa

1. *La Jeunesse d'Auguste Comte et la formation du positivisme,* Paris,
Vrin, 3 volumes : I - Sous le signe de la liberté, 1933, II - Saint-Simon
jusqu'à la Restauration, 1936 ; III - Auguste Comte et Saint-Simon, 1941.

2. *Auguste Comte, Œuvres choisies* avec une Introduction, Paris,
Aubier, 1943.

3. Voir dans *La Philosophie et son histoire,* Paris, Vrin, 1944 ; voir
aussi « La Philosophie de l'histoire d'Auguste Comte » dans *Cahiers
d'histoire mondiale,* 1954-1955 ; « L'Analyse historique selon Auguste
Comte » dans *Giornale di metafisica,* 1957 ; « La Pensée médiévale dans
la philosophie d'Auguste Comte » dans *Mélanges offerts à Etienne
Gilson,* Paris, Vrin, 1959 ; « La Philosophie de la religion selon Auguste
Comte » dans *Revue des sciences théologiques et philosophiques,* n°3,
1957 ; « Le Règne du cœur » dans *Etudes carmélitaines,* 1950 — la
plupart de ces textes ont par la suite été repris dans *La Philosophie
d'Auguste Comte, Esquisses,* Paris, Vrin, 1987.

4. « L'Opuscule fondamental d'Auguste Comte » dans *Les Etudes
philosophiques,* septembre 1974 ; repris dans *La Philosophie d'Auguste
Comte, Esquisses.*

5. *Voir par exemple* « Auguste Comte et le positivisme » dans *La Vie
intellectuelle,* janv.-mars 1930 ; « Auguste Comte, Esquisses d'un
portrait » dans *Bulletin de la Société française de philosophie,* numéro
spécial, 1958, — repris dans *La Philosophie d'Auguste Comte, Esquisses.*

6. Voir par exemple « La Philosophie 'positiviste' et 'chrétienne' de
H.D. de Blainville » dans *Revue philosophique,* vol. 131, 1941.

place[1]; mais les travaux qui lui étaient consacrés réper-
cutaient l'écho des nombreuses polémiques que l'homme et
l'œuvre avaient largement suscitées. En posant au génie
méconnu et en passant de la philosophie à une nouvelle
religion dont il s'était auto-promu Grand-Prêtre, Comte avait
dérouté certains penseurs qui s'appliquèrent bien vite à
définir les limites de leurs premiers enthousiasmes[2]; des
disciples convertis à la nouvelle foi entreprirent de dénoncer
l'incohérence des premiers et multiplièrent les écrits militants
et les panégyriques[3]; d'autres auteurs cherchaient à dépasser
ces débats en les renvoyant aux querelles de chapelle, ou les
repoussaient aux marges aberrantes de la philosophie, allant
jusqu'à faire du positivisme la production pathologique et

1. La bibliographie succincte donnée alors en Appendice II mentionne
une littérature déjà abondante; aux livres français cités par H. Gouhier, il
faut au moins ajouter de nombreux autres articles et livres consacrés à
Comte, à la philosophie positive et au positivisme par des auteurs
dominant alors l'histoire de la philosophie universitaire, tels que
G. Belot, E. Boutroux, C. Bouglé, E. Caro, E. Faguet, A. Fouillée,
D. Parodi, C. Renouvier ... et d'importants ouvrages étrangers dont celui
de John Stuart Mill, *Auguste Comte et le positivisme* paru en 1865,
traduit dès 1868 par G. Clémenceau, et les livres du P. Hermann Gruber,
Auguste Comte, fondateur du positivisme, Sa vie, sa doctrine, Fribourg,
1889, et *Le positivisme depuis Comte jusqu'à nos jours,* 1891, livres très
vite traduits également, dès 1892 et 1893.

2. Cas de John Stuart Mill qui s'éloigna de Comte dès 1845; de Littré
qui jugea Comte en grande partie infidèle à la philosophie positive dans
le *Système de politique positive.*

3. Les disciples souscrivant au positivisme religieux se groupèrent
après la mort de Comte autour de Pierre Laffitte. Eugène Robinet publia
dès 1864 sa *Notice sur l'oeuvre et la vie d'Auguste Comte,* refondue et
augmentée de pièces justificatives en 1891, et compléta ses présentations
hagiographiques par la critique des positions hérétiques de Littré (voir
surtout *M. Littré et le positivisme,* Paris, 1871 et *La Philosophie positive,
Auguste Comte et M. Pierre Laffitte,* 1881). Dès que le mouvement eut sa
revue, la *Revue Occidentale,* Laffitte y publia le fruit de ses recherches
de « Matériaux pour servir à la biographie d'Auguste Comte ». Le Dr
Georges Audiffrent, trouvant les positions de Laffitte trop modérées,
fonda le groupe de l'Apostolat en 1878.

pathogène d'esprits mégalomanes ou essoufflés[1]. L'importance de ces passions et tensions dans les études comtiennes, au moment où Henri Gouhier entreprend les siennes, se lit dans la bibliographie disponible alors : en face des pro-positivistes, eux-mêmes divisés en « orthodoxes » et « dissidents », sévissaient les anti-, tandis que les « indépendants » ne proposaient guère, à part Lévy-Brulh[2], que des études de détails. Les travaux à la fois érudits et synthétiques de Gouhier ont donc été des travaux pionniers.

La situation des études critiques sur Comte lorsque Gouhier s'y engage, aide encore à mieux comprendre les choix méthodiques de cette *Vie d'Auguste Comte*. L'auteur, optant résolument pour l'enquête biographique, affirme aussi une discrétion résolue : « je n'ai pas écrit ce livre pour dire ce que je pense, mais pour essayer de comprendre ce qu'un "homme illustre" a pensé »[3]. Le biographe veut s'effacer, ne point s'ajouter comme personnage dans cette biographie. Ceci, bien sûr, pour rompre avec les hagiographies comme avec les réquisitoires, pour éviter les pièges des interprétations partisanes, pour substituer enfin aux imageries dévotes ou diabolisantes, une biographie-histoire. Il est d'ailleurs clair que l'auteur a jaugé les conditions, les complexités et les exigences d'une telle biographie-histoire, comme en témoi-

---

1. Le Dr Dumas illustre particulièrement bien ce type de lecture dans *Psychologie de deux messies positivistes*, Paris, 1905. Mais Littré lui-même y avait travaillé en liant les développements du positivisme religieux par Comte à une réapparition du dérangement mental qu'il avait subi dans sa jeunesse. Par ailleurs, la philosophie positive et le positivisme ont été très vite pris dans les débats entre spiritualistes et matérialistes sur la morale et, en fin de siècle, au centre des batailles qui font rage, à partir de 1895 et d'un brûlot de Brunetière, autour du thème de la « faillite », de la « banqueroute de la science » : le positivisme, hâtivement assimilé au scientisme, était vu comme le type même de pensée immorale, dangereuse, inconséquente et décadente d'un temps ayant perdu le sens des valeurs éternelles.

2. L. Lévy-Bruhl, *La Philosophie d'Auguste Comte,* Paris, 1900.

3. Avant-propos, l'ouvrage était publié dans une collection de « Vies des hommes illustres ».

gne l'Avant-propos où une présentation condensée magistrale du cas de Comte devient méditation sur la chaîne des représentations, sur l'autobiographie comme matériel de la biographie, et sur les voisinages de l'historique et du romanesque.

Aussi l'effacement dont Henri Gouhier fait méthode ne se dit pas comme prétention à ce que d'aucuns réclameraient comme objectivité ou vérité historique ; il est plus modeste et plus subtil. Pas question de traiter cette vie comme un roman : il s'agit d'histoire et, qui plus est, de quelqu'un pour qui l'histoire est la dimension qui donne sens à toute vie. Pas question cependant d'éluder le roman de cette vie : ni le vécu romanesque, ni l'interprétation romancée que son héros en a fait. Une telle biographie intègre ainsi dans la vie des personnages les images qu'ils se font d'eux et des autres, décèle et suit leurs effets de réalité. Elle lie à la présentation des événements objectifs une prise en compte méthodique de la subjectivité.

La finesse des analyses de Gouhier fait que non seulement on revit pour ainsi dire la vie du philosophe, mais on entre dans sa pensée. Dans le galopin de Montpellier, on voit s'ancrer l'aspiration révolutionnaire ; avec le lycéen, on découvre sa vocation pédagogique dont il fera mission ; avec le polytechnicien brillant et frondeur, on gagne de l'assurance et de l'ambition, et on rêve de former les générations nouvelles ; chez le jeune publiciste, on voit, par la conjonction des images du « bonhomme Franklin » et du « père Simon », s'opérer la métamorphose de Saint-Simon en symbole, et ce symbole devenir repoussoir ; et on s'affole avec le philosophe surexcité des dimensions que prend son entreprise systématique, etc. Car Gouhier sait faire revivre « l'enivrante surprise » de Comte qui voit le *Cours* demandant toujours plus de pages et même de volumes, sa probité naïve et ses bonnes intentions qui l'entraînent d'échec en échec dans une carrière à rebours, ce dont il se console systématiquement par une « logique du sacerdoce », en en appelant à la postérité et à l'Humanité à laquelle et pour laquelle il organise une nouvelle religion. Tout au long de cet itinéraire, Gouhier montre comment la vie et l'œuvre de Comte s'édifient, fonctionnent sur des idées et des entrelacs d'images, dans une osmose du public et du privé : comment Comte se donne une famille revue et corrigée, comment en Clotilde il retrouve et condense toutes les femmes aimées, comment il en fait l'image lumineuse d'une féminité dont Caroline devient l'image diabolisée, et comment, dévot d'une Clotilde morte promue en image de l'éternelle Humanité, le Grand-Prêtre s'enferme dans un soliloque au nom de la sociabilité.

De toutes ces pages, où ne manquent ni l'érudition, ni l'humour, ni l'émotion, naît donc le portrait du physique, du moral, de l'intellectuel et de l'imaginaire d'un homme attachant d'humanité en même temps qu'effarant de systématisme, d'un philosophe qui contre tout, et souvent contre lui-même, a voué sa vie à sa pensée, elle-même nourrie de sa vie.

Cette *Vie d'Auguste Comte* présente par ailleurs beaucoup plus que la vie du philosophe, y compris les idées qu'il s'en fait ; c'est aussi la vie, des tranches de vie de multiples personnages, côtoyés, aimés ou honnis ; et c'est en fait la vie d'un siècle, dont Comte a connu bien des hommes remarquables, fréquenté des lieux-clés, et dont il prétendait faire l'histoire et décider de l'avenir au nom du passé. De ce siècle, des anonymes qui s'y pressent, comme de ses héros, Gouhier sait faire des portraits pittoresques. D'emblée, dès le Prologue, on plonge dans un Paris effervescent : on côtoie dans les galeries du Palais-Royal ces jeunes gens qui s'appliquent à oublier les jours ensanglantés dans des bras accueillants, on entend le tumulte des accents, des cris et des musiques, on voit toute cette foule bigarrée, les débraillés parfois recherchés, on sent les odeurs de l'air républicain renouvelé... on voit tout cela avec l'œil pétillant de Saint-Simon, épanoui dans sa liberté retrouvée. Ailleurs, avec les parents de Comte, on vit l'étouffante claustration de la bourgeoisie provinciale (chap. I), ailleurs encore ce sont les chahuts des polytechniciens (chap. II), ou ce « printemps du journalisme » quand « le peuple devient public » et que « le verbe a enfin trouvé une matière si fine qu'il peut être à la fois une parole qui vole et un écrit qui demeure » (chap. V)... Vouloir relever la vivacité des descriptions, la vigueur précise du style et les formules alertes, conduirait à recopier le livre.

On aura compris que cet ouvrage, qui s'est défendu d'être une vie romancée, se lit quand même comme un roman. Et cela bien que l'information et la réflexion philosophiques soient constamment nourries.

Dans ce livre alerte et brillant, il y a pourtant quelques aspects où l'auteur semble avoir dérogé au souci d'effacement de sa propre pensée qu'il affirmait être celui du biographe. On s'en réjouit le plus souvent; car le philosophe condense alors magistralement les thèses complexes de longs et lourds traités. On peut en être cependant un peu fâché pour l'un des personnages importants dans ce livre, pour Saint-Simon. Il lui est certes fait largement place : Saint-Simon est le héros du prologue tout entier, puis constamment présent dans les chapitres IV, V et VI, comme ce père bonhomme dont la jeunesse étourdissante enthousiasme le jeune Comte, comme l'ami avec qui il veut refaire le monde, mais qui un jour rappelle qu'il est le maître alors que l'élève sait qu'il l'a dépassé. De fait est traversée, en rétrospection, toute la vie de ce « gentilhomme sans-culotte » qui abandonne et reprend sa particule selon les régimes, qui réussit toujours les plus folles entreprises pour échouer régulièrement et repartir aussitôt; est parcourue aussi toute son œuvre — ses textes-projets multiples et si divers, ses collections le plus souvent inachevées, ses ouvrages plus aboutis. Gouhier fait du personnage un portrait haut en couleurs, alerte, séduisant; mais, tout en le montrant admirable de vitalité, rayonnant d'énergie communicative, il accumule les formules dépréciatives de la plus grande sévérité : ses textes ne seraient que « fouillis de velléités et de mots », « bavardages », « écrits informes », « grandioses gribouillages » et « divagations », où il n'y aurait qu'idées « naïves » et désordonnées[1]... Cette sévérité teintée de partialité surprend. Et on peut se demander si Gouhier ne cédait pas trop à la vision « comtienne » d'un Saint-Simon pur charlatan. Depuis, d'ailleurs, les études sur Saint-Simon se sont développées, et Henri Gouhier lui-même reconnaissait en souriant malicieusement que sa verve était quelque peu partisane[2].

Depuis Gouhier, et sans conteste grâce à lui, les études sur Comte se sont bien développées. Sa biographie même a été à nouveau explorée[3], et grâce à des archives retrouvées certains points ont pu être précisés ou même corrigés. Mais ces travaux récents n'ont pu être menés à bien que parce qu'il existait déjà ceux d'Henri Gouhier, et chacun lui reconnaît sa dette. Enfin, la *Vie d'Auguste Comte* présentée par Gouhier reste incontournable et en son genre inégalée, puisqu'en une centaine de pages le lecteur dispose, s'il ne connaît guère Comte, d'une introduction riche et alerte, ou, s'il le connaît déjà, d'une synthèse essentielle ; il se délectera en tous cas d'une immersion dans l'histoire du xixe siècle et d'un beau style enlevé.

Montpellier, juin 1997
Annie Petit

---

1. Les analyses des œuvres de Saint-Simon ne sont guère plus flatteuses dans *La Jeunesse d'Auguste Comte et la formation du positivisme* ; cependant les jugements sur l'homme sont plus nuancés, et Gouhier montre mieux le rôle de « professeur d'énergie » que le vieux comte exerça pour le jeune philosophe.

2. Je me permets ici d'en référer aux souvenirs personnels de conversations avec Henri Gouhier : c'est lui-même qui me conseilla de lire, en contre-point de ses propres écrits, Franck E. Manuel, *The New World of Henri de Saint-Simon,* Harvard University Press, Cambridge, Mass, 1956.

3. Par exemple très récemment par Mary Pickering, *Auguste Comte, An Intellectual Biography, Vol. I,* Cambridge University, Mass., 1995. Un second volume est en préparation.

« ... Car c'est un roman que le fond de ma vie ».

Auguste Comte ajoute même, pour piquer la curiosité de son ami Valat : « ... et un fort roman qui paraîtrait bien extraordinaire, si jamais je le publiais sous des noms supposés. »

Ce témoignage est du 16 novembre 1825. C'est comme une épigraphe mise au seuil de sa vie par un jeune homme de vingt-sept ans. Qu'elle reste donc à la première page de sa biographie pour ôter au biographe toute envie de la romancer une seconde fois.

Comte a suivi la loi commune. Rappelons-nous ce qui arriva lorsque nos premiers parents eurent mangé le fruit défendu : Leurs yeux à tous deux s'ouvrirent et ils connurent qu'ils étaient nus ; et, ayant cousu des feuilles de figuier, ils s'en firent des ceintures. *L'habitude de romancer sa vie est entrée dans l'âme du pécheur avec la pudeur et la coquetterie.*

Le biographe tourne autour d'une réalité à deux inconnues. Il y a l'homme et il y a l'image de l'homme dans l'homme. Je dois retrouver Auguste Comte tel qu'il s'est vu ; il m'est interdit de renoncer à savoir s'il s'est vu tel qu'il fut. La vie de Comte romancée par Comte est un fragment de son histoire : c'est un fait que le biographe rencontre lorsqu'il regarde l'intérieur de son personnage ; mais il simplifierait trop sa tâche s'il n'essayait point de saisir d'autres faits, au delà de la vision qui les déforme.

La biographie d'Auguste Comte, c'est la vie de Comte romancée par Comte et « déromancée » par l'histoire.

Le roman d'Auguste Comte est un roman idéologique. Sa philosophie est une vue sur l'ensemble du passé qui s'étend naturellement sur l'ensemble de l'avenir. Or il se trouve qu'elle assigne à son auteur une place exceptionnelle entre le passé et l'avenir. Si du fond des siècles la raison humaine s'avance lentement vers le Positivisme, il est évident que le fondateur du Positivisme reçoit une mission dont la grandeur ne peut être comparée à aucune autre. En se tournant vers l'Histoire, Comte s'est vu dans l'Histoire. Toutes ses aventures sont la suite de celle-là.

Il entra dans son système avec ses souvenirs, ses amours et toutes les figures qui peuplèrent son monde intérieur. Il créa une sorte de « comédie positiviste » où il se retrouvait Pape d'un catholicisme sans Dieu, sauveur de l'Occident, Docteur de l'Humanité régénérée. Sa philosophie fut son premier tombeau.

Le roman d'Auguste Comte, c'est la possession d'un homme par une logique.

Aussi n'y a-t-il point de vie privée d'Auguste Comte. Une scène de ménage, une querelle académique, une explosion sentimentale perdent toute banalité lorsqu'on pense à la mission qu'elles pourraient compromettre. Le passant discret aimerait mieux ne pas entendre certaines confidences ; mais le philosophe ouvre ses fenêtres et nous prie d'écouter. Puisque les grandes pensées viennent du cœur, l'homme aux grandes pensées ne doit pas cacher son cœur.

La formule de Comte : vivre au grand jour, signifie que tous les instants de sa vie sont historiques.

Il y a toujours assez de personnages dans une biographie : il est inutile d'y ajouter le biographe. Je n'ai pas écrit ce livre pour dire ce que je pense, mais pour essayer de comprendre ce qu' « un homme illustre » a pensé. La vie et l'œuvre d'Auguste Comte apportent, je crois, certains éclaircissements à une explication de notre temps ; il est même possible qu'elles aient pour nous la valeur d'une expérience. Mais à chacun sa tâche : au lecteur de remplir les marges.

NOTE POUR LA SECONDE EDITION

Le présent ouvrage a paru en 1931 dans la collection *Vie des hommes illustres* chez Gallimard. On a simplement corrigé quelques erreurs et complété la bibliographie.

En un temps où les « vies romancées » étaient à la mode, la bande publicitaire présentait celui-ci comme une « vie déromancée ». Chacun de nous romance plus ou moins consciemment sa propre vie : dans le cas de Comte, il s'agissait d'un roman philosophique. Montrer comment la biographie du fondateur du positivisme impliquait une autobiographie systématique n'avait rien d'ironique : nous avions plutôt le sentiment de mettre en scène un drame romantique dont l'action devenait de plus en plus émouvante.

Il y a dans la vie d'Auguste Comte bien des faits et dans ses propos bien des mots qui surprennent : il serait trop facile d'amuser le lecteur en les détachant de leur contexte. Or ce contexte, c'est d'abord une époque, celle qu'évoquent les épigraphes de certains chapitres, l'époque de Béranger et de Victor Hugo, d'Eugène Delacroix et d'Hector Berlioz. Ce contexte est aussi et surtout l'histoire d'une âme qui ne cesse de se purifier et qui saura vivre un grand amour jusqu'à cette profondeur où la passion devient principe de perfection.

LE PRÉCURSEUR

> *« Cette théophilanthrophie réchauffée... »* à
> propos du saint-simonisme, Auguste Comte à
> Gustave d'Eichthal, 11 décembre 1829, *Lettres à
> divers*, II, p. 112.

Le 18 Vendémiaire An II, le ci-devant comte de Saint-Simon recevait du Comité de Salut Public l'ordre de quitter la prison du Luxembourg. Il était libre, libre d'oublier onze mois d'atroce réclusion, libre de laisser son esprit jouir d'une légèreté qu'il ne soupçonnait plus depuis qu'il se demandait chaque matin si la journée aurait un soir.

La ville l'attendait, lui et tous ceux qui, profiteurs ou victimes de la Révolution, avaient hâte de rattraper le temps perdu. Deux mois plus tôt, tandis que la tête de Robespierre tombait dans le panier, un cri avait retenti : *Vive la République* ! Et la République s'était étirée, elle avait secoué le cauchemar, laissé glisser son bonnet sur l'oreille et découvert la joie de vivre.

L'air reste orageux ; on conspire ; on se bat dans la rue ; on emprisonne ; on écrase l'infâme avec la même persévérance. Le gouvernement vit de coups de force ; hommes d'État et généraux se surveillent mutuellement ; mais la race de ceux qui donnent leur vie pour une cause est bien épuisée, à Paris du moins ; ceux qui préfèrent donner la vie des autres ont pris leur place, et ceux-là sont toujours portés à limiter ou à déguiser leurs dépenses : on ne guillotine plus, on déporte et l'on fait confiance à la nature pour abréger l'exil.

La Révolution continue : la crise de vertu est passée. La République accorde enfin au citoyen libre les droits du libertin : le XVIIIᵉ siècle galant et philosophe jouit de ses derniers jours.

Il est un lieu prédestiné pour cette réconciliation de la licence et de la Liberté : c'est au Palais-Royal que cette dernière doit perdre sa majuscule. Sur la maison d'un horloger, on lit encore : *La Fraternité ou la mort*, mais les ombres des prédicants révolutionnaires ont fui le Jardin-Égalité. Des *Zeunes gens* jouent avec un bâton noueux, laissant flotter leur corps dans un habit plissé, chiffonné, mal taillé à dessein. Ils susurrent des mots sans jointures à la dulcinée enveloppée de mousselines indiscrètes dont le bras nu jette une blanche arabesque sur la manche vert-bouteille de l'élégant. Sous les arcades, cafés, restaurants, tripots, théâtres, musiques tapageuses promettent l'illusion d'oublier hier et demain. Et partout, aux fenêtres de l'entresol, dans les caveaux où l'on dîne, dans les boutiques de bagatelles, sous les galeries de bois, les nymphes du jardin, les Fanchonnette, les Rosalie, les Lolotte, reines d'une cour où tout un peuple de demoiselles rappelle aux citoyens rassasiés de Plutarque la mise simple et avenante des déesses.

Le ci-devant comte de Saint-Simon, l'œil pétillant, regarde cette foule dans laquelle il est bon de plonger. Vêtu de la large houppelande, sans cravate ou avec une cravate tombant très bas, élégant et débraillé comme il convient, il traverse le jardin où plus d'un le connaît et l'admire ; l'accent canaille se mêle au zézaiement des muscadins ; les refrains grivois fusent et troublent la langoureuse romance que Garat chantait hier et que les femmes retiennent par le cœur, comme une confidence. Ces bruits, cette musique, ces images, ce paganisme, cette insouciance, Saint-Simon les laisse pénétrer par tous ses sens ; il n'est ni choqué, ni étonné : il est chez lui.

La biographie de Saint-Simon est faite de plusieurs vies et de quelques légendes ; mais il est une époque privilégiée où

les circonstances lui permettent d'être pleinement heureux,
c'est-à-dire d'être lui-même ; les années qui vont de la
Terreur au Consulat sont les seules pendant lesquelles il fut
exactement adapté au milieu : Saint-Simon est un homme du
Directoire, et c'est là son drame, puisque le Directoire ne
pouvait pas durer.

Saint-Simon ne franchira la quarantaine qu'au moment de
passer dans l'autre siècle. Il a derrière lui une vie déjà
pittoresque : une enfance de petit seigneur mal élevé à qui,
dit-on, un domestique annonçait chaque matin : « Monsieur
le Comte, souvenez-vous que vous avez de grandes choses à
faire » ; quatre années de campagne en Amérique sous les
drapeaux de la Liberté ; deux en Espagne sous le signe de
l'Industrie ; enfin des états de service révolutionnaires aussi
brillants sous les drapeaux de la Liberté que sous le signe de
l'Industrie. En 1790, il a oublié la tradition selon laquelle les
Saint-Simon remontent à Charlemagne et prouvent qu'ils en
descendent ; déclarant à ses compatriotes picards « qu'il veut
purifier par un baptême républicain la tache de son péché
originel », il est devenu le citoyen Claude-Henri Bonhomme
et adopte aussitôt un vieillard. Mais, tandis qu'il parle et
même pense en pur sans-culotte, il agit en habile marchand :
il flaire les fructueuses opérations qui suivront la vente des
biens nationaux ; il fait travailler les capitaux d'un diplomate
saxon, le comte de Redern ; il achète des terres, des abbayes,
de vieux hôtels parisiens ; il soumissionne pour la couverture
en plomb de Notre-Dame mise en adjudication par la
Commune ; on le trouve dans le Nord, dans le Pas-de-Calais,
dans la Somme, dans l'Aisne, dans l'Oise.

... Jusqu'au jour où, pour des raisons mal connues, il est
enfermé à Sainte-Pélagie, puis dans un horrible cachot du
Luxembourg. C'est là que l'ombre de Charlemagne lui
apparut et lui tint le discours suivant : « Depuis que le monde
existe, aucune famille n'a joui de l'honneur de produire un
héros et un philosophe de première ligne ; cet honneur était
réservé à ma maison. Mon fils, tes succès comme philosophe,

égaleront ceux que j'ai obtenus comme militaire et comme politique. »

Lorsque, après la Terreur, Madame Tallien ouvre le bal, Saint-Simon a une furieuse envie de se dégourdir les jambes. Il est jeune, séduisant, riche. En abdiquant les titres de ses aïeux, il n'a nullement renoncé à leurs habitudes de vie fastueuse. Il habite rue Chabanais, tout près du Palais-Royal. Il a vingt domestiques et en tête l'ancien maître d'hôtel de M. de Choiseul, un chef cuisinier qui avait établi sa réputation aux petits soupers du maréchal de Duras, un chef d'office qui avait fait son apprentissage à Rome chez le cardinal de Bernis.

Saint-Simon frétille, tout épanoui. Il court à la fois les affaires, les idées, les femmes. Il imagine un jeu de cartes sur lesquelles le Génie, la Liberté, l'Égalité prennent la place des Rois, des Dames et des Valets, car « il n'est pas de républicain qui puisse, même en jouant, faire usage d'expressions qui rappellent sans cesse le despotisme et l'inégalité ». Il construit une grande bâtisse dont la destination philanthropique ne paraît pas très précise. Il ouvre un bazar, une maison de commission, un magasin de vente de vins au détail, et des *diligences Saint-Simon* brûlent le pavé de Paris. Le soir, il donne des dîners, recevant pêle-mêle des politiciens, des membres de l'Institut, des idéologues et des femmes sans préjugés ; il préside en parfait gentilhomme sans-culotte, tour à tour grivois, spirituel, sérieux, attentif à l'idée qui passe, seigneur heureux d'un monde où les espérances tiennent lieu de principes.

Les espérances du philosophe comme celles du dictateur. La raison de l'idéologue et la volonté du chef se meuvent avec une délicieuse facilité dans une société où les institutions sont aussi disponibles que les cœurs. Plus d'un, clerc ou soldat, sent remuer en soi *l'homme qui vient* ; plus d'un se dit qu'il est doux d'être attendu, même s'il est difficile de choisir l'heure qui doit mettre fin à l'attente. Lorsqu'en 1797 Saint-Simon juge le moment venu de faire reconnaître sa capacité philosophique, son ambition, comme son débraillé élégant, est bien de style Directoire.

En ce temps-là l'Institut, a-t-on dit, constituait presque un quatrième pouvoir dans l'État à côté et peut-être au-dessus des deux Conseils et des Directeurs. Ce n'est pas exclusivement par amour des mathématiques que le jeune Bonaparte jouait au général savant ; lorsqu'il affichait son mépris des superstitions, lorsqu'il proclamait son attachement à « la religion de l'Institut », lorsqu'il cédait au charme du jardin d'Auteuil et s'y faisait accueillir comme un fidèle par les vivants et les morts, son cœur ne trahissait pas sa raison. C'est qu'à l'Institut et à Auteuil brûlait le feu sacré, l'esprit du siècle avec sa pétillante assurance d'être l'esprit des siècles futurs.

Comme toutes les flammes, celle qu'alluma la philosophie des lumières avait besoin de sanctuaires et de prêtres. La Raison a condamné les dogmes : mais elle ne proscrit pas un culte qui tourne vers elle les esprits affranchis. Les idoles catholiques sont brisées : mais les autels sont respectables. Tandis que les révolutionnaires nantis nettoient le parvis du temple et dispersent les serviteurs du Dieu défunt, les révolutionnaires contemplatifs rêvent dans les sacristies vides devant les chasubles d'or.

La science n'a-t-elle pas éteint l'âme de l'ancienne religion ? N'a-t-elle pas le droit et le devoir de recueillir sa mission, de fonder la morale, d'inspirer la politique, d'unir dans une foi commune les citoyens de la cité terrestre ? Qui parlerait désormais au nom du Verbe, si ceux qui ont dissipé le mystère de son Incarnation se taisaient ? Et les philosophes de l'Institut songent à une République qui aurait une conscience dont ils seraient les directeurs.

Tel est aussi l'espoir du descendant de Charlemagne. Il est difficile de discerner un ordre dans le fouillis de velléités et de mots qu'il est convenu d'appeler la pensée de Saint-Simon ; aucune logique ne résiste à la fantaisie de ses jeux, ni celle des logiciens, ni même celle de l'arbre qui défend sa loi. Pourtant il y a une espèce d'unité dans ses bavardages et les excentricités de sa conduite : c'est le retour persévérant et le plus souvent inattendu de quelques idées simples ; incapable de les lier, il les répète, il ne se lasse pas de les reprendre, comme s'il recevait d'elles la chaleur qui anime la vie de son esprit, dût-elle en même temps faire fondre sa fortune. Ces idées, ce sont les promesses qui font lever les messies.

Saint-Simon définit la religion comme Dupuis, l'auteur de *L'Origine de tous les cultes* : c'est le système des idées à travers lesquelles les savants d'une époque représentent l'univers. Par suite, à mesure que les idées scientifiques changent, le système qui les enchaîne doit changer ; les progrès de la raison ne tuent jamais la religion, mais la science d'aujourd'hui vide la religion d'hier. Il y a ainsi dans le passé de l'humanité une transformation décisive : le passage du polythéisme au théisme, inauguré par la science de Socrate et achevé par la propagande chrétienne qui fit du Dieu unique l'objet d'une croyance populaire et presque universelle.

Or, pour qui sait lire l'histoire, les derniers siècles présentent une transformation de même style : nous assistons à la fin du théisme et à la naissance d'un ordre spirituel nouveau. Luther, Bacon, Descartes, Newton et les physiciens modernes ont détruit l'édifice intellectuel et social que l'Église avait dressé. Croire en Dieu et en l'immortalité de l'âme est impossible à l'homme éclairé de ce temps-ci ; il est devant ces dogmes comme un Grec élevé à l'école de Socrate était devant l'Olympe païen. *L'Encyclopédie* représente le dernier terme de cet effort critique : née d'une coalition de physiciens, elle marque le triomphe définitif des idées anti-théologiques. Bacon et Descartes avaient détruit le clocher de l'Église : D'Alembert et Diderot ont rasé les murs entre lesquels les prêtres pouvaient encore rassembler le peuple des fidèles.

Mais l'esprit humain ne vit pas de critiques réussies. Le XVIIIᵉ siècle a poursuivi jusqu'au dernier coup les démolitions nécessaires ; il appartient au XIXᵉ de bâtir l'ordre nouveau.

Quels sont les caractères de cet ordre? Dès 1798, le Dr Burdin a expliqué à Saint-Simon que toute science commence par être *conjecturale* et devient progressivement *positive* à mesure qu'elle découvre des lois appuyées sur des faits observés et discutés; c'est ainsi que l'astrologie est devenue l'astronomie, l'alchimie la chimie. Mais toutes les sciences ne sont pas encore arrivées à cet état de parfaite pureté : la physiologie fit longtemps la fortune des charlatans et elle est encombrée de préjugés qui survivent à l'évanouissement de la substance spirituelle. Il est donc urgent de la rendre positive.

D'abord elle apparaîtra comme la seule science de l'homme. Qu'on le considère sous l'aspect physique, psychologique ou social, l'homme n'est qu'un animal mieux organisé que les autres : la pensée est « un résultat du mouvement du fluide nerveux. » La morale et la politique deviendront des sciences d'application commandées par cette science *positive* de l'esprit et du corps, et leurs principes seront des vérités aussi solides que les lois physiques. La morale ne parlera plus de paradis ni d'enfer : elle démontrera que sur cette terre la route de la vertu est en même temps celle du bonheur. La politique traitera ses problèmes comme des questions d'hygiène et la paix de l'Europe dépend tout simplement d'une réforme de la physiologie.

L'avènement de la science de l'homme à l'état positif sera d'ailleurs la date culminante, dans cette histoire des progrès de l'esprit que le malheureux Condorcet avait essayé d'écrire : elle marquera la suprême victoire d'une lente émancipation. Désormais il n'y aura plus d'archaïsme dans notre description de l'univers : le savoir humain sera tout entier *positif* et il sera enfin possible d'enchaîner toutes ces connaissances *positives* selon un système qui aura nécessairement le même caractère *positif* que ses éléments. Des lois multiples jetées sur le monde jaillira la Loi souveraine qui les tient toutes ensemble. A son tour, Dieu s'en va : l'ère de la Loi unique est arrivée.

Mais comment opérer ce rassemblement des sciences les plus diverses? Comment leur imposer la souveraineté de l'héritière de Dieu? Le seul moyen pratique, c'est de faire pour les idées positives ce que le XVIIIe siècle a tenté avec succès pour les idées critiques : associer tous les savants à la construction d'une Encyclopédie. Cette œuvre, récompense d'une organisation du travail scientifique, ne sera pas un dictionnaire mais une collection complète des connaissances humaines, rangées selon un ordre tel que le lecteur puisse descendre de la Loi suprême jusqu'aux détails de l'univers : l'Encyclopédie positive sera la *Somme* de la pensée moderne.

Puisque toute religion exprime la science d'un temps, il est clair que le système des idées positives prendra la place de la religion d'hier et, à sa manière, remplira son office; une réorganisation du pouvoir spirituel accompagnera nécessairement le triomphe de la philosophie nouvelle. Cette réforme sacerdotale n'est pas ce qui intéresse le moins Saint-Simon; il a hâte de donner un statut au futur clergé, de rédiger le programme des séminaires, de mettre fin au scandale spirituel que provoque un monde où les prêtres ne sont pas les savants et où les savants ne sont pas les prêtres.

« Tous les savants marquants seront membres du clergé, et toute personne qui se présentera à l'ordination ne sera faite prêtre qu'après avoir subi un examen qui constatera qu'elle est au courant des connaissances acquises sur la physique des corps bruts et sur celle des corps organisés. »

Et, marchant devant tous les clercs, un pape *physiciste*, le conseiller spirituel des peuples, le directeur de l'Encyclopédie positive, le régent des Instituts. Saint-Simon paraît tout disposé a faire de cette haute magistrature une véritable tyrannie intellectuelle sous prétexte d'organiser le travail scientifique du XIXe siècle

Ces desseins, où la magnificence des couleurs ne détruit pas la logique des lignes, ne supposent qu'une condition : l'existence de la Loi universelle. Mais c'est justement ce qui a cessé d'être une supposition depuis...

Le nom de Saint-Simon est resté lié à celui d'une philosophie sociale, certains disent même socialiste; ce qui nous intéresse aujourd'hui dans son bavardage, ce sont des vues sur l'organisation de l'Europe, sur les droits des producteurs, sur la politique propre à une société où l'industrie est devenue la force la plus puissante et prétend constituer la puissance la plus forte. Or il s'est produit comme un *transfert* d'admiration aux dépens de l'hypothèse scientifique dans laquelle Saint-Simon avait découvert son génie : ce qui lui donne l'orgueil de vivre et le courage de supporter les plus durs sacrifices, c'est la certitude de céder à la volonté qui gouverne les siècles et qui le pousse à la place et à l'heure où un nouveau Descartes doit parler.

Et parler beaucoup.

Saint-Simon sait qu'il arrive « au moment le plus intéressant et le plus important qui puisse exister pour l'esprit humain pendant toute la durée de l'Espèce ». Il ne se dissimule pas que l'histoire lui réserve un sommet plus élevé que celui auquel Descartes a imposé son nom. Pour trouver une mission comparable à la sienne, il faut remonter jusqu'à Socrate, le plus grand homme qui ait jamais existé. Le fondateur du monothéisme est en effet le seul qui, dans le passé, « ait constamment embrassé d'un seul coup d'œil tout l'horizon scientifique », parce que le destin l'a placé au moment précis où un monde spirituel devait naître d'un autre. Pareille expérience intellectuelle ne peut se répéter qu'à l'aube des siècles qui suivront l'ère monothéiste : Bacon, Descartes, Locke, Newton sont des précurseurs, mais celui qui révélera la Loi de l'univers sera vraiment une nouvelle incarnation de Socrate.

Saint-Simon est ce héros de la pensée. Il lui a suffi pour cela d'étendre la loi de Newton à tous les phénomènes, même à ceux que d'antiques préjugés rejetaient hors du monde physique, ce qui n'était sans doute pas à la portée du premier venu, puisque Newton lui-même n'en avait pas eu l'idée. Ce spécialiste de talent manquait en effet de génie philosophique ; « grand physicien, grand géomètre et grand astronome, il n'a su ni généraliser, ni coordonner ses pensées ; leur valeur philosophique lui fut entièrement inconnue ». Heureusement Saint-Simon sait généraliser, et il ne s'en prive pas.

Une bienheureuse ignorance le préserve de toute timidité ; il régente la science et gourmande les savants avec d'autant plus d'aisance qu'il ne soupçonne même pas ce que peut être le travail scientifique. Sa préparation avait été telle que sa mission n'eut rien à craindre de sa culture. Il avait pris d'abord un logement en face du Palais-Bourbon où l'École Polytechnique était installée ; il avait invité les professeurs à dîner, s'imaginant qu'il apprenait ainsi tout ce qu'il faut savoir sur la physique des corps bruts. Ensuite il s'était établi près de l'École de médecine ; il avait reçu Gall, Bichat, Cabanis, Blainville, croyant acquérir tout ce qu'il faut savoir sur la physique des corps organisés. De prétendus voyages d'étude en Angleterre et en Allemagne avaient couronné la période des « travaux préliminaires » : il en était revenu absolument convaincu qu'il n'avait plus rien à apprendre sur la science de son temps.

Le résultat, ce fut une série d'écrits informes dans lesquels il célèbre son génie, déploie des plans grandioses et remet toujours à la prochaine fois le soin de les exécuter. Sous prétexte de développer les conséquences de la loi de Newton, il fabrique une espèce de physique amusante et injurie copieusement les spécialistes qui affectent d'ignorer la portée de ces hautes pensées. Au passage, il entreprend de « perfectionner » l'astronomie, mais la pièce essentielle de sa théorie paraît être le bonnet d'âne dont il veut coiffer le charlatan Laplace, promu général de tous les sots du monde et relégué dans les basses régions où les manœuvres ne voient jamais la lumière des idées.

Ces divagations seraient ridicules, si elles n'étaient entrecoupées de cris jetés par un pauvre homme qui ne mange pas à sa faim. Dès 1805, Saint-Simon est ruiné : sa fortune avait été plus fragile que son rêve.

Devenir le plus grand philosophe des temps modernes est une ambition qui n'est pas sans risques ; les dîners et les voyages sont au programme de la préparation théorique et il y a un apprentissage de la vie plus coûteux encore. Les recherches de haute philosophie, explique Saint-Simon, supposent beaucoup d'actions marquées au coin de la folie; la conduite du sage ne doit pas être jugée d'après les mêmes principes que celle du commun des mortels. Saint-Simon fréquente les maisons de jeu et de débauche, il ne fuit pas la société des personnes d'une immoralité reconnue; si c'était « un homme qui ne s'occupe pas de science générale », nous devrions le blâmer et dire qu'il court à sa perte; mais si c'est un philosophe, s'il se propose de discerner le bien du mal, s'il veut découvrir la route du bonheur, tout change : sa vie est une suite d'expériences et il faut dire : « Cet homme parcourt la carrière du vice dans une direction qui le conduira nécessairement à la plus haute vertu. »

Par la même occasion, elle conduisit le sage moderne au plus complet dénuement. Il est juste d'ajouter que ses expériences ne furent pas toutes de vicieuse apparence; il est des amitiés scientifiques qui coûtent aussi cher que les mauvaises compagnies. Saint-Simon n'a pas voulu se contenter d'être le père spirituel des futures synthèses; il a aidé ceux qui réunissaient les matériaux; il a hébergé le jeune mathématicien Poisson; il a publié à ses frais le *Cours de Physiologie* du Dr Burdin, ignorant les limites de la générosité, jusqu'au jour où il découvrit celles de sa fortune.

Copiste au Mont-de-Piété à mille francs par an pour neuf heures de travail par jour, voilà ce que dut accepter le nouveau Socrate, en attendant qu'un ancien domestique lui offre l'hospitalité.

Mais aux jours où la maladie s'ajoute à la misère, lorsqu'il se voit « accroché à une branche au-dessus de l'abîme le plus profond », une espérance lui laisse la joie d'attendre le lendemain : la science paiera. L'homme d'affaires ne se méfie jamais du philosophe, ce qui suffirait à montrer qu'il n'est pas un véritable homme d'affaires, s'il n'était paradoxal de choisir deux disciplines pour définir une attitude qui n'en connut aucune. Il n'y a pas deux personnages qui alternent ou qui dialoguent : Saint-Simon se comporte de la même manière, qu'il se livre à des spéculations sur les biens nationaux ou à des spéculations sur la loi de l'univers ; dans toute idée, il voit un produit à placer, et dans toute entreprise une cause à servir ; aussi n'est-il pas plus un homme d'affaires qu'un philosophe. Sa capacité est d'un autre ordre.

Ce qui meut cet étrange marchand de biens et de systèmes, ce n'est ni la recherche de la vérité ni l'amour du gain : c'est la passion du jeu et c'est dans le jeu qu'il a spontanément retrouvé l'acte unique auquel correspond, par delà deux sens opposés, le mot unique *spéculation*. Ici, il est vraiment un précurseur ; la démocratie et la grande industrie vont livrer à l'opinion des valeurs de toutes natures ; un jeu apparaîtra qui deviendra un art avec une technique et des règles, dépendant d'une science si subtile qu'on ose à peine l'appeler une science : la connaissance de l'opinion. Le public est là qui achète et qui aime ; il faut savoir quelles cotes seront dictées par son amour ; il faut pouvoir jouer avec assurance sur tout ce qu'il aime, les produits, les idées, les hommes.

Un Saint-Simon n'est ni ingénieur, ni banquier, ni commerçant ni agriculteur, ni homme d'État, ni éditeur, ni même écrivain ; et pourtant il installe des magasins, creuse des canaux, bouleverse la géographie, vend des terres, subventionne des fabriques, exploite des diligences, conseille des partis politiques, lance des périodiques. Il n'a pas de capitaux et il en cherche pour ceux qui en manquent. Son domaine est aussi universel que son incompétence. Mais il possède une compétence qui sera reconnue et isolée cent ans plus tard : celui qui l'acquiert a le droit d'ignorer les réalités auxquelles il s'intéresse ; ses yeux ne sont pas tournés vers le monde des choses ; face au public vers lequel iront ces choses il guette, curieux de ses curiosités ; son imagination devance les désirs qui montent, appelle ceux qui ne montent pas d'eux-mêmes et, prodige continu de générosité et de ruse, une intuition toujours actuelle lui livre l'homme et son désir.

Saint-Simon ne dispose pas des moyens que donnent les institutions et les machines par lesquelles est établi un contact permanent entre l'opinion et ceux qui la font pour la mieux servir. Du moins a-t-il compris qu'une place privilégiée était définitivement acquise dans la société nouvelle à l'homme qui parle au public, qui parle au nom du public, qui dit ce qu'il pense au public et qui répète ensuite ce que le public pense. Saint-Simon, du même coup, a découvert la perfection propre à cet office : ne faire qu'un avec le public de telle sorte que le public reconnaisse sa pensée dans celle du publiciste et que le publiciste reconnaisse la sienne dans celle du public. La souveraineté du publiciste peut venir de son style ; elle peut venir de sa pensée ; mais, si ni l'une ni l'autre ne l'assurent, elle n'est pas sérieusement compromise, pourvu qu'il sache traiter les idées comme des idées-forces.

Saint-Simon les sent comme des forces plutôt qu'il ne les conçoit comme des idées. Cette force n'est pas seulement celle que les méditatifs découvrent à l'intérieur de l'idée, la force vitale de l'idée qui rayonne de sa vérité ou de sa vraisemblance. Saint-Simon en capte une autre, celle qui jaillit de la convenance avec les passions ou les intérêts d'un public. Les idées restent bien les belles maîtresses de l'âme, mais il ne veut pas qu'elles errent courtisanes par ennui ; il souhaite pour elles un autre destin ; il ne se ferait certes pas le vil trafiquant de leurs charmes : il sera leur protecteur généreux. Il ne les vend pas : il les lance.

Mais pas de lancement sans argent. Qu'il s'agisse de l'*Encyclopédie*, des travaux préparatoires, de la réforme de la physiologie ou de l'organisation de l'Europe, il y a d'énormes dépenses à engager. Qui réglera l'imprimeur ? Qui couvrira les frais de laboratoires ? Qui paiera les hommes qui pensent ? Saint-Simon a donné l'exemple ; le futur budget des cultes a déjà englouti sa fortune. Où est le public qui acceptera volontairement l'impôt dû à l'Esprit ?

C'est plus difficile à trouver que la loi de l'univers. En 1803, Saint-Simon s'adresse simplement « à ses contemporains » ; dans les *Lettres d'un habitant de Genève*, il leur propose une souscription publique au profit d'un Conseil de Newton, qui comprendra les vingt et un plus grands savants et artistes du monde, premier noyau du futur pouvoir spirituel. En 1807, la France a un Empereur : Saint-Simon comprend très bien que désormais le seul public intéressant, c'est l'Empereur ; *l'Encyclopédie positive* devient donc « le seul travail scientifique digne des vues du grand Napoléon ».

Saint-Simon se voit déjà promu lieutenant scientifique de l'Empereur et il est bien obligé d'élever au-dessus des plus hauts génies le capitaine qui aura un tel lieutenant à ses côtés ; il proclame le protecteur de l'*Encyclopédie* chef des travaux scientifiques de l'esprit humain et il nous montre devant le Temple de la Gloire un Napoléon en majesté « qui tient d'une main l'infaillible compas et de l'autre l'épée exterminatrice des opposants aux progrès des lumières. » Conséquence bien naturelle : l'œuvre du héros doit être du même ordre de grandeur que son génie ; sa munificence doit décourager les rivaux des temps à venir ; Saint-Simon estime qu'avec une centaine de millions ce n'est pas impossible. Quant à son clergé de savants, le futur pape reconnaît qu'après le Concordat il vaut mieux ne pas insister, il rectifie la position devant l'Empereur et accorde un sursis au catholicisme ; il admire même la sagesse de son maître : Napoléon a vu que le peuple n'est pas mûr, il lui conserve ses croyances, sa morale et son clergé en attendant que les philosophes aient définitivement constitué la religion scientifique. C'est en silence qu'il faut travailler à la construction du nouveau temple, et, pour être plus sûr d'éviter le scandale, le bon ouvrier chante en portant sa pierre : « Je crois en Dieu ! »

Jusqu'à la chute de l'Empire, Saint-Simon essaie en vain d'atteindre Napoléon. Ses projets pratiques sont encore plus naïfs que sa philosophie des sciences. Qu'il prétende « faire faire un pas général à la science » ou rendre la paix à l'Europe, son invention est simple : un concours doté de lots fabuleux avec des questions posées de telle manière que le premier prix aille sans détours à ses propres solutions. A la fin de 1813, devant l'invasion menaçante, il ne trouve rien de mieux que de réunir un jury présidé par l'Empereur, assisté de son collègue autrichien et du prince-régent d'Angleterre, afin d'attribuer un prix de vingt-cinq millions « à l'auteur du meilleur projet de réorganisation de la société européenne ».

C'est une dure épreuve pour les idées que d'avoir besoin d'argent. Il est normal qu'un prêteur exige un intérêt ; Saint-Simon ne ressent donc aucun scrupule à rendre ses vérités intéressantes. Pour les présenter à l'Empereur, il les peinturlure en tricolore et vante leur aptitude guerrière : en découvrant la loi de l'univers, il rend la suprématie à l'école française, il apporte à son pays la gloire de prendre une revanche sur les Bacon, les Newton et les Locke, il secoue « le joug scientifique qui pèse sur notre honneur national ». Honte à ces savants de sa patrie qui prétendent rester neutres dans la lutte de l'Empereur contre les Anglais ! Le nouveau Descartes entend bien être mobilisé comme penseur. Chargé de la propagande intellectuelle, il aura mission de recruter des alliés à la France en démontrant à l'humanité entière que nous sommes supérieurs à nos adversaires « sous le rapport de la capacité scientifique » comme « sous le rapport de la loyauté et de la capacité militaire ».

La chute de l'Empire révèle à Saint-Simon la tyrannie de l'Empereur. En janvier 1815, il écrit à Louis XVIII :

> Les études philosophiques et politiques auxquelles j'ai consacré ma vie, qui n'avaient pu avoir jusqu'à présent qu'une direction vague, ont maintenant pour but unique d'affermir le sceptre entre les mains des Bourbons, et de consolider la monarchie que votre Majesté a reconstituée.

> Le ci-devant citoyen Bonhomme signe : COMTE HENRI DE SAINT-SIMON.

Mais il salue d'un cœur si joyeux les fils de Louis XII et Henri IV parce qu'ils rapportent, avec les vertus de leurs aïeux, des institutions conformes à l'état des lumières. Saint-Simon a fréquenté les libéraux ; il maudit tous les despotes ; il aime en Louis XVIII le père de la Charte ; ce qu'il appelle « affermir le sceptre », c'est démontrer que la cause de la

monarchie est liée à celle de la Liberté et que l'intérêt du roi
est de préférer un peuple de citoyens à un troupeau de sujets.

Ces idées, Saint-Simon les exprime d'autant mieux qu'il a
enfin trouvé le moyen d'écrire un livre : depuis le début de
l'été 1814, il a pour secrétaire le jeune Augustin Thierry,
normalien de la promotion 1811, que l'invasion a chassé de
son collège de Compiègne presque au lendemain de sa
première classe.

*De la réorganisation de la Société Européenne ou de la
nécessité et des moyens de rassembler les peuples de
l'Europe en un seul corps politique en conservant à chacun
son indépendance nationale* est une excellente dissertation.
Pour la première fois, Saint-Simon publie un livre pourvu
d'un plan et d'une conclusion. L'ouvrage est d'ailleurs
original à d'autres égards : on n'y entend pas parler de la
gravitation universelle ; la politique ne paraît plus subordonnée à la physiologie ou à une philosophie des sciences ; il
n'est pas question d'organiser le pouvoir spirituel et les
savants reçoivent à la Chambre des députés la même place
que les négociants. Les deux auteurs se contentent de
démontrer que la Constitution anglaise est la meilleure
possible : elle est fondée sur des principes aussi sûrs que la
conclusion d'un syllogisme correct et elle est absolument
bonne, bonne pour tous les temps, pour tous les pays et même
pour une société de nations comme l'Europe.

Tandis que le jeune Thierry déduit le meilleur des
parlements, Saint-Simon offre ses services aux électeurs. Le
jeu normal du régime parlementaire exige la concurrence de
deux partis constitutionnels, également fidèles à la dynastie et
à la Charte, d'accord pour écarter les factieux qui veulent
abolir celle-ci ou celle-là ; mais l'un est toujours disposé à
renforcer l'autorité royale, l'autre à étendre les libertés
accordées par la Charte ; l'équilibre politique naît de leur
opposition. Le premier existe déjà en France : c'est le parti
ministériel. Organiser le parti d'opposition, telle est l'entreprise que Saint-Simon aperçoit au bout des idées libérales.

Le parti d'opposition est par définition le gardien de la Charte : sa puissance ne peut venir que d'une opinion publique fortement attachée au maintien de la Charte. Or il y a dans le royaume des citoyens qui sont naturellement attachés au maintien de la Charte parce que leur fortune n'a pas d'autre garantie : ce sont les propriétaires des biens nationaux. Les cours de ces domaines depuis le retour des Bourbons et de leurs anciens maîtres indiquent clairement les conditions politiques de leur valeur : ils sont tombés très bas, bien que la Charte déclare irrévocables les ventes de la Révolution, parce que l'avenir de cette Charte ne semble pas assuré. Pour que ces propriétés retrouvent leur juste prix, il faut que les promesses de Louis XVIII paraissent intangibles, quelles que soient les dispositions de ses successeurs : or, pour que des lois soient intangibles, il suffit qu'un grand parti vive de leur défense. La Constitution n'aura plus rien à craindre, lorsqu'il y aura en France un parti puissant dont le principe vital et électoral sera la garde de la Constitution. Une fédération des propriétaires de biens nationaux en est naturellement la cellule originelle.

Saint-Simon harangue ses concitoyens, les presse de s'unir, trace un programme d'étude et d'action, rédige les statuts d'une *Agence générale des propriétaires de domaines nationaux*, dont l'office sera de publier toutes les informations concernant ces biens et leurs cours, de préparer les élections, d'entretenir une opinion fidèle au maintien de la Charte et à l'esprit des institutions anglaises. Il s'agit donc de créer une véritable maison d'éditions qui lancera des périodiques et des collections de livres. Aussi Saint-Simon n'oublie-t-il pas de prévoir un poste de Directeur des travaux littéraires de la société.

Saint-Simon n'est pas seul à s'intéresser aux propriétaires de domaines nationaux. Le souverain de l'île d'Elbe trouve un moyen plus rapide de les rassurer ; son retour rend l'Agence inutile, et avec elle les travaux littéraires dont Saint-Simon se voyait déjà le directeur, l'auteur et l'éditeur. Pendant les Cent-Jours il ne lui reste qu'à reconnaître sans enthousiasme le fait impérial, en dictant à l'opinion ce qu'elle doit exiger pour contraindre le régime à devenir le moins malfaisant possible. Le philosophe et son secrétaire entreprennent une campagne en faveur de l'alliance franco-anglaise. Mais ils n'ont pas le temps de convertir les Anglais. Waterloo met fin à « l'invasion du territoire français par Napoléon Bonaparte ». Louis XVIII revient. La paix débarrasse l'actualité des événements trop gros. Le cours des choses retrouve un rythme modéré. Il est enfin possible de préparer une action à distance et le recrutement régulier d'une clientèle. C'est alors que Saint-Simon sent passer l'idée-force à grand rendement.

Cette fois, il se tourne vers « Messieurs les cultivateurs, les fabricants, les négociants et les banquiers », tous ceux qu'il range dans la classe des *industriels*. Il laisse tomber sa couronne de comte et sa particule, qui en ont l'habitude, et déclare : « J'entreprends de vous débarrasser de la suprématie exercée à votre égard par les courtisans, par les désœuvrés, par les nobles et par les faiseurs de phrases. Je m'engage à n'employer que des moyens légaux, loyaux et inoffensifs. Je m'engage aussi à vous faire obtenir dans un court espace de temps le premier degré de considération générale et la principale influence sur la direction des affaires publiques ». Ces moyens légaux, loyaux et inoffensifs se réduisent d'ailleurs à un seul : répandre avec profusion les écrits de Saint-Simon.

La promesse ne déçut pas celui qui la faisait. Des souscripteurs riches et de qualité, le duc de La Roche-foucauld-Liancourt, le duc de Broglie, La Fayette, les grands banquiers Laffitte et Périer, le manufacturier Ternaux, eurent le geste attendu. Saint-Simon réunit une équipe de collaborateurs, engage des secrétaires, institue un dîner hebdomadaire d'écrivains et d'amis : à la fin de 1816 paraît le premier fascicule de *L'Industrie littéraire et scientifique liguée avec l'Industrie commerciale et manufacturière*, qui devient l'année suivante *L'Industrie, ou Discussions poli-*

tiques, morales et philosophiques, dans l'intérêt de tous les hommes livrés à des travaux utiles et indépendants.

L'Industrie édite des études d'économie, de politique et de finance ; elle fait de la publicité aux discours de Laffitte, à une brochure de Casimir Périer. Dans les articles qu'il signe et dans ceux qu'il inspire, Saint-Simon adopte les formules du libéralisme intégral ; il traite le gouvernement comme un mal nécessaire et lui demande de gouverner le moins possible, juste ce qu'il faut pour assurer la liberté des producteurs et pour maintenir l'ordre nécessaire aux affaires. Il annonce le siècle industriel et pousse le cri de ralliement des nouveaux croisés : *Tout par l'Industrie, tout pour elle.*

Deux volumes paraissent... et alors, miracle de la fortune, du succès ou du printemps ? Voilà que surgit au milieu de ces banquiers et de ces négociants stupéfaits un prophète aux grandioses barbouillages auquel personne n'avait pensé en liguant l'Industrie commerciale et manufacturière avec l'Industrie littéraire et scientifique. Dieu est mort, et avec lui la morale qui promet le Paradis aux bons et l'Enfer aux méchants. Dieu est mort, et sous un ciel sans mystère l'humanité adulte va apprendre la morale terrestre ; les travailleurs de la nouvelle cité ont déjà montré leur force ; ils errent parmi les ruines accumulées au XVIIIᵉ siècle ; il suffit de les réunir... Ce que l'Empereur n'a pas su voir, les industriels le verront : Saint-Simon leur confie les destinées de l'Encyclopédie positive.

Et la note à payer.

Il n'a pas de peine à leur démontrer que leur intérêt le plus urgent est de mettre les savants en état d'achever la philosophie positive. N'est-ce pas une assurance à bon compte ? La conservation des propriétés, leur dit-il, est le grand objet de la politique ; or la seule digue que les propriétaires puissent opposer aux prolétaires, c'est un système de morale ; puisque la morale céleste n'est plus capable de remplir cet office, il est clair qu'il faut en fonder une autre le plus vite possible. « Les négociants, ajoute-t-il sont, de tous les propriétaires, les plus intéressés à l'établissement du nouveau système de morale : car ils sont ceux dont les propriétés sont le plus exposées au pillage ; ils sont donc ceux qui doivent travailler avec le plus d'ardeur à la construction de cette nouvelle digue ».

Aux industriels, le pouvoir temporel ; aux savants, le pouvoir spirituel. Aux industriels, la charge de payer les savants ; aux savants, le soin de faire progresser la science pour le plus grand profit de l'industrie. Aux écrivains politiques, le devoir de rapprocher les *savants de la pratique* et *les industriels de la théorie* d'orienter l'opinion dans le sens de l'histoire, de tenir le public dans l'attente d'un siècle qui sera à la fois industriel et positif d'assurer les producteurs contre les risques de la tyrannie et de la révolution. Telles sont les clauses de la nouvelle alliance.

Est-ce la résurrection du philosophe et du pontife qui effraie Augustin Thierry ? C'est à cette époque en effet que « le fils adoptif » se plaint de ne plus rien comprendre à la pensée de Saint-Simon ; il constate qu'il n'a plus rien à recevoir de lui, et lorsqu'il s'interroge sur le génie du maître, il sent avec peine son intelligence plus sévère que son amitié.

Thierry quitte Saint-Simon en octobre 1817 ; mais depuis le mois d'août il y a un autre secrétaire à la table de Saint-Simon. C'est Auguste Comte, qui écrit les quatre cahiers du tome III de l'*Industrie*.

Auguste Comte écrit et Saint-Simon parle.

Il chante l'avenir comme un jeune homme, comme le jeune homme qu'il fut un jour. Il chante l'avenir qu'il découvrit au-devant de sa jeunesse.

Mais l'accent est si chaud que le philosophe de vingt ans n'aperçoit point les rides d'un avenir usé. Il oublie que les mitres et les crosses ont été ramassées. Il écoute l'appel de l'histoire qui demande un pape.

C'est ainsi qu'Auguste Comte devint pour toujours le contemporain des sages bâtisseurs d'Églises nouvelles, perdu dans un siècle qui refoulait le songe d'un soir de Révolution.

CHAPITRE PREMIER

LE COMTOU

DÉPARTEMENT DE L'HÉRAULT
MAIRIE DE MONTPELLIER
An VI de la République et le premier pluviôse

ISIDORE-AUGUSTE
MARIE-FRANÇOIS-
XAVIER
COMTE

Nourri par sa mère

L'an et jour que dessus, s'est présenté au bureau de l'état-civil avec un Enfant Louis-Auguste Comte, négociant, qui nous a déclaré que le jour d'hier à midy, dans la Maison du Jardin Salze, scis vis à vis la Mercy, est né Isidore-Auguste-Marie-François-Xavier, fils légitime dudit Comte et de Félicité-Rosalie Boyer, Mariés. Témoins, Laurent Sauvadete, âge de vingt-huit ans, et Pierre Flottes, âgé de quarante-cinq ans, tous deux Employés au Département, habitans cette commune, signés avec le père et nous.

COMTE, SAUVADETE, FLOTTES, GOURGUE

En quittant la mairie de Montpellier, le citoyen Louis Comte avait un autre devoir à remplir : faire un chrétien de ce fils pour lequel il demandait le patronage de tant de grands saints et même celui de la Mère de Dieu. Mais la République n'autorisait que les baptêmes qui sont célébrés dans le ciel, et, au soir de ce samedi 20 janvier 1798, l'heureux père songeait peut-être au temps où les dimanches avaient une messe.

En face de sa maison se dressait l'église Sainte-Eulalie, celle qu'on appelait l'église de la Merci, en souvenir des bons religieux qui rachetaient les chrétiens captifs des musulmans et des pirates : c'était un magasin rempli de salpêtre, de tonneaux et d'eau-de-vie. Plus loin, il y avait Saint-Denis, la paroisse du quartier : elle était fermée depuis le 1er octobre de l'année 93. Il y avait aussi les oratoires privés : mais, après le 18 fructidor, où étaient le vénérable curé Manen et l'éloquent abbé Coustou, rentrés à la faveur d'une éclaircie, lorsqu'on croyait que la chute de Robespierre inaugurait l'ère de la liberté ? Ils avaient repris le chemin de l'Espagne pour en éviter un autre. Et s'il y avait encore quelques ministres cachés dans la vieille cité, ils devaient, plus que jamais, se méfier des murs qui parlent : depuis quinze jours, la commune de Montpellier était mise en état de siège, par ordre du Directoire. *Considérant que le Département de l'Hérault est agité par le fanatisme et la malveillance...* Tout le monde comprenait.

Un an plus tôt, M. et Mme Comte s'étaient mariés devant Dieu en cachette : ils lui donnèrent leur premier-né en cachette. Catholiques avec ferveur, royalistes avec discrétion, M. et Mme Comte étaient de ceux qui restaient sobres en cette saison où les dieux n'étaient pas seuls à avoir soif. Et pourtant le beau soleil du bel été de l'An V était chaud, si chaud que les plus forts buveurs avaient la gorge encore sèche bien des années plus tard ! Ici, on sauve la République ; là, on sauve la Royauté ; ailleurs, on sauve ses intérêts. Dans la maison du jardin Salze, on est trop pauvre pour avoir des intérêts à sauver, trop honnête pour en faire naître et l'on sent trop sa petitesse pour rêver d'un service héroïque. En attendant ce que l'on ne peut pas deviner, on travaille, on respecte le décalogue, on met au monde des enfants. M. et Mme Comte ne prétendent rien sauver : par eux, quelque chose était sauvé, car par eux quelque chose continuait, à l'heure où tout changeait.

M. Louis Comte était un homme méthodique. Il se levait à cinq heures du matin, déjeunait à huit, allait à son bureau à neuf, rentrait chez lui à cinq, et recommençait le lendemain ce qu'il avait fait la veille. M. Comte était un homme de famille : il ne faisait partie d'aucune confrérie ni d'aucun cercle, ne mettait jamais les pieds au café, détestait le jeu ; en trente-deux ans, il n'assista qu'une fois au spectacle. M. Comte était un honnête homme : entré comme employé dans les bureaux de la Recette générale du Département de l'Hérault, il y termina sa carrière comme fondé de pouvoir, n'ayant refoulé qu'une ambition : devenir percepteur du second arrondissement de Montpellier.

M. Comte était un bourgeois. Il gagna jusqu'à six mille francs par an ; c'est-à-dire qu'il devait emprunter lorsque les maladies étaient trop coûteuses : mais il était au service de l'État ; tous ceux qui le connaissaient le considéraient. Ses fils allèrent au lycée et, sou par sou, il mit de côté un petit capital : à 74 ans, il avait devant lui trente-deux mille francs.

M. Comte était un sage : ses seules distractions furent de cultiver des fleurs et d'élever des oiseaux. Un cheval passa dans sa vie, comme un caprice : le fourrage était cher.

Pour récompenser cette vie sobre et régulière, la nature confia M. Comte à la vigilance des médecins et des chirurgiens ; il avait encore besoin de travailler lorsqu'elle menaça ses yeux, leur laissant à peine assez de lumière pour le conduire.

Pour récompenser ce fonctionnaire intègre, M. Le Préfet Roulleaux-Dugage le fit destituer, parce qu'il ne prenait pas un intérêt assez vif aux élections.

Pour récompenser ce père exemplaire, le benjamin courut l'aventure et il en rencontra de si méchantes qu'il s'en alla mourir à la Martinique. L'aîné, avec une entière bonne foi, jugea Louis Comte indigne d'avoir donné le jour au premier Grand Prêtre de l'Humanité, et prononça solennellement sa déchéance.

Plus heureuse que son mari, Mme Comte reçut une place éminente dans la famille revue et corrigée par son fils. Le philosophe prétendit qu'il tenait d'elle cette nature sentimentale dont Clotilde de Vaux lui révéla la richesse et la valeur. Il n'avait peut-être pas tort de le croire. Mme Rosalie Comte s'accusait d'avoir le cœur trop chaud ; elle se disait douée d'une sensibilité trop forte pour son repos. Un mari, une fille, deux fils, tous tendrement aimés, comment échapper à une inquiétude continuelle! Et cet aîné qui part pour le vaste et lointain Paris! Quel tourment! Mme Comte ne put jamais s'habituer à cette séparation : elle ne cesse de faire des recommandations à son petit Isidore, même quand il fut un grand homme; elle ne cesse de prévoir pour lui les changements de saison, les maladies, les injustices des hommes; elle ne cesse de lui envoyer des confitures; elle ne cesse d'avoir confiance... En échange, la mère ne demande que des nouvelles : mais elle les implore comme un morceau de pain.

Comme le morceau de pain qui la fait vivre, comme le remède qui la guérit. Car elle aussi est une malade. Rhumatismes, douleurs dans la tête, catarrhe putride alternent avec les crises de santé jusqu'à l'hydropisie de poitrine qui l'enlève à la veille de sa soixante-quatorzième année, ayant bien mérité cette vie de longueur respectable qui est le privilège des organismes toujours chancelants. Epreuves physiques et douleurs morales se mêlent si confusément qu'il est difficile de reconnaître ce qui vient du cœur et ce qui vient du corps, sans parler de ce qui vient des mots. Car l'excellente femme a le verbe haut et l'épithète facile. Elle se contente du monologue intérieur sur un seul sujet : ses enfants ignoraient qu'elle eût douze ans de plus que son mari. Mme Rosalie Comte, comme tous les malades, aime à discourir sur sa santé, à s'attendrir sur sa bonté. Elle sait qu'elle a le cœur sensible, elle le répète avec satisfaction et son imagination est prompte à esquisser les tableaux dramatiques où de fortes couleurs enluminent ses malheurs : la voici, mère douloureuse, qui se traîne au pied de la croix, elle assiste à ses derniers moments, elle réunit ses enfants autour du lit où elle agonise, elle entend sa voix qui les bénit...

Bonne épouse, bonne mère, bonne chrétienne. Un professeur de littérature ferait vite son diagnostic : la sensiblerie du XVIIIe. Un fils de l'Ile-de-France sourirait : Rosalie est du pays où les images chantent sous le soleil du midi. Un lecteur de dictionnaires médicaux invoquerait une maladie nerveuse. Un psychiatre soupçonnerait l'action de quelque glande mal connue pour expliquer cette constitution émotive. Sans doute auraient-ils tous raison, et aussi celui qui rappellerait les malheurs de l'époque, les bouleversements spirituels, les privations religieuses, les privations matérielles, les épreuves intimes et parmi elles l'histoire du fils bien-aimé.

M. et Mme Comte quittèrent bientôt la maison du jardin Salze, qui est aujourd'hui le presbytère de l'église Sainte-Eulalie, 5, rue de la Merci. Ils allèrent dans la maison Girard, rue du Saint-Sacrement, en face de la chapelle Saint-Charles, actuellement, 4, rue Candolle; une fille y vit le jour. Peu après, ils habitèrent la maison Causse, rue Aiguillerie, où naquirent la petite Hermance, morte quelques mois plus tard, et Adolphe. En 1806, M. et Mme Comte étaient installés dans l'immeuble qui allait être le 103 de la rue Barallerie et qui est maintenant le n° 2 de l'impasse Périer : c'est là qu'Isidore passa son enfance; c'est là que les images de son esprit commencèrent à devenir assez nettes pour se prolonger en souvenirs.

Les écoles n'étaient pas encore réorganisées. Le Comtou, comme on l'appelait à cause de sa petite taille, allait chez un vieil instituteur. Le brave homme dormait parfois lorsque son élève arrivait pour la leçon du matin et il fallait frapper fort à la porte. Le Comtou apprit de lui la lecture, l'écriture et même quelques mots de latin. A neuf ans, il entra comme interne au lycée de Montpellier.

Comte s'est plaint, à la fin de sa vie, d'avoir été « soustrait dès l'enfance au cours ordinaire des émotions domestiques, par une funeste claustration scolastique ». Le Comtou est en tête des mornes colonnes qui sillonnent les routes du XIXe siècle : les petits, les moyens, les grands, tous vêtus du même uniforme qui réussit à n'avoir ni l'élégance de la tenue militaire, ni la fantaisie des costumes civils; les petits, les moyens, les grands, tous réduits à la même condition, êtres indéfinissables qui ne sont pourtant pas encore des hommes et qu'on ne traite plus comme des enfants... Les mornes colonnes ont quitté la rue aux pavés usés, elles s'engagent dans un chemin où l'on est sûr de ne point rencontrer beaucoup de promeneurs... C'est jeudi, c'est dimanche : c'est la jeunesse de France qui découvre le monde extérieur.

L'Empereur, pour être plus sûrement le Père, a rêvé d'une Université qui serait un immense orphelinat. Ses futurs serviteurs seraient d'abord ses enfants et leur vie aurait pour préface quelques années de lycée-caserne, d'où l'on sortirait pour aller dans un autre lycée-caserne, où l'on se préparerait aux concours qui ouvrent les portes d'une grande École-caserne. Au temps de Comte, les élèves du lycée étaient divisés en compagnies ; les meilleurs recevaient les grades de sergent-major et de caporal ; tous les mouvements se faisaient au roulement du tambour et sous la direction d'un maître d'exercices qui enseignait aussi le maniement des armes et l'école de peloton.

Les lycées impériaux n'eurent d'ailleurs pas un succès immédiat. Celui de Montpellier fut ouvert le 3 novembre 1804 ; jusqu'en 1813, date à laquelle Comte commence sa dernière année, il eut une moyenne de 184 élèves ; la meilleure année, il alla jusqu'à 252. Dire que l'établissement languissait, c'est simplement citer la parole du proviseur qui en 1811 suppliait publiquement maîtres et élèves de collaborer avec lui pour donner de la vie et de l'âme à la jeune maison. Mais les bourgeois préféraient les institutions privées où leurs enfants ne risquaient point d'avoir pour maîtres de ci-devant prêtres ni pour camarades les fils des officiers de l'Empereur, anciens soldats de la Révolution qui avaient parfois fait leur philosophie à l'école du *Père Duchesne*.

Le Comtou fut probablement de ces internes nationaux, jouissant d'une bourse ou d'une demi-bourse, avec lesquels Napoléon peupla ses lycées : fils de soldats, fils de fonctionnaires, futurs soldats, futurs fonctionnaires. Le Comtou se révéla vite.

Il fit d'abord ses études de lettres, apprit le latin, enleva plusieurs fois le prix de prééminence ; à la fin de sa rhétorique, il obtint le premier prix d'éloquence française et reçut un exemplaire de *l'Iliade* dans la traduction Lebrun ; ce fut un des volumes de sa bibliothèque auxquels il attacha toujours le plus grand prix ; dans son Testament il en fit l'objet d'une donation spéciale. Ses camarades étaient étonnés par les tours de force de sa prodigieuse mémoire : on raconte qu'il pouvait répéter des centaines de vers après une seule audition et réciter à rebours tous les mots d'une page qu'il avait lue une seule fois. En sciences, ses progrès furent tels qu'à la fin de la première année de mathématiques spéciales, il était prêt à passer le concours de Polytechnique : il n'avait que quinze ans.

Enfant prodige. Enfant terrible aussi. Le Comtou ne jouait pas pendant la récréation : mais il était de tous les chahuts. Il appartient à une génération qui ne trouve autour d'elle que des ruines ou des choses trop neuves ; l'envie de tout casser est bien naturelle.

Les règlements font la force des administrations, à condition qu'une force les impose. Napoléon avait organisé militairement les lycées : il restait à les faire vivre militairement. La tâche dépassait les moyens des pauvres jeunes gens qui s'étaient improvisés maîtres d'étude ; leur valeur intellectuelle, leur moralité, leur aptitude au commandement étaient le plus souvent de ces absences dont les écoliers ont l'intuition immédiate. Les élèves des lycées impériaux surent le montrer à leurs surveillants. Les inspecteurs généraux signalent partout des équipes de meneurs, bruyants, insolents, querelleurs, bravant les remontrances et fiers de leurs punitions. L'élève Comte est de ces galopins ; mais l'élève Comte affirme son droit d'être insupportable, il se donne des certificats de bonne conduite, parce qu'il entend ne se soumettre qu'à la seule supériorité de l'intelligence. L'élève Comte n'est pas un chahuteur : c'est un révolutionnaire.

Il est révolté contre toute autorité, celle du lycée, celle de la foi, celle du gouvernement. L'enfant du siècle entrera demain à l'école ; ce sera un fils de l'Empire et un petit-fils de la

Révolution. Mais, à l'heure de l'émancipation, le Comtou a quatorze ans : c'est un enfant de l'autre siècle ; c'est un fils de la Révolution.

Il ne croit plus en Dieu : il croit en la liberté. Qui lui a enseigné la foi nouvelle ? Qui lui a enlevé la foi ancienne ? Ses camarades, ceux dont les pères ont suivi le général de la Révolution sans trouver le temps d'approuver le Concordat ? L'exemple de maîtres qui font leur métier de réciter le catéchisme d'une religion qu'ils ne pratiquent pas ? La joie de dire rouge quand l'Empereur dit blanc ?

Car il déteste l'Empereur. L'enfant du siècle est encore trop petit pour comprendre les larmes des mères : il écoute les fanfares, s'arrête devant les uniformes, joue au héros : il voit la mort si belle, si grande, si magnifique dans sa pourpre fumante... le rêve passe ! Mais pour l'enfant de l'autre siècle, le rêve est passé. La sagesse des grandes personnes l'émeut : il raisonne comme une grande personne. Les commerçants se plaignent des impôts, les gens bien informés annoncent des restrictions, les femmes tremblent à la pensée des prochains appels ; on ne se cache pas pour dire qu'une mère est bien heureuse d'avoir un fils à Polytechnique, parce qu'il échappe à la conscription. A la distribution des prix de 1811, un élève monte sur l'estrade, il va lire un poème dédié au roi de Rome : c'est un hymne à la paix.

Le Comtou, lui, ne chante pas la paix en vers alexandrins : il souhaite, en pleine classe, le triomphe des Espagnols et l'expulsion des troupes impériales.

En août 1813, Comte est trop jeune pour être admis au concours de l'École Polytechnique ; il retourne au lycée à la rentrée suivante pour une nouvelle année de mathématiques spéciales. C'est un vétéran ; il est externe ; il a seize ans. Les premières pousses sortent de terre.

Le professeur de mathématiques spéciales est un esprit comme il y en eut beaucoup dans cet entre-deux-siècles, séduits d'abord par la critique des philosophes, puis inquiets devant la démolition, ayant exercé divers métiers, cherchant leur voie à travers les ruines. Daniel Encontre, ci-devant pasteur, est théologien, philosophe, mathématicien, botaniste, et dramaturge à ses heures. Lorsqu'on ouvrit une École centrale à Montpellier, il concourut pour les chaires de belles-lettres et de mathématiques : il les obtint toutes les deux et choisit la seconde pour laisser l'autre à un ami ; il eût aussi bien choisi la première. Au moment où il reçoit Comte dans sa classe, il est professeur de mathématiques transcendantes et doyen de la Faculté des Sciences. Il est aussi un des conseillers les plus actifs des Églises réformées ; en même temps qu'il démontre l'accord de la foi et de la raison, il prêche le retour à l'ordre, la nécessité de la discipline, la méfiance des institutions trop démocratiques.

Daniel Encontre apparaît à ses élèves comme le contraire d'un spécialiste, et c'est bien ainsi que Comte l'a vu : esprit encyclopédique, mathématicien d'abord, mais partout à son aise, sensible à toutes les questions, conscient des besoins du temps, soumis à l'idée d'ordre, esquisse encore incertaine du philosophe tel que le positivisme le définira.

Ces traits n'auraient pas frappé ses élèves si Daniel Encontre n'avait su s'imposer dans ses fonctions : c'est le seul de ses maîtres dont Auguste Comte ait jamais parlé et il l'a proclamé le premier professeur de son temps. Daniel Encontre apprit les mathématiques transcendantes au futur polytechnicien : il est probable qu'il éveilla en lui autre chose que l'amour des nombres. Le Comtou est à son banc ; il écoute ; il voit le maître dans sa chaire, exposant, démontrant, concluant... et, à mesure, un film intérieur se déroule, qui n'est pourtant pas un rêve, qui ne détourne pas son attention... il se voit, dans cette chaire, exposant, démontrant, concluant ; une voix silencieuse répète les mots, des attitudes s'ébauchent dans son corps immobile. Une image a traversé son âme, puis une autre et encore une autre... un personnage s'est levé, l'a tentée, captivée.

Et voici que Daniel Encontre, obligé de s'absenter, demande à son meilleur élève de le remplacer. Le Comtou se trouve brusquement de l'autre côté de la classe : les bancs sont devant lui ; il expose, il démontre, il conclut. A mesure, un film intérieur se déroule : mais c'est l'écho fidèle : car c'est bien sa voix qu'il entend, c'est bien son corps qui se tourne vers le tableau, c'est bien sa main qui commente sa pensée dans l'espace. Le personnage éveillé par Daniel Encontre est là, réel, visible, triomphant.

Daniel Encontre a fait monter l'élève Comte dans sa chaire : le professeur Comte y est resté.

Il y est resté toute sa vie. A ses répétitions de Polytechnique, à sa table d'examinateur, dans les mairies de Paris, dans son cabinet de travail où il réunit ses amis, et même seul en face de sa mission, Comte enseigne : il enseigne comme il respire, par besoin. Ses livres sont des cours, ses chapitres des leçons, ses visions intérieures des conférences. Aucune distinction à faire entre la forme et le contenu : vue du dedans, sa philosophie est une étonnante entreprise didactique, et son ambition remplit exactement l'expression *chef d'école*.

Professeur, il l'est jusque dans sa folie qui est un délire de pédagogue avide des plus hautes grandeurs dans son ordre. Le Professeur est l'homme en qui l'idée devient parole et par la parole action : il est déjà le Prêtre par qui le Verbe devient vie. Un jour, Comte se sentira trop près du sol dans la chaire de Daniel Encontre : il demandera celle de Notre-Dame.

En attendant, le Comtou connaît le charme des premières leçons. L'externat lui permit sans doute d'en recevoir d'autres. Montpellier n'est pas une ville trop grave. Le café du Pavillon l'Esplanade, le café Quet dans la Grande Rue où l'on boit de si bonnes limonades, les prés d'Arènes, la Font Saint Berthomieux, la Font Putanelle, sont des coins où l'on ne s'ennuie pas. Et puis les *grisettes* chantées par les poètes du pays ne sont pas farouches ; elles fréquentent les établissements auxquels on a donné le nom sévère de lycée : là, on danse, on s'amuse. Peu importe que le Comtou ait alors entendu les appels de son « ardente organisation » : ils n'ont pas couvert l'autre chant, la romance ridicule qui éveille le cœur.

Les refrains de Cyrille Rigaud et de Bertrand Benié voltigent d'un couple à l'autre. *Aïci la sezoun de las flous*, les

Regrets d'Estelle après le départ de Nemorin sont jeunes et frais comme la valse qui étourdit :

> Roussignoulès, ah ! tayza vous !

Mais les rossignols ne se taisent pas
Et le Comtou les écoute.

On l'appelait Ernestine. Elle s'appelait Joséphine-Jeanne-Ernestine Goy. Elle devint Madame de Montfort au début de 1813. Elle avait vingt ans quand le Comtou en avait quinze. Elle était une jeune fille quand le Comtou n'était qu'un gamin. Elle l'aimait bien, comme un ami d'enfance resté un enfant. Il l'aimait bien, mais comme une amie d'enfance devenue une femme.

Ni l'un ni l'autre ne s'interrogèrent sur leurs sentiments. Ernestine jouait de la harpe et lui révélait la langue de Dante. Il y avait, pour les cacher à eux-mêmes, la musique et la poésie, avec leurs brumes magiques que seules transpercent les mystérieuses lumières allumées par des anges ou des démons.

Quand les brumes s'évanouissent dans l'air silencieux, les lumières du songe s'éteignent dans la lumière du jour mais le cœur qui a vu la féerie nocturne est à jamais lié aux puissances invisibles. Ernestine fait vibrer les cordes de sa harpe. Comte écoute, et une mélodie qui ne vient pas de la harpe monte à la surface de son être où elle expire. Une chaude béatitude le pénètre. Un enthousiasme le saisit qui ne peut dire son nom. Comte est porté vers quelque chose qui est au delà de la poésie, au delà de la musique, au delà d'Ernestine. Comte aime l'amour.

Comte fut un fils ingrat. Comte a oublié la mère de son enfant. Comte a traité durement sa sœur. Comte a lassé l'amitié de ses admirateurs. Pourtant Comte fut un grand cœur, mais un cœur à explosion, un cœur sans mémoire, un cœur candide, toujours neuf.

Aussitôt après son départ de Montpellier, il se montre affectueux et prévenant envers les siens. A l'heure de la première liaison, c'est un amant délirant. Puis le sentiment paternel s'éveille en lui, violent, impatient. Puis c'est l'époux passionné, éperdu d'admiration. Puis surgit le héros du grand amour chaste qui dompte la sensualité... Et c'est toujours le collégien amoureux d'Ernestine Goy.

CHAPITRE II

POLYTECHNIQUE

« ... La première école du monde... »

Lettres à Valat, 12 février 1817, p. 25.

Comte se présenta en août 1814 au concours de l'École Polytechnique. Trois examinateurs se partageaient le royaume et faisaient passer l'oral dans les principales villes de province. Comte fut reçu premier de la liste de M. Francœur. Il fut quatrième dans le classement final, où les listes primitives étaient fondues en une seule, procédé bien étrange puisque le jury devait comparer des candidats jugés par des examinateurs différents. Duflos, Guichard et Latour furent en tête.

En annonçant leur nomination aux élus, le Gouverneur de l'École Polytechnique les priait de se présenter avant le 2 novembre. Comte partit aussitôt. Il fut *enregistré* le 30 octobre. Un scribe écrivit :

Cheveux et sourcils châtain clair, front découvert, nez retroussé, yeux roux, bouche moyenne, menton rond, visage ovale, taille d'un mètre 59 centimètres (4 pieds, 10 pouces, 9 lignes, ancienne toise), marqué de la petite vérole, une cicatrice à l'oreille droite.

La décision n° 475, en date du même jour, le nommait caporal à cause de son rang d'admission.

Comte était allé de Montpellier à Paris par petites journées. Il avait été frappé par la joie du pays ; il voyait des visages rassurés par la chute de l'Empereur, et, ce qui pouvait moins plaire au jeune jacobin, il constatait aussi le succès du pamphlet de Chateaubriand, *De Buonaparte et des Bourbons*.

A Polytechnique l'enthousiasme était plus modéré.

L'Empire n'avait jamais été très populaire dans cette maison que la Convention avait fondée. Rien ne pousse plus vite que les traditions dans une École ; la tradition s'y trouve dans son milieu naturel, puisqu'elle est elle-même une jeunesse prolongée, la jeunesse du groupe qui brave la vieillesse de ses membres ; par elle l'esprit des premiers jours ne cesse de renaître et cet esprit disait ici que le règne de Napoléon n'était pas la conclusion directe de la Révolution. Aussi les Polytechniciens n'avaient-ils pas recherché les bonnes grâces de l'Empereur et l'Empereur s'était dispensé d'en faire parade : il avait installé l'École dans les collèges de Boncourt et de Navarre, où elle est encore aujourd'hui ; il l'avait organisée sur le modèle de ses casernes, mettant à sa tête un gouverneur militaire et un état-major ; grâce à lui on y portait l'uniforme et l'on y faisait l'exercice ; un projet de suppression fut même envisagé. Napoléon pensait surtout à l'École lorsqu'il avait besoin d'officiers et il l'aurait rapidement vidée si le Gouverneur ne lui avait rappelé qu'elle devait aussi fournir des ingénieurs aux grands services de l'État, ponts et chaussées, mines, poudres, construction de vaisseaux, etc.

A la fin de 1813, un reflux parti du fond de l'Europe menace les frontières. Les frontières ! La France s'aperçoit qu'elle a des frontières ! L'image qui fait des miracles soulève le peuple épuisé pour un dernier acte de foi : il donne à l'Empereur les Marie-Louise. Les Polytechniciens demandent à former un bataillon. Le gouvernement accepte leur offre et les groupe en trois compagnies de canonniers rattachés à la garde nationale de Paris.

L'Empereur combat sur l'Aube ; les Polytechniciens apprennent la manœuvre du canon dans la cour de leur caserne. Les Alliés approchent ; les Polytechniciens montent la garde. Les armées ennemies sont devant la capitale. Le 30 mars, à quatre heures du matin, Paris est réveillé par les tambours qui battent la générale. Marmont attaque dans la direction de Romainville. Les Polytechniciens sont en réserve avec leurs pièces à la Barrière du Trône. Au début de l'après-midi, ils se portent en avant ; au croisement de la route de Vincennes et du chemin de Charonne, les uhlans les chargent, les attelages versent... échauffourée... heureusement, dragons et chevau-légers débouchent au galop... Pourquoi les Poly-techniciens sont-ils là ?... Ils se retirent avec dix-neuf blessés, laissant six prisonniers.

Le soir, Paris capitule. L'armée se retire. L'École se disloque. Des familles réclament leurs enfants, quelques-unes avec plus d'indignation au cœur que de fierté : ont-elles envoyé à Polytechnique des garçons de dix-sept ans pour jouer aux héros ou pour étudier des mathématiques ? M. Enfantin, le père du futur pape saint-simonien, éclate en anathèmes contre le lâche tyran et les esclaves encore plus lâches du tyran. Et puis, tout bruit s'éteint ; des élèves démissionnent ; les autres reviennent. Le roi en son palais fait semblant de vivre la dix-neuvième année de son règne.

Tout recommence, et pourtant à la reprise de novembre 1814, est-ce la même École ? La Gloire n'était plus seulement sa devise ; elle était inscrite dans son passé, et, cette fois, ce n'était pas la gloire de tel ou tel *ancien* qui rejaillissait sur la maison d'où il était parti : celle-ci appartenait en propre à l'École, à l'être polytechnicien qu'un élan unanime avait soulevé. L'École était entrée dans l'épopée impériale. L'École avait droit à la légende. Un geste généreux la mettait dans le parti de ceux qui allaient regretter. Ce même geste la révélait au peuple de Paris qui lui accordait immédiatement son droit de cité, l'honneur de travailler en plein air à l'avènement des temps meilleurs. Parce qu'elle avait défendu la ville, l'École serait de toutes les révolutions du siècle : elle avait gagné sa place dans la rue.

Autour des nouveaux, autour de Comte, des images qui sont à peine des souvenirs hantent les vieux collèges. Tout recommence, les mathématiques, les sciences, le dessin, qui est la partie faible de Comte ; mais lorsque le cours est terminé et les interrogations préparées, on reconstruit la société. On admire le chimiste Thénard et le physicien Petit ; pour le calcul différentiel et le calcul intégral, M. Poinsot est excellent ; on attend avec curiosité les leçons de mécanique de M. Poisson. Mais il y a aussi le professeur de grammaire et belles-lettres, M. Andrieux, le poète académicien du *Meunier sans souci,* cet ancien président du Tribunat qui écrivait des comédies, l'homme du XVIIIe siècle qui survit aux atrocités de la Terreur et aux honneurs de l'Empire. Sait-on que M. Andrieux n'aime pas les superstitions ? Sait-on que jadis il versifia une *Épître au Pape* pour lui demander de dénoncer lui-même l'imposture des prêtres ? L'ancien parlementaire n'est pas un orateur de réunion politique : il parle dans sa chaire sur un ton familier ; il dit que l'histoire s'occupe trop des rois et des grands ; il cite le *Dictionnaire philosophique* de Voltaire et admire sa correspondance ; il explique la *Profession de foi du Vicaire Savoyard,* et trouve que Bossuet est un déclamateur ; il met Corneille et Racine au rang des dieux.

Tout recommence... On travaille, on commente le passé et l'avenir. On s'amuse aussi. Comte est heureux.

A cinq heures du matin, on bat la diane, et il faudrait se lever, mais on n'en fait rien, et, malgré que les capitaines viennent crier dans les chambres, on ne se lève qu'à cinq heures trois quarts, lorsqu'on bat le roulement pour descendre à l'appel dans les brigades (salles d'étude). On travaille ainsi jusqu'à sept heures et demie, où l'on va déjeuner jusqu'à huit heures. Le déjeuner consiste en un bon morceau de pain, et il y a de plus un homme qui vend du lait chaud ou du beurre : avec quelque argent on peut bien déjeuner, car d'ailleurs le pain est très beau et à discrétion. A huit heures on va à l'amphithéâtre de géométrie descriptive ou dans les salles jusqu'à neuf heures, quand il y a amphithéâtre ; on remonte alors dans les salles jusqu'à deux heures. Quelquefois, dans cet intervalle, il y a différents cours. A deux heures on dîne avec du potage, un bouilli et un plat de légumes, le tout à discrétion ; il y a une bouteille de vin pour cinq, et c'est assez, car il est si mauvais que très peu d'élèves en boivent. Du reste, la nourriture est aussi bonne qu'elle peut l'être dans un établissement public : elle vaut bien mieux que celle des lycées. A deux heures et demie on ferme les réfectoires et l'on est en récréation jusqu'à cinq heures ; dans cet intervalle on va à la bibliothèque, qui est très belle, ou à la salle d'agrément lire les journaux. A cinq heures on remonte dans les salles jusqu'à huit heures, et à cette heure là on va souper. Après souper on va se coucher, ou, si l'on veut, on se promène dans les corridors des casernements. A neuf heures un quart on bat le roulement pour éteindre les chandelles. Et tous les jours on recommence le même train de vie.

Les premières lettres avouent un peu d'ennui... Choses et figures jamais vues... corridors où l'on se perd... images filantes... mémoire brouillée... corps hésitant... dépaysement... mais juste le temps de fixer le décor, d'entrer dans ses habitudes, d'entendre pétiller la camaraderie. Il y a bien un jeu assez désagréable auquel les nouveaux sont tenus de s'associer : les anciens les font basculer sur une planche suivant un rite minutieux. Cette opération n'est pas du goût de Comte ni de sa maman qui est fort inquiète. Et puis, comme tous les autres, le conscrit Comte est basculé ; il s'aperçoit que cela ne fait pas mal, et se dit qu'un jour viendra où il sera ancien.

Il fallut deux mois pour permettre aux vétérans de recevoir à leur manière la nouvelle promotion. Le 31 décembre, une cérémonie enguirlandée de symboles célèbre la fin des bascules et la parfaite union qui règne dans l'École. Les salles de conscrits envoient des députations dans les salles d'anciens, décorées de manière à représenter le Sénat d'un peuple libre ; on échange des discours ; les anciens affirment solennellement que désormais tous les élèves sont égaux, et les orateurs des deux camps s'embrassent. Des autels se dressent, voués à la paix ; l'un porte ces mots : *A l'Amitié,* et on lit sur le fronton : *Union et force.* Un grand bal termine la journée et c'est en dansant que les Polytechniciens entrent dans l'année 1815.

A l'heure où Comte voit ses concitoyens courir à l'esclavage et au despotisme, cette république d'écoliers apparaît revêtue de toute la majesté attachée à son modèle. « Ces cérémonies émeuvent fortement, je t'assure », écrit-il deux jours après.

Le lendemain les Polytechniciens fêtent le premier janvier en hommes libres. Ils ont la permission de sortir depuis sept heures et demie, le matin, jusqu'à neuf heures et demie, le soir. Les bons effets de l'union scellée la veille apparaissent immédiatement : à l'unanimité, ils décident de ne rentrer qu'à onze heures ; on pourra passer ainsi la soirée au spectacle. Une centaine va à Feydeau, une cinquantaine au Théâtre-Français. Comte est de la seconde bande. Il arrive très tard, mais comme il dit fièrement : heureux au dedans, les Polytechniciens sont redoutables au dehors : chacun occupe deux larges places au parterre, une pour sa personne, une autre pour son shako ; cinquante sièges, recouverts de cinquante shakos, attendent les camarades qui n'auraient pas envie d'être à l'heure. Et pendant ce temps-là, les bourgeois sont à la presse.

Mais qu'est-ce qu'un bourgeois ! Un « pékin » !

La Révolution a consacré le règne des bourgeois : ils achètent, vendent, fabriquent, administrent, élèvent la voix avec l'autorité de ceux qui paient ; ils donnent beaucoup à ce siècle qu'ils ont pris en charge, sauf ce que ni la raison ni le corps ne demandent : de l'héroïsme. Les bourgeois se montreront très souvent héroïques : mais ils sont réellement héroïques ; ils ne sont pas idéalement héroïques ; leur héroïsme n'exalte pas les jeunes gens, les jeunes filles, les foules qui guettent le beau nuage à figure humaine dont s'enchanteront leurs songes et leurs mythes. Aussi sous le règne des bourgeois y aura-t-il toujours des modes dont ils seront les victimes bien portantes et prospères : les poètes afficheront le mépris des philistins ; plus tard, chacun voudra se dire prolétaire, que son outil soit un marteau, une faucille ou une plume. Mais le chef de file, celui qui fit la chanson à laquelle les anti-bourgeois du jour donnèrent le ton, c'est le survivant des chevauchées impériales. Que les pékins s'écartent ! Place à celui qui porte uniforme ! Imberbe et tout paré de la gloire des autres, Comte fait la loi au parterre.

A mesure que les jours passent, Comte se sent plus à l'aise. Sa nature s'épanouit, et même son bagout de méridional railleur, spirituel, éloquent... Ses camarades n'oublièrent pas comment, une fois ancien, il présida une distribution de prix destinée à récompenser les conscrits les plus sages et les plus vertueux ; on en parla longtemps !

Comte se sent à l'aise parce qu'il se trouve *chez lui* dans cette École : il s'y trouve si bien *chez lui* qu'il rêve déjà de ne la pas quitter. Sa vocation, qui errait au seuil de l'avenir sans lieu ni date, a reconnu d'où venait l'appel ; l'enfant qui montait hier dans la chaire prêtée par Daniel Encontre, sait maintenant où est celle qui l'attend, la chaire qui sera la sienne : il sera professeur à Polytechnique. Pendant une bonne partie de sa vie, il réclamera ces fonctions qui lui seront toujours refusées. Un jour, il fera valoir comme un droit sur elles sa fidélité à l'ambition de sa jeunesse.

Ses maîtres ont-ils éveillé une espérance ? Déjà sans doute, il répond aux interrogations en se mettant spontanément à la place de celui qui enseigne ; il s'attache à saisir l'esprit de chaque science afin de rendre plus visible le sens des démonstrations. Ses camarades ne sont pas moins étonnés par ses exposés que par ses bouffonneries ; certains le tiennent pour la plus forte tête de la promotion : on l'appelle le Philosophe.

On l'appelle aussi Sganarelle. Une des premières choses qu'il apprit à Paris fut le chemin du Palais-Royal. On le vit dans ce coin du jardin où il y avait deux basses galeries de bois parallèles que séparait une rangée de boutiques ; là, devant des étalages de modistes et de libraires, de nonchalantes promeneuses passaient et repassaient... Comte reste l'enfant terrible du lycée de Montpellier, accueillant toujours les passions nouvelles avec la même indulgence et avec la ferme intention de ne pas se gêner. A la fin de sa première année d'École, une note d'une hallucinante simplicité passa sous les yeux du Gouverneur : *Cinq caporaux de la deuxième division se font remarquer par de nombreuses infractions au règlement et parmi eux M. Comte est le plus répréhensible. On signale pour lui douze motifs de punition de consigne ; de plus, il a découché la nuit du 18.* Le comte Dejean cassa immédiatement le bouillant caporal.

Punition absolument inutile. Comte n'a jamais pensé qu'un blâme ou un échec pût être une leçon. Jusqu'à la fin de son séjour à l'École, il s'applique à justifier sa réputation : « une espèce de factieux très insubordonné », dit-on à l'excellent général de Campredon, lorsqu'il commence à s'intéresser à son jeune compatriote. Le général pourtant ne se décourage pas. Peut-être devine-t-il qu'un air trop vif détraque les nerfs et l'imagination de cette jeunesse. Les hommes qui ont traversé la Révolution, le Directoire, le Consulat, l'Empire, ont compris que l'histoire est un perpétuel va-et-vient ; de là leur supériorité à l'heure des restaurations : une longue expérience leur découvre que les régimes sont apparences et que sous le devenir de leurs formes périssables subsistent deux réalités vivantes, la patrie et « le moi ». Or, ils le sentent bien, c'est la réalité qu'il ne faut pas trahir ; les purs travaillent pour la première, les ambitieux pour la seconde, les autres pour les deux à la fois.

Mais ces jeunes gens de dix-sept ans ! Comment pourraient-ils être de sang-froid, eux qui ne croient pas aux revenants !

Pourtant les revenants sont là : il ne s'agit plus de croire ou de ne pas croire. En quelques semaines, on a vu la patrie envahie, l'Empire effondré, l'idole abattue, la Révolution menacée. Quel choc pour la sensibilité toute neuve de ces enfants qui commençaient à penser en hommes ! Et à peine sont-ils remis de leur émotion, voici que le plus excitant des problèmes exalte leur intelligence : il faut mettre quelque chose à la place de ce qui a été démoli. Reconstruire, qu'est-ce que cela veut dire ? Que doit-on conserver dans les matériaux amoncelés depuis vingt-cinq ans ? Qu'est-ce qui sera définitivement rejeté ? Qui n'a pas alors son projet de

Constitution? A l'École, on discute ferme dans les salles d'étude : tant pis pour ceux qui ont encore des cours à apprendre; d'ailleurs on s'habitue à travailler au milieu du bruit.

Ainsi commence la lignée des polytechniciens réformateurs de la société : Enfantin, qui vient de quitter l'École; Michel Chevalier et une partie de l'état-major saint-simonien; Victor Considérant, que la promotion de 1826 donne au fouriérisme; Frédéric Le Play, qui aboutit au catholicisme social. En 1834, Renouvier y rejoint le pur philosophe Lequier, et bien avant d'occuper l'unique chaise que la boutique de Péguy offrait aux amis des *Cahiers*, Georges Sorel s'initie aux sciences de l'ordre sur les bancs de Polytechnique. L'énumération, plongeant dans le présent ne s'arrêterait pas avec le fondateur du *Sillon*.

Comte se prépare à sa mission de réformateur en essayant de comprendre la Révolution. Les *Mémoires* de Louvet font sur lui une forte impression. Il regarde le passé immédiat de son pays; il réfléchit; il distingue la liberté et l'anarchie; déjà, il se demande si les méthodes qui ont fait leurs preuves dans les sciences ne pourraient pas être appliquées à l'étude des problèmes politiques et sociaux. Mais en ce temps-là les solutions vont plus vite que les calculateurs : la discussion est ouverte sur la place et les réponses apportées parfois par ceux que l'on attendait pas. L'École n'est pas un monastère de clercs en quête de l'éternel. L'École est dans la Ville. L'École et la Ville tiennent l'une à l'autre, livrées aux mêmes frémissements; elles attendent les décisions, les gestes, les actes qui leur diront comment on se propose de les accommoder.

Le plus souvent les revenants reviennent pour crier vengeance. Ceux de 1814 essaient de renouveler le rôle. Ils veulent se montrer bons princes. Ils font eux-mêmes les avances à l'École. Le duc d'Angoulême invite les professeurs et les examinateurs. Le comte d'Artois entre dans Paris avec l'uniforme de la garde nationale et jette généreusement des décorations dans ses rangs : l'École reçoit quatre légions d'honneur, une pour un officier, trois pour les élèves, et le futur Charles X décore lui-même ceux qui firent une suprême tentative pour l'empêcher de revenir dans sa capitale.

Mais l'École reste froide. Les Polytechniciens ne veulent pas de la cocarde blanche ; ils prétendent conserver leurs aigles ; ils refusent de changer les boutons de leur uniforme. L'administration fait de son mieux pour effacer les souvenirs de l'époque impériale : elle interdit même les longues moustaches. Elle prend la peine d'écrire une belle adresse au roi, exprimant les sentiments d'amour qui jettent spontanément les élèves aux pieds de leur souverain : lorsqu'elle demande les signatures, elle obtient à grand'peine l'approbation des sergents et des chefs de salle ; la police d'ailleurs enlève toute illusion au ministre de l'intérieur, le prévenant honnêtement que « le cœur n'y est pour rien ».

Fin 1814... la Ville chuchote. Soult prie les officiers en demi-solde de quitter la capitale et de retourner dans leur pays natal. Le général Exelmans est prisonnier dans son hôtel. Paris se passionne pour le brave « sabreur » qui se soucie fort peu de finir ses jours à Bar-sur-Ornain.

Janvier 1815... la Ville bouge. Le clergé de Saint-Roch ne veut pas accorder les honneurs religieux à Mlle Raucourt ; cinq à six mille personnes arrêtent le cortège qui conduit l'illustre tragédienne au cimetière ; on enfonce la porte de l'église, on installe le cercueil dans le chœur, on allume les cierges, et le clergé obéit.

Le 21 janvier approche : la Ville tremble. En ce jour anniversaire de l'assassinat de Louis XVI, les cendres du roi, de Marie-Antoinette et de Madame Elisabeth seront solennellement portées à Saint-Denis, mais le bruit court qu'une soirée sanglante sera la vraie cérémonie expiatoire ; des Chouans arrivent de Bretagne et de Vendée, les anciens terroristes seront égorgés. Naturellement, il ne se passa rien, sinon que l'imagination populaire restait secouée par la crainte d'une Saint-Barthélemy républicaine

Comte gémit. Si l'esprit était partout comme à l'École ! Il crie contre les curés qui introduisent dans les lycées la pratique des billets de confession. Dire que son ami Valat lui avait raconté cela pour le faire rire ! « La génération qui se forme sera encore plus abrutie que la génération actuelle ; dès lors, plus d'espoir la liberté de ma patrie est perdue sans retour, le despotisme royal renaîtra tel qu'il était avant la sublime insurrection de 1789, et même pire !!! Pauvre France ! Malheureux amis de la liberté ! »

La Révolution n'est pas à ses yeux un énorme fait divers qui commence à perdre son actualité. Les événements relèvent d'une géométrie spirituelle, plus pure encore que celle des géomètres ; dès qu'ils effleurent l'esprit, celui-ci les projette dans l'espace sans figures où il se meut et les rapporte à des grandeurs que ne mesure aucun chiffre ; certains apparaissent alors avec de telles dimensions que l'âme se sent remuée jusque dans ses parcelles les plus lointaines et découvre en soi des mondes inconnus ; le tragique et l'épique naissent de ces subites clairvoyances, la métaphysique aussi.

C'est un étonnement de cette qualité qui a saisi le jeune Comte devant la Révolution ; son intelligence a reconnu le style épique d'une tentative qui retournait la société et qui osait offrir au monde des dieux nouveaux ; elle a spontanément tenu pour évidente la foi qu'exaltaient de si grandioses proportions. Non, il n'était pas possible qu'il n'y eût point là quelque chose de définitif. Une ère nouvelle commençait à l'intérieur de laquelle une restauration ne pouvait être que le dernier vestige d'un continent englouti. L'émerveillement de Comte était déjà une philosophie de l'histoire.

Pour qui donc est ce cœur, que la police n'entendait pas vibrer dans l'adresse au roi ? Pour celui qui saurait le prendre. Pour celui qui arrêterait l'avènement des générations abruties. Pour celui que l'on pourrait accueillir en criant à pleins poumons « Vive la Liberté ! A bas la calotte ! »

Alors, face aux côtes de Provence, le sauveur inconnu déclare qu'on ne l'attendra pas plus longtemps. *Depuis vingt-cinq ans la France a de nouveaux intérêts, de nouvelles institutions, une nouvelle gloire qui ne peuvent être garantis que par un gouvernement national... Arrachez ces couleurs que la nation a proscrites, et qui, pendant vingt-cinq ans, servirent de ralliement à tous les ennemis de la France! Arborez cette cocarde tricolore; vous la portiez dans nos grandes journées... La victoire marchera au pas de charge. L'aigle, avec les couleurs nationales, volera de clocher en clocher jusqu'aux tours de Notre-Dame.* Et l'aigle, porteur du message, s'envole en traçant dans le ciel les signes magiques précurseurs des tempêtes romantiques.

Le 1ᵉʳ mars au matin, il découvre la ceinture des Alpes couvertes de neiges. Le 7, il est à Grenoble et le 10, à Lyon. Le 17, à Auxerre, il se proclame le père des pauvres. Le 20, vers neuf heures du soir, une clameur secoue les Tuileries : Vive l'Empereur!

A mesure qu'il s'approchait des tours de Notre-Dame, son message se développait en promesses plus précises. *Mon retour dissipe toutes vos inquiétudes, il garantit la conservation de toutes les propriétés*; et tous ceux qui firent de bonnes affaires avec les biens nationaux sentent leur fortune à l'abri. *Je veux vous donner une constitution inviolable, et qu'elle soit l'ouvrage du peuple et de moi*; et les libéraux respirent, sûrs d'avoir des projets à rédiger et des assemblées où discourir. *Je suis venu pour tirer les Français de l'esclavage où les prêtres et les nobles voulaient les plonger... Qu'ils prennent garde! Je les lanternerai!* Et les gardiens de l'héritage jacobin reconnaissent l'accent de leur foi.

« La plupart des citoyens sont persuadés ici que l'Empereur a changé entièrement : dans son séjour philosophique à l'île d'Elbe ». Un an sous les Bourbons avait fait de Napoléon Bonaparte un homme nouveau.

Le jeune Comte attribue un peu vite à la plupart des citoyens ses opinions sur le séjour philosophique à l'île d'Elbe : il n'entend pas ceux qui se taisent. Pour lui, tout est clair : l'Empereur a renoncé aux idées ambitieuses et despotiques qui furent si nuisibles pendant la première partie de son règne ; il n'a plus qu'un désir : gouverner un peuple libre et travailler pour la civilisation ; ses actes en sont la preuve : il a rendu la liberté à la presse, il soumet à l'approbation du peuple une constitution extrêmement libérale. Que la jeunesse se lève pour repousser la ligue barbare qui prétend imposer à la France les Bourbons et l'esclavage !

L'École est fiévreuse... A partir du 7 mars, jour où Paris connut le débarquement de Napoléon, elle a guetté les nouvelles. Lorsque le gouvernement royal eut l'idée d'interdire à l'usurpateur l'entrée de la capitale, elle ne lui envoya aucun volontaire. Mais le 21 mars ses représentants acclamaient l'Empereur. Six jours plus tard, les Polytechniciens sont dans la cour des Tuileries, alignés à côté des grenadiers, de plusieurs régiments d'infanterie, des chasseurs de la garde. Napoléon les passe en revue et décore deux élèves, des anciens de la Barrière du Trône.

L'École est conquise. Elle réclame des canons et des munitions. Elle exprime son désir de voler au secours de la patrie dans une adresse qui serait l'œuvre de Comte. Elle fait don de quatre mille francs pour l'équipement de la garde parisienne. Le 28 avril dans l'après-midi, coup de théâtre : l'Empereur est là. Il parcourt les classes, les laboratoires ; il fait manœuvrer les élèves. Comte est tout frémissant ; son enthousiasme déborde le lendemain dans une lettre à son ami Valat où il décrit la guerre qui vient ; on fabrique des armes et de la poudre dans tous les coins de Paris, les bataillons de volontaires se forment ; les nouvelles venues des ci-devant provinces disent que le meilleur esprit règne en Alsace, en Lorraine, en Franche-Comté, en Bourgogne ; un peuple entier se met en marche et la *Marseillaise* alterne avec *Veillons au salut de l'Empire*. Comte attend le départ de l'École pour l'armée du Nord.

C'est le 20 juin que Paris connut le désastre de Waterloo. Les Alliés sont en France. Les Polytechniciens, une fois encore demandent à « servir la cause nationale » et offrent de « mourir sous les drapeaux de l'indépendance ». Les Alliés vont plus vite que la réponse : le 30 juin ils attaquent

Aubervilliers. L'École est avec les troupes de réserve massées au Champ de Mars. L'armée espère une grande bataille. Elle attend... Un ordre arrive enfin : on la prie de se retirer du côté de la Loire. Paris a capitulé.

Chacun rentre chez soi, Louis XVIII aux Tuileries, les Polytechniciens dans leur École. On se demande si un licenciement ne sera pas la conclusion de cette équipée. Pourtant les examens de fin d'année sont simplement retardés. Les grands-ducs Michel et Nicolas assistent à quelques cours. La vie devient à nouveau quotidienne. Il ne reste plus rien des Cent Jours, semble-t-il, rien qu'un rocher perdu où devant la postérité l'Empereur joue sa dernière bataille.

Comte n'a jamais rappelé son enthousiasme de 1815, mais il est des images qui habitent les régions invisibles de l'âme. A l'heure où les autres ne trouvent pas le monde assez grand pour eux et se libèrent du réel par un coup de force poétique, Comte et ses camarades ont été conviés à vivre la plus merveilleuse aventure : certains y perdirent la notion de l'invraisemblable. Lorsqu'il y aura un enfer positiviste, Comte précipitera Bonaparte dans le trou maudit du dernier cercle : et pourtant toute sa philosophie n'a pas exorcisé le demi-dieu auquel il avait donné une parcelle de sa jeunesse. A la fin de sa vie, Comte dote la France d'institutions nouvelles ; il nomme les futurs triumvirs et, à l'occasion, des intendants : c'est qu'on ne devient pas Aristote et Saint Paul sans être aussi le conseiller de César.

En attendant, Comte épuise son ardeur guerrière aux dépens d'un répétiteur qui s'appelait alors M. Lefébure ou Lefebvre et qui devint dans la suite M. Lefébure de Fourcy, professeur à la Faculté des Sciences. Ce géomètre était très impopulaire à l'École ; il traitait les Polytechniciens, dit-on, comme des collégiens dont on aurait changé l'habit et il avait de singulières façons : ainsi, pendant les interrogations, il trouvait agréable de mettre ses pieds sur la table.

Un jour, Comte est devant M. Lefebvre ; il répond correctement, mais il est visible qu'il s'applique à prendre une attitude fort peu convenable. « Mon enfant, remarque le répétiteur, vous vous tenez bien mal ! — Monsieur, répond l'enfant, j'ai cru bien faire en suivant votre exemple ».

Ceci n'est qu'un épisode assez banal dans l'histoire d'un professeur « coulé ». Le conflit entre M. Lefebvre et ses élèves devint plus inquiétant lorsqu'une campagne organisée eut révélé dans l'École la présence de meneurs aux aptitudes révolutionnaires singulièrement précoces. Le 10 avril 1816, six caporaux de la deuxième division, c'est-à-dire de la première année, se présentent dans le bureau de M. Lefebvre et lui demandent de changer sa manière d'interroger. Le répétiteur refuse d'écouter leur réclamation et les prie de sortir. Les caporaux ne bougent pas et c'est M. Lefebvre qui prend le parti de quitter la place. Aussitôt prévenu, le Gouverneur ordonne de mettre les caporaux à la salle de discipline.

Le lendemain, l'officier chargé d'exécuter cet ordre rend compte de sa mission : les élèves de la deuxième division s'opposent à l'arrestation des caporaux. Les sergents des deux divisions interviennent alors au nom de toute l'École : les caporaux ne sont que des délégués ; s'il y a une faute, elle est collective ; la punition doit l'être aussi. Le général Dejean espère encore rétablir l'ordre sans trop d'esclandre : il convoque la deuxième division à l'amphithéâtre ; mais en arrivant, il trouve devant lui la deuxième... et la première. Il tentera quand même la chance : il dit combien ces désobéissances le surprennent ; il ordonne aux six caporaux de sortir du rang et de se soumettre à ses décisions. Un mouvement trop bien réussi pour être improvisé accueille son invitation : tous les élèves lui tournent le dos et quittent la salle. Ce n'est plus un chahut : c'est une révolution.

Le Gouverneur réunit d'urgence le Conseil d'Ordre, tandis que les élèves expédient à M. Lefebvre une sommation claire comme un théorème : *Monsieur, quoiqu'il nous soit pénible de prendre une telle mesure envers un ancien élève de l'École, nous vous enjoignons de n'y plus remettre les pieds.*

L'auteur avait signé le premier : Comte ne redoutait pas les honneurs périlleux.

Le Gouverneur et ses collaborateurs n'ignoraient pas que le passé récent de l'École l'avait rendue suspecte ; aussi, dans leur dernier rapport au Roi, s'étaient-ils appliqués à dissiper cette méfiance ; ils y déclaraient la conduite des élèves sages et exemplaires. La rébellion surgissait mal à propos ! Quel argument pour ceux qui dénonçaient l'École comme un foyer de bonapartisme, de jacobinisme et d'irréligion ! D'ailleurs le général n'oublie pas qu'il y a bien peu d'agitations où la politique ne soit plus ou moins de la partie ; il a une expérience suffisante des révolutions pour savoir où se recrutent les cadres de toutes manifestations, serait-ce une insurrection de grands écoliers : les passions politiques font seules les véritables meneurs. Les mesures que la situation exige doivent à la fois sauver l'École de l'anarchie et rassurer le gouvernement.

Le général Dejean propose donc au ministre de faire un grand exemple pour rétablir l'ordre, et, ajoute-t-il, ce qui est plus important, pour que le gouvernement ne compte désormais dans l'École que des sujets dévoués : il lui demande l'exclusion de quinze dangereux meneurs dont il donne aussitôt les noms. Bien entendu, il y a celui de l'ex-caporal Comte.

Deux jours plus tard, le 14 avril, l'École est de nouveau réunie dans l'amphithéâtre. Le Gouverneur tient un papier à la main : c'est un décret de licenciement. On avait proposé l'expulsion de quinze élèves : le gouvernement expulsait tout le monde. L'ordonnance disait qu'il était impossible d'introduire dans les services publics des fonctionnaires capables d'y porter un tel esprit d'indiscipline ; elle ne supprimait pas l'École, mais annonçait sa réorganisation, prévoyant même le rappel des élèves auxquels on n'avait rien à reprocher. Lorsqu'un panier de pommes en contient quelques-unes qui sont pourries, le plus sûr et le plus simple est de le vider complètement.

Deux détachements de troupes de ligne furent envoyés à l'École : l'un enleva les armes et l'autre tint garnison. Les provinciaux furent expédiés dans leurs familles aux frais de l'État. L'Administration s'entendit avec les Messageries royales de manière à mettre chaque jour en route une vingtaine de jeunes gens. Au début de mai tout était terminé. Le Préfet de Police écrivit à son ministre qu'il n'y avait aucun incident à signaler, sinon qu'à l'heure du départ quelques élèves pleuraient.

CHAPITRE III

LE MIRAGE AMÉRICAIN

Européen, partout, sur ce rivage
Qui retentit de joyeuses clameurs,
Tu vois régner, sans trouble et sans servage,
La paix, les lois, le travail et les mœurs.
Des opprimés ces bords sont le refuge:
La tyrannie a peuplé nos déserts.
L'homme et ses droits ont ici Dieu pour juge.
Jours de triomphe, éclairez l'univers !

BÉRANGER, *La Fayette en Amérique.*
(Air : A soixante ans il ne faut pas remettre)

La diligence de Lyon part tous les matins à huit heures ; elle fait le voyage en quatre journées ; ceux qui vont plus loin trouvent des correspondances pour Grenoble, Montpellier, Marseille et les cités-reines de la Méditerranée. En attendant, Comte ne perd ni son temps ni sa réputation : il fonde avec quelques amis une *Association des Élèves de l'École Polytechnique,* ce qui le recommande aussitôt à la surveillance de la police.

Société de secours mutuels, disent les statuts ; où il est expressément défendu de parler politique, précise l'article 9 ; mais destinée à unir ce que le Roi a séparé, pense le ministre de la police. La France est divisée en cinq arrondissements ; chacun est pourvu d'un secrétariat ; tous les six mois chaque élève est tenu de rappeler sa présence par une lettre au secrétariat de son arrondissement : n'est-ce pas ressusciter l'organisation occulte que le décret de licenciement voulait briser ? Sans doute le secrétariat sera un office d'information, un bureau de placement, un centre de renseignements ; le secrétaire sera même le camarade discret à qui l'on peut confier une gêne passagère et par qui viendront les secours : tout cela exprime des intentions innocentes, généreuses..., tout cela signifie aussi que la rébellion continue. L'École est disloquée ? Les Polytechniciens restent unis et encadrés comme ils l'étaient lorsqu'ils vivaient dans la même maison.

Bien entendu la présence d'Isidore Comte à Montpellier valut à cette ville l'honneur d'être choisie comme chef-lieu d'un arrondissement, et voilà pourquoi le 13 mai 1817, M. le duc Decazes, ministre de la police, confiait le jeune homme aux soins vigilants et secrets de M. le maréchal de camp A. de Floirac, préfet de l'Hérault.

Trois semaines plus tard, le préfet savait que la maison du sieur Comte, 103, rue Barallerie, n'était pas un rendez-vous de Polytechniciens conspirateurs. Il expédia aussitôt une lettre rassurante à son ministre, sans cacher qu'il eût souhaité une enquête plus complète.

> A l'égard de la correspondance que le sieur Comte peut entretenir avec les bureaux établis dans d'autres villes, j'ai demandé à M. le Directeur des Postes d'être instruit de ses relations et de leur activité ; ce Directeur dont le royalisme et le dévouement ne sont point équivoques, m'a rappelé l'article 555 de l'instruction générale des Postes qui défend ces communications. J'ai cependant l'honneur de vous répéter que ce Directeur est extrêmement dévoué au Roi.

Cette sagesse, dont M. de Floirac garantissait les apparences, Comte n'en était pas entièrement responsable. Chef de conjurés, il l'eût été avec toutes les forces que des vacances imprévues libéraient. Mais où étaient les conjurés ? L'air de la famille est nuisible aux entreprises audacieuses. Hors de leur École, les Polytechniciens sentirent brusquement leur passé s'éloigner et avec lui les belles promesses de rester unis. « On s'écrira ! ». On dit toujours cela, pour se persuader que le départ n'est pas une séparation. « On s'écrira ! ». Et puis, il y a trop d'histoires entrelacées dans une seule vie pour continuer partout où l'on a mis « à suivre ».

A Paris et à Metz, les secrétaires furent les premiers à quitter l'Association. Rien de pareil à craindre au bureau de Montpellier, mais il est probable que la volonté de vivre de tout l'arrondissement fut bientôt réduite aux seules bonnes intentions du secrétaire. On raconte que le jeune homme suivit alors quelques cours à la Faculté de Médecine, où le botaniste Pyrame de Candolle était sans doute le seul maître que l'ombre de Barthez rencontrait sans plaisir. Ce qui est sûr, c'est qu'à peine arrivé dans sa ville natale, Comte éprouva un impérieux désir de revoir Paris. A la fin de juin 1817, il demanda son passeport.

M. A. de Floirac ne vit aucune raison pour refuser ce passeport ; il se contenta d'annoncer au ministre de la police le retour du suspect bien noté. Il n'aurait évidemment pas eu une opinion aussi favorable de son jeune administré s'il avait feuilleté les pages ornées de ce titre synthétique :

MES RÉFLEXIONS

Humanité, Vérité, Justice, Liberté, Patrie

Rapprochements entre le régime de 1793 et celui de 1816, adressés au peuple français

COMTE

Élève de l'ex-École Polytechnique *(juin 1816)*

« Français ! » ... La voix ne tremble pas ; l'allure est dégagée ; le geste menaçant ; le ton affirmatif, surtout dans les interrogations. Campé devant les despotes et les prêtres, Comte écoute l'appel de la dix-huitième année et dans la rumeur des souvenirs amplifiée par sa jeunesse il perçoit déjà l'ordre que le siècle lui donne.

Une idée ingénieuse inspire son manifeste : les peuples jugent beaucoup mieux le passé que le présent et c'est ce qui explique la durée des plus affreux régimes. On se demande comment les Français ont pu supporter la dictature de Marat et de Robespierre : c'est parce qu'ils ont attendu le 9 Thermidor pour la voir vraiment dans toute son horreur. On se demande pourquoi un Bonaparte a pu imposer si longtemps son despotisme : celui-ci n'a été détesté par la majorité des citoyens qu'après avoir été aboli. Aucun gouvernement ne vit sans une certaine complicité du peuple, complicité passive qui n'est que son aveuglement. La mission des hommes éclairés, c'est de mettre leurs contemporains en état de voir le présent comme il sera vu demain. Il faut dissiper le mirage du présent.

Comte est de ces hommes éclairés. Aussi veut-il poser à ses contemporains la question troublante : vous vous croyez heureux à l'abri d'une Charte octroyée par un monarque bon enfant ; mais qui sait si demain vous ne direz pas : comme nous étions malheureux ! Et justement Comte se fait fort de leur montrer combien grande est la misère de ce temps. *Onze rapprochements* entre la conduite du despote actuel et celle des despotes de 93 prouvent, clair comme le ciel du Languedoc, que les plus mauvais jours de la Terreur sont revenus. Une *Esquisse rapide de la vie du tyran* démasque ensuite le faux bonhomme et révèle que l'ambition, la cruauté et l'hypocrisie furent toujours ses qualités dominantes.

Comte est trop loin du monde où vivent ces hommes en qui la foule ne voit qu'un roi, un ministre, une puissance. Il est un passant dans la rue, dans une rue de Montpellier où hier encore les soldats du général Gilly et les bandes du marquis de Montcalm laissaient une centaine de Français sur le pavé. Comte ne soupçonne rien de la tragi-comédie d'un roi aux prises avec de plus royalistes que lui : il n'entend que les paroles prononcées à la tribune de la Chambre introuvable et la fureur naïve de son discours ne dépasse point le ton du jour.

Juin 1816... une année de Restauration s'achève, une année où les hommes de bonne volonté cherchent ce qu'ils doivent oublier tandis que les autres se précipitent sur leur vengeance. Comte, journaliste sans journal, écrit son premier article et naturellement c'est le bilan des derniers mois ; une loi a suspendu les garanties de la liberté individuelle, une loi a prévu la déportation pour punir les cris, les gestes et les imprimés séditieux, une autre institue des cours prévôtales dont les jugements sont exécutés dans les vingt-quatre heures, de sorte qu'on ne laisse plus à la clémence royale le temps d'intervenir. « Lois sanguinaires ! ». Sa colère réveille les ombres qui hantent le pays de la Terreur Blanche : il cite pêle-mêle les victimes de la populace et celles des tribunaux d'exception, le maréchal Brune, le général Lagarde, le général Ramel, les malheureux de l'équipée de Grenoble.

Et comme un violent besoin pousse déjà son esprit à ne jamais laisser des faits en dehors d'un système, il découvre une horrible entreprise de massacres dont le Roi est le chef responsable. On a vu des ministres effrayés par le zèle de leur majorité ? On a vu des représentants du Roi essayer de maîtriser une populace assassinant et pillant aux cris de : Vive le Roi ! Comédie, déclare Comte, pure comédie qui permet au tyran d'être cruel en se faisant reprocher sa bonté. Il en est si convaincu qu'il attribue la prorogation de la Chambre introuvable à un désir de régner plus despotiquement encore, et l'acte par lequel le souverain manifesta son impatience aux *ultras* devient le prélude d'une ère où rien n'arrêtera Louis XVIII déchaîné.

Le remède ? Comte le connaît ; il n'est pas nouveau : c'est celui du dernier siècle, le progrès des lumières et l'instruction du peuple. L'idée ingénieuse du manifeste se poursuit dans un programme où la foi du républicain et la vocation du professeur reconnaissent leur avenir : trouver le moyen d'instruire le peuple de manière à lui permettre d'apprécier le présent aussi justement que le passé. Perspective à peine entrevue, car dans une âme si jeune les mots n'attendent pas et ils sont là, nombreux, impatients de répandre l'amertume civique du sauveur désespéré. Comte voudrait bien apporter ce remède qu'il connaît ; mais les ennemis de la liberté le connaissent aussi : en même temps que le régime de la Terreur, ils prennent soin d'établir le régime de l'éteignoir ; ils bannissent les savants, lâchent tous les limiers du royalisme contre les philosophes, confient l'école primaire au clergé avec la mission d'abrutir la génération naissante. Qui pourrait dans ces conditions défendre la liberté « contre l'épouvantable ligue des Rois et des Prêtres » ?

Est-ce pour lutter contre l'épouvantable ligue que le fringant républicain reprend si vite le chemin de Paris ? Ses parents se lamentent ; ce voyage n'est pas raisonnable ; dix-huit ans, pas de situation, peu d'argent, une réputation de mauvais esprit. Pauvre maman Comte qui voit son garçon perdu dans la grande ville ! Heureux garçon qui va se retrouver dans la grande ville !

Paris, ses théâtres, ses filles, ses révolutions...

Si quelque signe survient qui rende aux hommes libres le goût d'espérer, c'est à Paris qu'on le verra poindre. Si rien n'arrive, c'est encore à Paris qu'on est le mieux pour attendre. Quant à se nourrir et à se loger, un polytechnicien se débrouille toujours en donnant des leçons.

Paris, une seule scène, un seul décor où l'Institut touche au Théâtre-Français, l'École Polytechnique aux Galeries de Bois, les jardins de la Révolution au palais du Roi... L'imagination de Comte fait des bonds, son intelligence vibre, sa jeunesse se soulève : le Midi bouge.

Juin 1816... Adieu à la famille, adieu à Montpellier, adieu à un monde trop petit qui fuit derrière la patache et qui déjà s'efface sous la poussière de l'été.

De Nîmes à Lyon, Comte voyage à côté de très vieilles et très respectables compagnes ; du moins ses yeux de jeune conquérant les voient ainsi. Mais à Lyon c'est bien différent... Il n'est pas pressé ; il éprouve une grande envie de faire connaissance avec la diligence d'eau et se donne quelques jours pour attendre que la Saône devienne navigable.

Quel délicieux dimanche ! Des demoiselles très jolies et surtout très aimables, on pourrait même dire très commodes, l'emmènent à la campagne et lui font les honneurs de la ville. Il oublie pour un instant l'Humanité, la Justice et le despotisme ; il se livre à des réflexions fort poussées sur le beau sexe à Montpellier, à Paris et à Lyon, première application de la méthode comparative dont il définira plus tard les mérites sociologiques.

Et pendant ce temps, la Saône grossissait, grossissait toujours.

Comte va au spectacle ; il apprécie peu le tragédien Joanny que les bons Lyonnais osent comparer à Talma et qui hurle ses tirades comme un acteur de mélodrame. Il plaint la pauvre Mademoiselle Boulanger qui ne crie pas assez pour plaire aux admirateurs de Joanny.

Six jours passent. Il faut enfin partir... Décidément Paris est une ville unique : aucune n'offre à la fois tant d'agrément et, si les femmes y sont moins jolies qu'à Lyon, elles sont encore plus aimables. Sur ces réflexions consolantes Comte décide de se mettre en route le 10 juillet, dût-il renoncer à la diligence d'eau.

A Paris, Comte trouve d'abord ce qu'il attendait : des leçons. Il trouve aussi ce qu'il n'attendait pas : une merveilleuse espérance.

Les jeunes Montpelliérains avaient alors à Paris un protecteur auquel ils ne demandaient jamais en vain un conseil ou un service. Le général de Campredon s'intéressait tout particulièrement aux Polytechniciens, puisqu'il était membre du Conseil de Perfectionnement de l'École. Entré dans l'armée en 1782, il n'avait guère eu l'occasion de vivre dans les casernes et il semble avoir été de ces hommes qui servirent sous tous les régimes sans en servir aucun. Tant que le général habita Paris, Comte eut en lui un véritable ami.

A cette époque Campredon était en relations avec le général Bernard, que le gouvernement de Washington venait de mettre à la tête du génie américain. Cet ancien polytechnicien avait aussitôt proposé au Congrès de créer une École analogue à Polytechnique et, en attendant la réponse, il pensait aux professeurs dont il aurait besoin. Au milieu d'août 1816, Campredon lui présenta Comte.

Enseigner la géométrie descriptive ! Dans une École Polytechnique ! A des républicains ! Avec des appointements de vingt mille francs au moins ! Comte en reste ébloui, ou plutôt, il se voit immédiatement en fonctions, avec son ami Valat comme dessinateur. Si le Congrès accepte le projet du général, Comte n'en doute pas, il faudra partir en avril ; il a six mois devant lui pour se préparer.

Comte ne sort plus, sauf une ou deux fois par semaine pour aller chez l'excellent général de Campredon. Il déjeune et dîne le plus vite possible. Tout le temps que lui laissent ses leçons, il le donne à l'anglais, à la géométrie descriptive et à ses applications, architecture, peinture, art militaire, dessin des machines.

Il se prépare spirituellement, comme pour un pèlerinage.

Terre sainte, refuge de la liberté, patrie de tous les républicains du monde, les fils de ceux qui ne surent pas faire la Révolution n'ont pas oublié les litanies de ceux qui la préparèrent. Une foi survit à 93, à l'Empire, à la Charte octroyée par un monarque, et elle dit aux jeunes hommes du nouveau siècle ce qu'elle annonçait quarante ans plus tôt : il est ici-bas un pays où la liberté et l'égalité ne sont pas de vains mots. L'enchantement américain continue.

Avant la proposition du général Bernard, Comte regardait déjà avec envie cette terre fortunée où Louis XVIII cherche-rait en vain un confrère en despotisme. Après la merveilleuse promesse, il sent le devoir de fonder son enthousiasme en vérité. Il étudie les constitutions américaines, l'histoire de la libération. Qu'elles sont belles, ces institutions qui sont le fruit du génie et de la vertu ! Quelle dignité dans le patriotisme raisonné de ces républicains ! Un gros traitement lui fait plaisir, mais ce plaisir n'est rien devant la joie que donne à l'esprit un peuple d'hommes libres. L'Amérique ! Comte aimerait mieux y vivre pauvre que riche dans « l'Anglo-Germano-Latino-Hispanico-Gaule ».

Une gravure du dernier siècle fait trembler sa main. Le bonhomme Franklin, avec ses gros bas et ses cheveux sans poudre le regarde : dans le héros dont le Paris élégant fêtait la simplicité, Comte reconnaît son professeur d'énergie. Chaque jour, il lit quelques pages de la vie du Socrate moderne. A vingt-quatre ans, Franklin était garçon imprimeur et déjeunait avec un morceau de pain pour tout potage ; à l'heure de sa mort, il avait des rentes, la bénédiction de ses concitoyens et l'estime de tous les hommes. Quel encouragement !

La vie des Américains illustres est une leçon de patience et d'audace : c'est aussi une leçon de morale, un cours entier de morale. Le nouveau monde commence à fournir ce que l'on avait longtemps demandé à l'antiquité : des champions de la vertu dignes d'inspirer les enfants et les citoyens, des exemples édifiants où la sainteté ne compromette pas l'héroïsme, des demi-dieux que les esprits libres puissent regarder sans rencontrer le Dieu des prêtres. La patrie de Washington dispute le privilège de Sparte et de Rome. L'âme de Caton est usée : Comte veut se faire l'âme de Franklin. A vingt-cinq ans, cet homme divin forma le projet de devenir parfaitement sage : moi, ajoute son disciple, j'ai osé entreprendre la même chose et je n'ai pas vingt ans.

C'est sa première crise d'ascétisme, simple épreuve d'une force dont plus tard il connaîtra toutes les ressources. Comte corrige ses défauts. Il procède à une culture méthodique de ses inclinations. Il comprend que pour devenir un grand homme selon Franklin il faut soumettre sa vie à la discipline de la raison. Pendant trois mois il ne va plus chez les filles.

Pendant trois mois, car il apporta bientôt de légers adoucissements à ce régime. Au cours de l'hiver il a quelques « petites sottises » à se pardonner. Il retourne parfois au spectacle en l'honneur de Talma et de Mlle Mars. Le soir du Mardi-Gras, il s'offrit même le bal de l'Opéra. On parle tant de ce bal qu'il faut avoir vu cela au moins une fois et le futur exilé se dit que l'occasion ne reviendra sans doute pas avant longtemps.

L'Opéra était alors installé à la salle Montansier, rue Richelieu, en face de la Bibliothèque. Une vaste salle éclairée par quinze ou vingt lustres. Dans le fond de la scène, des musiciens déguisés en troubadours. C'est un bal où l'on ne danse pas, remarque aussitôt le jeune homme, ce qu'il est toujours agréable de constater lorsqu'on n'a soi-même aucune disposition pour cet exercice. Comte regarde avec amusement cette foule qui passe et repasse, les hommes sans déguisement le plus souvent, les femmes enveloppées d'un grand domino noir dont le masque perfide ne laisse apercevoir que les yeux... Au bout d'une heure Comte regarde encore cette foule qui passe et repasse ; c'est ici qu'hier le chevalier de Faublas a rencontré la marquise de B*** ; c'est ici que demain la Torpille sera reconnue au bras de Rubempré... La nuit fripe les visages ; Comte accepte son isolement ; il n'est qu'un figurant dans les multiples scènes dont les intrigues entrelacées créent la vie secrète du bal, un figurant dans un jeu où personne ne semble tenir un premier rôle... Après quatre heures de cette étrange collaboration, Comte rentre chez lui : il s'est ennuyé pour ses six francs.

Le mois de mars arrive. Et aussi une lettre du général Bernard. Le Congrès de Washington accepte en principe son projet, mais ajourne indéfiniment l'ouverture de l'École. Il paraît que le général eut quelques paroles amères sur l'esprit trop exclusivement pratique de ces républicains : il aurait même dit que, si Lagrange venait aux États-Unis, il n'y pourrait vivre que comme arpenteur.

Les amis de Comte font de leur mieux pour réparer les conséquences de cet échec. Le général de Campredon essaie de lui trouver des élèves. Un professeur adjoint de la Faculté des sciences, M. Hachette, lui propose de devenir auteur et l'associe à ses travaux.

M. Hachette avait déjà enseigné la géométrie à Polytechnique pendant vingt-deux ans, c'est-à-dire depuis l'ouverture des cours ; mais, fidèle ami de Monge, il n'était pas suspect d'un royalisme débordant et le gouvernement profita des événements de 1816 pour le remercier discrètement en compagnie de quelques collègues et de tous les élèves. M. Hachette crut rendre service à son ancien élève en lui demandant de traduire *L'Analyse géométrique* de M. John Leslie, professeur de mathématiques à l'Université d'Edimbourg. Cette traduction parut l'année suivante dans un volume publié par M. Hachette sous le titre : *Second supplément de la Géométrie descriptive ;* la préface contenait quelques mots aimables sur le zèle de M. Comte, mais dans la pensée de M. Hachette, ce n'était là qu'un commencement : auteur d'un *Traité des Machines*, l'excellent homme voyait un magnifique travail à faire sur l'encyclopédie anglaise qui enrichirait une seconde édition de son livre en y ajoutant les machines utiles à l'agriculture. Il est probable que Comte ne le voyait pas. Il voulait bien devenir auteur : à condition d'y trouver certains bénéfices intellectuels et sensibles que les moulins à blé et à huile n'offriraient jamais au collaborateur de M. Hachette.

A Montpellier, ses parents sont loin de soupçonner ses ambitions et ses difficultés. Ils ne savent rien de l'aventure américaine. Ils croient que leur fils se prépare à devenir un ingénieur de l'État... Ils le croient sur la parole de leur fils qui reste à Paris à seule fin de mener à bien ce très sage dessein. Au milieu d'août 1816, le gouvernement a réorganisé l'École Polytechnique et en même temps la situation des élèves licenciés est réglée : ils seront admis l'année suivante au concours d'entrée dans les écoles d'application, comme ils l'auraient été normalement à la fin de leur séjour à Polytechnique. Comte vit dans cette mesure un excellent prétexte pour justifier sa présence à Paris. Quant à la prendre au sérieux...

On n'est pas de ces naïfs qui croient aux belles paroles des tyrans. L'ordonnance ne dit-elle pas que les élèves seront admis aux examens « en justifiant de leur bonne conduite » ? Le gouvernement reste fidèle à son système : persécuter les gens en ayant l'air de les bien traiter. Ce concours sera une pure comédie où l'on récompensera le royalisme plus ou moins affecté du candidat. D'ailleurs, il suffit de voir ce que l'on fait de la première école du monde : un couvent, oui, un couvent voué à l'illustre saint Éteignoir ! Il n'y a rien à espérer pour ceux qui ne veulent être ni intrigants ni faux.

Comte le remarque sans amertume, plutôt avec satisfaction. Il n'a pas du tout envie d'espérer. Il ne tient ni à préparer un concours ni à entrer au service de l'État. Il ne demande qu'à être sacrifié. L'Amérique est là qui l'appelle et qu'il aime. Il accueille comme des certitudes les bruits les plus pessimistes sur le concours : on dit qu'il n'y aura point de places civiles ; on dit qu'il y aura tout juste quinze places d'ingénieurs militaires ; on dit que la plupart des élèves sont dégoûtés, qu'ils renoncent à l'examen. On dit aussi que l'un va en Turquie, un autre en Egypte, un autre en Belgique : L'heureuse victime ajoute un *etc...* qui cache tous les exemples avec lesquels sa famille pourra se consoler pendant son exil.

Août 1817... L'Amérique est loin. Les agents du despote ne paraissent pas disposés à donner un sens trop étroit aux mots *bonne conduite.* Comte le sait et ne cherche pas à se duper. Il pense qu'on ne lui refusera pas une lettre d'examen, s'il la demande ou s'il la fait demander par ses protecteurs. D'ailleurs, on l'accorde à des camarades qui ne sont pas moins compromis que lui. Le jour approche où il sera trop tard pour accomplir cette formalité. Comte le laisse passer.

Il ne se vante pas de cet exploit à Montpellier où l'ami Valat sera le premier à le connaître. « Je ne fis absolument aucune démarche, écrit-il quelques mois plus tard, et c'est ce que je te prie encore de tenir très secret, car papa croit que je me suis épuisé en sollicitations, et qu'on a été assez barbare pour se refuser à des prières... que je n'ai pas faites ». Pourquoi ? Comte est alors assez clairvoyant pour discerner le sens vrai de sa conduite : il n'a jamais été amoureux du métier d'ingénieur, qu'il s'agisse des mines ou des ponts, du génie maritime ou du service géographique ; seule la raison pratique aurait pu le pousser vers ces tristes carrières...

Mais en août 1817 la raison pratique n'a rien à dire en faveur des solutions recommandées par la sagesse des familles : une fois encore, celles qui flattent les penchants de Comte lui apportent beaucoup mieux. L'Amérique est loin ? Une autre terre promise est en vue.

Comte travaille avec le père Simon. Il fait le publiciste. Il défend les idées libérales. Il réorganise la société. Il gagne trois cents francs par mois, payés tous les dix jours.

Comte vit dans l'intimité d'un bonhomme extraordinaire, un noble authentique qui a renoncé à la noblesse, un des fondateurs de la République américaine, un ami de Washington, un des esprits qui voient le plus loin en politique philosophique.

Comte est riche avec ses cent écus par mois. Il peut se permettre de sourire devant les places du gouvernement. Et puis, les sciences sociales le réclament, son talent serait perdu ailleurs : Saint-Simon l'a dit.

Un homme nouveau naît. Comte le sent. Comte le veut.

Un homme nouveau naît. L'homme naît. Le prénom porté par l'enfant ne lui convient pas : Isidore devient Auguste.

CHAPITRE IV

L'HOMME QUI VIENT

> « Il ne s'agit plus de disserter à perte de vue
> pour savoir quel est le meilleur des gouver-
> nements; il n'y a rien de bon, il n'y a rien de
> mauvais, absolument parlant; tout est relatif,
> voilà la seule chose absolue ». Auguste Comte,
> L'Industrie, t. III, 2ᵉ cahier.

« Paris, le 17 avril 1818... »

Ce n'est pas une lettre, c'est un volume.

Mais si la poste la trouve trop lourde, tant pis! Encore une heure à brûler : autant la donner à l'ami Valat, puisqu'elle est perdue pour Pauline!

A la ligne donc...

J'arrive maintenant à la confidence que je te dois de l'état de mes affaires sous le rapport du plaisir. Oh! Quant à cela, mon cher (et tu sais bien que c'est l'important pour moi), je suis on ne peut plus heureux. Depuis près de huit mois je connais le bonheur : n'est-ce pas te dire que je suis amoureux? Oh! Oui, mon cher, je le suis, et dans toute l'étendue du mot; cela t'étonne peut-être, et cela m'a effectivement étonné moi-même; mais je serais bien fâché que cela ne fût pas, car j'aurais perdu les heures les plus délicieuses de ma vie. Je me garderai de te faire une description détaillée de toutes les émotions que j'ai éprouvées; si tu les ressens de ton côté, cela ne t'apprendrait rien, et si tu as encore le malheur de les ignorer, tu ne les comprendrais pas et je ne pourrais que te dire : Va-t-en à l'école, mets-toi à l'alphabet de ce charmant langage, et alors tu me comprendras. Aussi, mon cher, ne t'attends pas à des lettres dans le genre Saint-Preux. Et quel est l'objet de ce sentiment si délicieux, demandes-tu ?

Une jeune dame de vingt-cinq ans, Italienne d'origine, habitant Paris depuis quinze ans ainsi que presque toute sa famille, avec laquelle j'ai fait connaissance presque par hasard. Tu sens avec quel ravissement, moi qui n'avais rien éprouvé jusqu'alors pour une femme, qui n'avais connu que l'ombre des plaisirs physiques de l'amour auprès de ces dégoûtantes beautés de la galerie de Valois, avec quel ravissement, dis-je, j'ai dû me porter vers une femme aimable, remplie d'esprit, d'une éducation très soignée, douée d'un excellent caractère, d'un fort bon cœur, d'une figure agréable sans être jolie, d'une tournure charmante, d'une voix qui va à l'âme, et enfin qui avait la bonté de m'aimer (je t'avoue que jamais je n'aurais cru pouvoir inspirer d'amour). Enfin, mon cher, depuis près de huit mois, je vais chez elle tous les deux jours au moins et quelquefois tous les jours ; nos séances sont de trois heures communément et quelquefois davantage : tu juges combien ce temps passe vite, et avec quelle volupté nous le savourons. Elle est musicienne, elle me touche son piano-forte pendant quelques instants ; je lui enseigne l'anglais, elle me le rend en italien ; nous nous livrons au charme d'une conversation délicieuse et variée, nous faisons du sentiment, quelquefois des sensations, et j'oublie complètement pendant tout ce temps-là les inquiétudes de ma position pécuniaire, mes peines, mes tourments, mon incertitude pour l'avenir. Oh ! la belle invention que l'amour ! sans cela, quelle galère que cette vie humaine !

Oh ! les belles inventions de l'amour ! Avec cela, quel beau navire !

Comte n'a même pas envie de jeter par-dessus bord celui qui tient le rôle ingrat. Pourquoi en vouloir à cet honnête passager « qui est d'une très bonne pâte de maris » ?

Il y a bien une petite fille de sept à huit ans qu'il ne faut pas scandaliser ; mais la crainte du scandale n'est que le commencement de la sagesse, les plaisirs de la fin ne sont pas compromis pour si peu ; et puis, il n'est pas désagréable de sentir trembler sur les images l'ombre fuyante d'un danger qui menace.

Comte aime Pauline. Pauline aime Comte. Tout va bien.

Qui est Pauline ? Celle qui est aimée de Comte. L'histoire n'a retenu qu'un prénom ; mais qu'y-a-t-il de plus qu'un prénom ? Elle passe, il l'aime : cet amour est tout, elle n'est plus rien. Pauline n'est point la mystérieuse inconnue d'un roman ou d'une équation : elle est simplement Pauline, celle qui n'avait qu'un prénom à porter.

Elle passe, il l'aime, il aime.

C'est la chaleur soudaine de l'été : tout mûrit à la fois et annonce la délivrance de la terre. Le jeune homme découvre, libérées du rythme quotidien, des puissances qui le tirent hors de soi ; l'amitié déborde, la curiosité se dilate, les affections explosent. C'est maintenant qu'il sait comment on aime ses parents !

Ses bons parents ! Il rêve pour eux une position meilleure ; il brûle de les aider ; il faut qu'ils se fixent à Paris. Maman Comte quittant Montpellier avec toutes ses maladies ! M. Comte fermant le Grand-Livre de la Recette générale, image de sa vie aux jours identiques, réglés et fortement reliés ! Que n'imaginerait-on pas pour l'amour de Pauline !

Et Valat ! Pauvre cher Valat, exilé au collège communal de Béziers, perdu dans l'Université qui est bien le corps le plus absurde de France, la corporation la plus opposée aux progrès des lumières et de la civilisation ! La place de Valat est à Paris. Valat ne peut vivre que là où vit son ami et comme son ami ne peut vivre que là où vit Pauline... En attendant, puisse-t-il comprendre les devoirs de l'absence ! « J'ai besoin de tes lettres, j'ai besoin de ce délicieux commerce d'amitié, j'ai besoin de cet épanchement, de cet abandon absolu : ne m'en prive plus, je t'en conjure, ce serait bien cruel ».

Je t'en conjure : par l'amour de Pauline ! C'est l'amoureux qui supplie par la bouche de l'ami. C'est l'amitié régénérée par l'amour. « Tu ne saurais croire combien je suis devenu sentimental, sans qu'il y paraisse, depuis que je suis amoureux. J'avais besoin de cela pour développer entiè-rement dans moi les affections tendres ». Sa passion n'est pas le grand amour qui rapetisse le cœur ; elle emplit son âme sans chasser les autres amours : elle porte en soi la force de soulever tous les autres amours. Le jeune Comte la reçoit comme une grâce qui l'unit à l'humanité la plus profonde et sa joie lui livre la vérité de sa vie : il n'y a rien au-dessus d'un sentiment capable d'élever l'individu jusqu'à l'homme.

Une philosophie prolongerait-elle la leçon d'italien, de musique et d'amour ? Tout est philosophie dans l'âme d'un philosophe ; ce qui ne l'est pas le deviendra un jour. Nos émotions nous suivent dans une mémoire où vivent les pensées sans contours et où s'établissent naturellement des continuités inconnues dans le monde des formes. De la romance qui mourut au son des cloches et des libres propos de la femme adultère à la religion de l'Humanité, ce n'est qu'une même révélation : mais seule la destinée qui accorde le piano de Pauline à la harpe d'Ernestine sait quelle Béatrice doit naître de cette musique pour la purifier.

Le père Simon, lui aussi, fut de la féerie. Le disciple voit grand : le maître en profite. Pourquoi l'oublier lorsqu'on oppose aux anathèmes du Grand Prêtre les serments de la vingtième année ? Le fondateur du positivisme traite de saltimbanque le Père de l'église rivale : ne lui a-t-il pas voué une amitié éternelle ? Bien sûr, puisque en ce temps-là l'amour de Pauline est éternel !

Rendons à Pauline ce qui est à Pauline...

Il est probable que Comte fut présenté à Saint-Simon par un ami commun ; en août 1817, il est au service du directeur de *L'Industrie,* par conséquent un mois avant de soupçonner l'existence ou même la possibilité d'une Pauline. La crise amoureuse a haussé le ton de l'admiration : l'admiration a trouvé ses raisons avant la crise amoureuse.

Ce qui séduit brusquement le polytechnicien évadé, c'est la jeunesse étourdissante du bonhomme : il est menacé de la soixantaine et pourtant auprès de lui Comte sent ses vingt ans pâles et frileux. C'est un original, un extravagant, glapissent de bonnes âmes effarouchées ! Certes oui ! Il faudrait aller loin pour découvrir son semblable ! Mais bienheureux les excentriques de son espèce, car ils sont au centre invisible des choses. La jeunesse de Saint-Simon ? Il suffit de le regarder et de l'entendre. Ses yeux voient dans l'avenir, ses paroles font éclater les vieilleries, son souffle fait s'envoler la poussière : sa jeunesse est celle du siècle nouveau.

C'est même celle du chevalier sans peur et sans reproche qui traverse les méditations politiques du jeune Comte depuis le jour où il a rencontré Franklin. Comment ne pas le reconnaître ? Cet homme est marqué au front du signe des plus purs : il est de ceux qui ont fondé l'Indépendance des États-Unis ; il est l'ami de Washington et de La Fayette. Rien du grand seigneur qui se pique de libéralisme. Libéral, il l'est en pensées, en paroles, en actions et même en omissions, puisqu'il a oublié toutes les habitudes féodales ; noble, de la plus haute noblesse, il a envoyé rouler sa couronne de comte sous sa table d'écrivain. Et avec cela, franc, généreux, cordial, bon garçon. Il est si simple qu'on le croirait né dans le Tiers : un vrai roturier.

Les images du bonhomme Franklin et du père Simon disparaissent l'une dans l'autre et il ne reste plus qu'une allégorie aux fortes couleurs : la Liberté faite homme, la Liberté innocente de tous les crimes commis en son nom, la Liberté qui sait être civique comme on l'est à Washington et civilisée comme on l'est à Paris, la Liberté aux gestes nobles et aux yeux égrillards, la Liberté libérale, pure et non puritaine, telle qu'elle peut apparaître en rêve à un jeune homme qui dort à l'ombre du drapeau étoilé avec la femme d'un autre dans ses bras.

La métamorphose de Saint-Simon en symbole est d'autant plus facile que la réalité n'a aucune envie de se révolter. Comte ignore évidemment le passé et les écrits de son héros. Il rapporte avec admiration que son patron a dissipé une fortune considérable : sait-il d'où elle venait ? Les délicatesses financières qu'il lui prête suggèrent une réponse plutôt négative. Il rend sa générosité responsable de sa pauvreté présente : ce n'est pas absolument inexact, mais la vie somptueuse que l'on menait rue Chabanais répondait-elle aux exigences de cette seule vertu ? Et enfin lorsque l'enfant du Tiers prend le ci-devant comte pour un homme de sa race, il est clair qu'il s'intéresse plus à l'avenir qu'au passé de son ami : il n'y a point si longtemps que Saint-Simon faisait parade de son titre et de sa particule ; c'était même très exactement pour saluer le premier retour des princes, et coïncidence heureuse, il n'avait perdu le souvenir de ses aïeux qu'en cherchant l'appui des industriels.

C'est le plus excellent homme que je connaisse, celui de tous dont la conduite, les écrits et les sentiments sont le plus d'accord et les plus inébranlables. Sa conduite, depuis le commencement de la Révolution, pendant ces trente années d'épreuves si difficiles, a été pure, tout à fait pure, de l'aveu de tout le monde. Invariable dans la défense de la cause libérale qu'il a embrassée avec ardeur, il n'a jamais servi aucun parti ; il est entièrement intact de tous les crimes révolutionnaires (ce qui est assez rare parmi tous les grands libéraux du jour) ; il n'a jamais flatté Bonaparte, et sous le règne actuel, il n'a jamais sollicité les faveurs de la cour, que sa naissance lui aurait si aisément fait obtenir.

Comment, après lui avoir tant prêté, Comte ne lui aurait-il pas un jour retiré un peu plus qu'il ne convenait ?

Pourtant dès cette époque on lui recommande de se méfier. Au nom du directeur de *L'Industrie,* le prudent général de Campredon fronce les sourcils. Maman Comte et son époux s'affolent à la pensée des dangers qui menacent leur cher enfant. Dieu sait où ce M. Saint-Simon le conduira, avec ses idées avancées ! En correctionnelle, au déshonneur ! Des gens qui se prétendent bien informés élèvent quelques doutes sur la moralité du personnage ; simple machiavélisme, disent-ils, d'un bonhomme qui n'a qu'un désir : faire sensation dans le monde ; tous les moyens lui paraissent bons pour y arriver, même les gestes généreux ; quiconque veut rester son ami doit accepter d'être un instrument entre ses mains...

Le jeune Comte repousse avec indignation ces méchancetés. Il rassure ses parents et l'excellent général, en leur laissant croire qu'il a rompu avec Saint-Simon, mais son cœur reste fidèle au héros qu'il a reconnu. Entre les hommes qui sont au-dessous de leur siècle et ceux qui sont au-dessus, l'hésitation n'est pas permise : comme le siècle avance et ne recule jamais, les premiers seront de plus en plus méprisés, tandis que les autres finiront toujours par être estimés à leur valeur. Le choix de Comte est fait et il est fait pour toujours.

Au moment où le nouveau secrétaire est admis dans l'équipe de *L'Industrie,* deux volumes sont déjà en vente. Leurs articles sont à peu près conformes au programme de l'entreprise. Dans le premier, il y a deux « morceaux de finances » dus à Saint-Aubin, ancien membre du Tribunat, et une étude politique d'Augustin Thierry, *Des nations et de leurs rapports mutuels; ce que ces rapports ont été aux diverses époques de la civilisation; ce qu'ils sont aujourd'hui; quels principes de conduite en dérivent.* Le second tome contient des extraits d'un discours de Laffitte et d'un opuscule de Casimir Perier, un travail de J.-A. Chaptal sur les *Progrès de l'industrie agricole et manufacturière en France depuis trente ans,* des *Lettres de Henri Saint-Simon à un Américain* et une curieuse étude anonyme, *Les trois époques ou considérations sur l'état de la France depuis 1787.*

Mais le premier programme de *L'Industrie,* celui qui avait déterminé les souscriptions, était comme ces avant-gardes qui précédaient les grandes invasions. Au début de juin 1817, Saint-Simon annonce un troisième volume dont il communique immédiatement les conclusions à ses confrères de la presse parisienne et à « Chateaubrillant ».

« L'entreprise philosophique dont Bayle a commencé l'exécution, était par sa nature, une entreprise double, c'est-à-dire, elle se composait de deux parties, ou, si l'on veut, de deux tâches qui étaient l'une et l'autre également difficiles à remplir, qui exigeaient autant de temps l'une que l'autre, qui nécessitaient chacune les mêmes soins, le même genre d'efforts, et qui ne pouvaient être accomplies que l'une après l'autre ». La première est terminée : elle consistait à démolir l'édifice élevé par le clergé, démolition nécessairement complète, car l'idée de Dieu devait entraîner dans sa chute l'explication de la nature, la morale, les institutions politiques et sociales dont elle était le principe. Cette critique du

système théologique a été achevée par les écrivains du XVIIIe
siècle depuis les philosophes proprement dits jusqu'aux
chansonniers, avec l'aide de princes amis des lumières. La
victoire finale a été acquise lorsque, cessant de travailler
chacun de son côté, ils se sont groupés en un seul atelier
philosophique d'où est sortie *L'Encyclopédie.* La seconde
tâche aura pour objet de construire le système des idées
positives qui doit remplacer le système des idées théologiques, construction immense, car on ne peut séparer la
philosophie sans Dieu, la science véritable de la nature, la
morale terrestre et la politique libérale. Cette œuvre sera celle
des écrivains du XIXe siècle, depuis les philosophes
proprement dits jusqu'aux chansonniers, avec l'appui des
industriels. La victoire finale sera le prix de leur union,
lorsqu'ils sauront coordonner leurs efforts en vue d'une
Encyclopédie des idées positives. Saint-Simon se trouve tout
naturellement à la tête de ce nouvel atelier scientifique.

C'est là que le jeune Comte va le rejoindre. En trois mois,
il tient les promesses faites par son patron. Il écrit les quatre
cahiers du troisième volume de *L'Industrie,* le premier cahier
du quatrième volume et sans doute aussi les quatre circulaires
de propagande adressées aux savants et « à toutes les personnes qui désirent franchement la prospérité de l'Industrie ».

> Les hommes les plus divisés d'opinion sur l'état actuel de la
> société en Europe, s'accordent tous à reconnaître que cet état est
> extraordinaire, qu'il ne saurait durer, qu'il est urgent de le faire
> cesser. Il n'est pas besoin d'être fort éclairé pour s'apercevoir que
> cet état provient de ce que le système qui a lié les idées morales et
> politiques pendant vingt-deux siècles, est détruit aujourd'hui sans
> qu'il ait été remplacé par un autre. A quoi cet état nous conduira-
> t-il ? Par quoi doit-il se terminer ? Le bon sens suffit pour répondre
> que, puisque le désordre de la société est dû à la chute du vieux
> système des idées morales et politiques, ce désordre ne cessera
> que par l'adoption d'un nouveau système ; car il est bien clair que
> l'état de la société en exige absolument un.

Réforme intellectuelle et morale d'abord.

Mais quel sens donner à cette réforme? Le sens de l'histoire spirituelle de l'humanité. Pour le découvrir les deux amis s'empressent de consulter « les annales du monde » et les « archives de la planète ». Heureusement le maître a l'habitude de feuilleter les siècles ; quelques coups de pouce et il est fixé : Socrate a mis fin au polythéisme, en inaugurant le déisme dont la secte nazaréenne a organisé le système et les institutions ; *L'Encyclopédie* a mis fin au déisme ; Dieu n'est plus qu'un fantôme parmi ses anciens rivaux de l'Olympe ; une ère commence où toute idée surnaturelle est spirituellement impossible. Le temps est venu, écrit bravement Comte, de « remplacer le céleste par le terrestre, le vague par le positif, le poétique par le réel. »

Deux Encyclopédies seront commandées sur-le-champ au futur atelier scientifique : une *Encyclopédie des sciences théoriques* et une *Encyclopédie des sciences d'application*. Elles seront une grandiose introduction à la méthode des producteurs, qui ne commandera pas seulement les techniques industrielles, mais absorbera l'économie politique, la politique et la morale.

Les règles de la bonne conduite dépendent de la science qui fonde les règles de la bonne production. La morale, en devenant terrestre, ne fait plus appel qu'à des intérêts palpables, certains et présents ; mais cela ne signifie pas égoïstes ; le bonheur qu'elle prétend assurer est celui, à la fois, des individus et de la société ; son enseignement se propose de justifier ce *et,* en prouvant que le bien de chacun est lié au bien du groupe. Par suite, dans une société industrielle, la production apparaît comme la forme idéale de l'action et les préceptes de la morale recommandent avant tout d'honorer le travail, de mépriser les fainéants et de maintenir l'union des producteurs.

Quant à la politique, elles est une conséquence de la morale puisque les institutions d'un peuple sont la conséquence de ses idées ; elle est donc un cas particulier de la philosophie des sciences d'application. Elle nous indique comment il convient d'organiser la société pour empêcher que la production ne soit troublée ; l'administration publique est une entreprise industrielle dont le produit est la sécurité de la production ; « faire que le produit soit le meilleur possible et au plus bas prix », signifie en politique : « faire que pour le moins d'argent on ait le plus de sécurité. »

Pour lancer ces vastes entreprises, les auteurs de *L'Industrie* proposent de mettre au concours les discours préliminaires aux deux *Encyclopédies.* Concourir ! C'est le seul projet pratique que Saint-Simon ait inventé jusqu'à ce jour et, depuis les *Lettres d'un habitant de Genève,* il le présente en vain aux puissances temporelles qu'il honore de son alliance. Cette fois, c'est une cascade de concours. Surexcitée par la magnificence des futures générosités industrielles, son imagination ne fuit pas l'extrême précision des chiffres. Les producteurs ne seront jamais aussi producteurs qu'en offrant des prix de vingt-cinq mille, cinquante mille et cent mille francs ; un si petit sacrifice n'ajoute guère à leurs frais généraux et pourtant quel placement ! Qui veut souscrire pour le premier million ? A cent francs la part !

Les deux amis n'attendent pas l'ouverture des concours pour dévoiler ce qu'ils diraient dans leur Discours préliminaire : ce serait sans doute un examen de l'actualité spirituelle et politique. C'est en s'efforçant de comprendre son temps que le jeune Comte rencontre le temps.

L'humanité marche vers un régime positif et industriel, où l'on s'occupera uniquement du bonheur des hommes sur la terre, sans chercher ce qu'ils auront à faire quand ils n'y seront plus ; tel est le progrès de la civilisation et rien ne peut l'arrêter. Mais cette vérité n'en supprime pas une autre : l'esprit humain ne fait pas de sauts brusques. Si sûr que soit l'avènement de l'ordre positif, tout ce que l'on tenterait pour le hâter « ne forcerait pas la marche nécessairement lente des siècles ». L'erreur des révolutionnaires et des philanthropes, c'est d'agir et de penser comme s'il était possible de « brûler le temps ». Le premier bienfait de la politique positive sera de reconnaître l'action propre du temps qui mûrit les idées et les institutions comme les fruits et les moissons.

Tout est relatif, voilà la seule chose absolue. A la lumière de cette vérité, Comte regarde le temps qui passe : transition entre le monothéisme et l'ère positive, transition entre la morale céleste et la morale terrestre, transition entre la monarchie absolue et un état purement libéral, tout n'est que transition. Alors résignons-nous aux régimes de transition, le mieux en soi n'est pas toujours ce qui convient le mieux. Il est vrai que les rois s'en vont : mais ils ne sont pas encore partis et ce n'est pas en leur coupant le cou qu'on les fait partir plus vite ; inutile de les sacrifier pour le seul profit des Cromwell, des Robespierre et des Bonaparte. Il est vrai que le paradis et l'enfer ont perdu tout crédit philosophique : mais la critique de la morale céleste n'est qu'une introduction à la morale terrestre ; tant que le nouvel Évangile n'est pas en état d'être enseigné, ce serait folie de supprimer brutalement les institutions religieuses. La sagesse politique l'exige : laissons les sacerdoces comme les monarchies mourir de mort naturelle.

« Naturelle » ne se rapporte pas à une nature qui accomplirait son destin en dehors de nous. Rien dans l'histoire de l'humanité ne se fait sans l'homme, pas plus les transitions que les révolutions. Mais au temps des interrègnes, l'action civique n'a pour fin ni de détruire ni de conserver les institutions condamnées : elle se propose de les améliorer, c'est-à-dire de les préparer à bien mourir. La monarchie s'éteint doucement en devenant parlementaire ; l'onction sainte s'efface au front des princes ; les couronnes tombent sans bruit lorsqu'elles ne sont plus que des métaphores ; l'arbre de la liberté ne pousse nulle part mieux que dans le jardin du roi.

De même pour le clergé. Pas de persécutions, mais une loi en vertu de laquelle « nul ne pourra être ordonné prêtre s'il n'a prouvé, par un examen préalable, qu'il est au courant des principales connaissances acquises dans les sciences positives, c'est-à-dire qu'il possède les éléments des mathématiques pures et appliquées, de la physique, de la chimie et de la physiologie ». Qui protesterait ? On se contente de demander que les prêtres d'aujourd'hui soient au niveau de leur siècle comme l'étaient leurs confrères du Moyen âge. « Peut-on craindre que le clergé veuille s'obstiner à n'avoir pour membres que des idiots ? » Saint-Simon et Comte ne pensent pas un instant à la troisième hypothèse : au cas où ceci ne tuerait pas cela.

Il y a dans le langage des partis une étiquette qui convient à la politique positive : elle est modérée. Comte accepte le mot et lui donne ce qui lui manque le plus souvent, un sens. Un sens qui peut-être situe et définit l'éternel modéré ; mais Comte ne peut s'en douter, car sa philosophie lui interdit de croire à l'éternel modéré ; elle exclut la vérité qui assure aux sagesses empiriques une actualité toujours renaissante et leur servant d'éternité : un monde qui dure ne cesse jamais d'être à une époque de transition.

Trois partis divisent l'opinion. Les uns veulent ce qu'il n'est plus temps de vouloir. Les autres désirent ce qui n'est pas encore de mise. Les troisièmes essaient de modérer ceux-ci et ceux-là. Comte n'hésite plus : les derniers ont raison, mais ils n'ont pas pour eux la raison ; il leur manque de savoir combien ils ont raison de vouloir ce qu'ils veulent. C'est ce qui explique pourquoi ils le veulent si mollement ; c'est ce qui explique aussi pourquoi leur résistance aux partis extrêmes est si faible. Ce que les extrémistes réclament est extravagant : mais ils voient clairement où ils veulent aller et cette claire vision leur donne la force d'y aller. Il n'y a rien dans la nature des opinions modérées qui s'oppose au déploiement d'une volonté énergique : il suffit que les modérés mettent à son principe une pensée réfléchie et non une sentimentalité vague. En retrouvant le temps, ils découvriront la philosophie qui justifie les raisons historiques de leur mission et ils se donneront enfin une conscience politique.

Le dernier cahier du troisième volume de *L'Industrie* parut au début d'octobre 1817. L'effet fut instantané : « l'industrie pratique » prit la fuite. Le duc de La Rochefoucault-Liancourt, dont le nom ouvrait la liste des souscripteurs, ouvrit aussi celle des mécontents ; il n'entendait pas le libéralisme comme un républicanisme à retardement et il ne distinguait sans doute pas nettement les rapports de la morale terrestre avec les intérêts de la production. Le 30 octobre, tous les commanditaires de la collection, sauf Laffitte et Ternaux, désavouaient publiquement les doctrines de *L'Industrie* dans une lettre adressée au Ministre de la Police. Une fois de plus, la philosophie renversait le pot-au-feu, comme disait Comte en laissant dans l'aventure ses trois cents francs de chaque mois.

Heureusement il lui reste l'espérance. Son patron n'a pas le vertige pour un mouvement de bascule un peu brusque. L'homme qui vient n'arrive pas toujours du premier coup. Avec un vieux renard comme le père Simon, on ne risque jamais rien pour attendre. Comte est de la prochaine équipe.

Et puis, l'avenir est magnifique, L'avenir lointain surtout, lorsqu'on dira : M. Comte, professeur à l'École Polytechnique. Ce n'est pas impossible ; parmi ses anciens maîtres, plusieurs y pensent, et en particulier Poinsot. Quant à lui, ni les souvenirs de sa sortie tapageuse, ni sa colère contre les nouveaux règlements, ni ses succès politiques ne le détournent de sa voie : elle part de la classe de Daniel Encontre et elle aboutit à la maison qui, malgré toutes les restaurations, demeure l'abri naturel de l'esprit positif.

L'avenir immédiat est moins brillant, mais très convenable. D'abord, aucun rapport avec l'Université : un ouvrier de la cité future n'a rien à faire chez cette vieille radoteuse dont les jours sont comptés. Des leçons particulières, une chaire dans un pensionnat, et voilà les deux cent cinquante ou trois cents francs qui permettent d'attendre tranquillement la fin du mois, d'attendre en homme libre, car il n'est pas question de prendre au sérieux les bonnes intentions du général de Campredon. Ne s'est-il pas mis en tête de placer son protégé chez son ami Casimir Perier ? Précepteur ! « Premier esclave de Monsieur, de Madame, et de leur progéniture » ! Et avec cela, préparer les discours du papa !

Un élève de Franklin ne badine pas avec les principes : cent louis par mois, la table, le logement et, une fois l'éducation terminée, une petite rente viagère ; « mais il y avait la liberté à perdre. N'était-ce pas un jeu de dupe ou de brute ? »

Le jeu pourtant l'a tenté. Son point d'interrogation héroïque est la conclusion d'une expérience sous-entendue. Comte n'a manifestement aucune envie de se faire précepteur, à ce moment moins que jamais, car il est sous l'influence du *Bachelier de Salamanque* et les mésaventures de Don Cherubin de la Ronda l'invitent à réfléchir. Mais, collaborer avec l'un des grands orateurs libéraux, c'est une perspective tout autre ; Comte ne paraît pas l'avoir dédaignée au premier coup d'œil. Pendant trois semaines environ, il fréquente la maison du député de Paris, remarque son caractère énergique, observe le milieu, rédige même une note, retrouvée dans ses papiers sous le titre : *Opinion sur le projet de la loi relatif à la presse, pour M. Casimir Perier. Décembre 1817.* Il est probable que les deux hommes ne s'entendirent point. Comte est libéral comme quelqu'un qui a écrit le troisième volume de *L'Industrie.* Casimir Perier est libéral comme quelqu'un qui a retiré sa subvention à *L'Industrie* après le troisième volume.

Aurait-on voulu lier les fonctions de précepteur à celles de secrétaire ? Qui sait même ? habitué à écrire les articles de Saint-Simon, le jeune homme aurait-il trouvé étrange que le 13 décembre 1817 M. Casimir Perier n'ait pas répété mot à mot à la tribune le discours de son secrétaire ?

Aussi le présent reste-t-il modeste. Quelques leçons à trois francs le cachet qui font tout juste cent vingt francs au bout du mois. Heureusement son père ajoute quarante ou cinquante francs, et la pensée de l'année prochaine met le surplus.

Car c'est définitivement l'année prochaine que tout s'arrange : sa bonne étoile lui promet des leçons, Saint-Simon des articles et Pauline un enfant.

CHAPITRE V

AUGUSTE COMTE

> *« Je suis très porté à la fraternité mais je ne souffre pas la paternité surtout dans un philosophe ».* Comte à d'Eichthal. 10 décembre 1824, *Lettres à divers*, II, p. 77.

17 avril 1818. « Tu penses bien qu'un jeune homme de vingt ans et une jeune dame de vingt-cinq ne sont pas huit mois ensemble sans qu'il en résulte certain accident dont les maris s'attribuent si bénévolement la gloire et les charges. Aussi, mon cher, dans deux mois je serai père, selon toutes les apparences ; l'enfant a l'air de se bien porter. Tu sens bien, mon ami, qu'une telle circonstance rend mon attachement beaucoup plus fort, et que ma position prend un caractère plus grave et plus intéressant ; tu conçois aussi que cela donne une grande force à mon irrévocable résolution de rester à Paris. Moi ! je quitterais la femme que j'aime, la mère de mon enfant. Oh ! non, sois tranquille ; dussè-je me faire écharper, cela ne sera pas. »

15 juin 1818. « Je ne sais pas bien au juste si je suis père dans ce moment, mais très probablement je le serai au moins demain, l'accouchement ne peut guère tarder davantage ; le terme est arrivé, non au compte du bénévole mari, mais au mien, qui est un peu plus exact. Je ne me suis pas soucié d'être parrain, non à cause des dépenses, qui sont terriblement exagérées par *l'hermite,* mais à cause des inconvénients qu'il pourrait y avoir à rendre notre liaison perceptible au mari : on vit si commodément à Paris, que ce brave homme ignore même que je vois tous les jours ou tous les deux jours sa femme chez lui pendant deux heures... Adieu, mon cher, je te quitte pour aller voir si c'est une fille ou un garçon. »

24 septembre 1819. « Quant à mes affaires que je puis appeler *de famille* (puisqu'aux titres près je suis époux et père dans toute la valeur naturelle de ces deux mots), j'ai eu, depuis que je ne t'ai écrit, de grandes inquiétudes pour ma fille. Les médecins l'avaient même un peu condamnée ; mais je l'ai mise à la campagne depuis trois mois, et je me suis convaincu par le fait que sa maladie n'avait d'autre cause que l'air vicié de Paris ; elle se porte continuellement de mieux en mieux, et j'espère que je la sauverai. Je m'y attache de jour en jour davantage, et j'espère bien que cet *enfant de l'amour* aura un jour tout l'esprit et toute la sensibilité que les apparences physiologiques m'annoncent en elle. Comme elle n'est qu'à trois lieues de Paris, je puis aller souvent la voir ; j'y étais hier.

« Pour mon amour, tu sens qu'ayant déjà deux ans d'existence, il doit être bien caduc ; mais enfin l'amitié en tient lieu, et l'attachement que m'inspire ma fille donne un caractère particulier à cette amitié-là. Je ne sais ce que tout cela deviendra par la suite ; mais je ne cherche pas à le prévoir, et je me contente de prendre les choses comme elles sont, et d'en jouir provisoirement autant qu'il est possible. Je commence néanmoins à sentir ma liberté un peu gênée par l'assiduité à laquelle j'ai accoutumé mon amie, assiduité que je me crois, par conscience, par probité et par délicatesse, obligé de continuer, même depuis qu'elle ne m'est plus aussi agréable. Mais que veux-tu ? Les femmes en général et collectivement ont tant à souffrir des mâles de leur espèce, qu'en particulier je me crois obligé de compenser autant que je le puis les torts généraux de mon sexe. »

6 septembre 1820. « Je te dirai que mes dépenses s'élèvent plus haut que tu ne l'imagines sans doute, sans que pourtant il y ait un seul centime employé comme tu pourrais le penser. Le mot de cette énigme, pour laquelle probablement tu n'aurais pas besoin de la profonde sagacité d'Œdipe ou de M. de Lignolle est : *Dépenses de ménage.* J'espère que tu m'entends... Je te dirai d'ailleurs, que ma petite fille se porte à merveille, qu'elle vient très bien, et, en un mot, que j'en suis toujours enchanté. »

3 mai 1821. C'est jour de grande réjouissance : on fête le baptême du duc de Bordeaux. Après le dîner, Auguste Comte prend le chemin du Palais-Royal ; il flâne dans les Galeries de bois... Il en remarque une, toute jeune. Un signe... Impression excellente. Il retient le nom et l'adresse : Caroline Massin, rue Saint-Honoré, en face du cloître.

Où est Pauline ? Où est l'enfant de l'amour ?[1]

Mais où est Saint-Simon ?

Après la catastrophe d'octobre 1817, Saint-Simon ne juge pas la partie perdue ; quelques sages paroles et l'on reprend le large. Au mois de mai suivant paraît donc un nouveau *Premier cahier* du *Tome quatrième* de *L'Industrie,* d'ambition et de format plus modestes.

La préface est un acte de contrition mitigé. Le public a mal accueilli le précédent volume ; loin de se froisser Saint-Simon espère comprendre la leçon, car le public n'est jamais complètement injuste. On nous reproche, dit-il, « d'avoir perdu le fil de notre première direction. Ce n'est pas exact, mais, puisque le public l'a cru, c'est que nous avions les apparences contre nous ; la réaction des lecteurs est le signe d'une présentation imparfaite de nos idées, d'une erreur de méthode. Nous avons voulu trop rapidement unir l'Industrie théorique et l'Industrie pratique ; puisque cette dernière ne

---

1. *Epilogue :* A Clotilde de Vaux, 1er mars 1846 : « Dès l'âge de vingt ans, j'eus, ou je crus avoir, d'une femme qui aurait pu être ma mère, une fille que je pleure encore quelquefois, quoique le croup me l'ait ravie dans sa neuvième année. Quelque suspecte que dût me sembler cette paternité, je l'avais moralement acceptée, et jusqu'au bout j'en remplis loyalement tous les divers devoirs. »

Ainsi meurent les certitudes.

s'intéresse qu'aux questions directement pratiques, commençons par celles-ci. »

L'article qui suit est orné d'un titre-programme où les idées tombent une à une avec un son métallique :

Moyen constitutionnel

D'augmenter les richesses de la France ;

D'accroître la liberté au dedans ;

D'assurer son indépendance à l'égard de l'étranger

Et de procurer aux industriels

tous les avantages politiques qu'ils peuvent désirer.

Si l'Industrie pratique n'est pas satisfaite ! D'ailleurs l'idée fondamentale arrive sans préliminaires philosophiques. Nous ne voulons plus de révolution, mais nous croyons trop facilement que tout est arrangé lorsque nous avons une Constitution qui respecte la division des pouvoirs ; c'est attacher trop d'importance à la forme du gouvernement ; le fond est essentiel, non la forme, et le fond de la réalité sociale n'est pas le régime politique mais le régime économique. La société vraiment industrielle est celle où les affaires publiques sont gérées par les producteurs ; les réformes vraiment libérales sont celles qui assurent les droits politiques des producteurs. Aussi est-il urgent de mettre en état de devenir électeurs tous ceux qui rendent la propriété productive, à commencer par les fermiers. Puisque les producteurs paient les impôts, leur idéal politique est d'en payer le moins possible. Saint-Simon en profite pour leur soumettre un programme d'économies qu'ils imposeront au gouvernement, ce qui lui permet de réorganiser la magistrature et de porter au compte des juristes toutes les calamités du pays. Il conclut qu'avec « une bagatelle de cinquante mille francs » la face de l'univers serait changée.

Car il n'abandonne pas la direction théorique qui conduit aux grandes révolutions pacifiques ; il espère même y revenir incessamment, avec la complicité de son élève préféré. A la fin de son article, il supplie ses lecteurs de lui exposer très franchement leurs opinions, déjà sûr d'avoir au moins une réponse : Auguste Comte fera le fantôme, il sera « Une personne qui se nommera plus tard ».

Monsieur, lui dira-t-elle dans le prochain cahier, vos travaux me paraissent capables de contribuer au progrès de la civilisation ; aussi votre revers d'octobre me peine-t-il ; mais ce revers est en grande partie votre ouvrage, et, je dois vous en avertir, votre récent cahier conduit *L'Industrie* à une autre catastrophe. Qui peut s'intéresser à vos projets ? Les journalistes ne sont pas libres. Les publicistes ont horreur des idées neuves. Les savants apprécieront la justesse de vos raisonnements, mais vous connaissez leur devise : pas de politique ! L'Université méprise tout ce qui n'émane pas des oracles grecs ou latins. Les industriels ne pensent qu'à s'enrichir ; les fermiers ne lisent pas ; les juristes affirmeront d'un ton doctoral que vos desseins sont des chimères, le gouvernement se contente, pour toute philosophie, de vivre au jour le jour. Alors ? La suite au prochain numéro.

Monsieur, dira une seconde lettre, votre idée fondamentale est de celles qui triompheront tôt ou tard ; mieux vaudrait tôt que tard et cela dépend uniquement de vous. N'essayez plus d'en déduire ses conséquences politiques : vous n'aurez aucun public. Suivez-la dans son développement scientifique : le succès est assuré. Si vous restez dans l'ordre des problèmes pratiques, vous faites entrer dans le jeu les intérêts et les passions : que peuvent les arguments les plus justes contre les intérêts et les passions ? Adressez-vous donc aux hommes qui se livrent aux études morales, sociales et économiques ; soumettez vos raisons à leur raison, et vous êtes invincible. Vous prouverez que la seule politique rationnelle est l'économie politique, que celle-ci n'existe pas encore comme science, que vous lui apportez le moyen de le devenir : vous fondez la science sociale et la politique positive.

La « personne qui se nommera plus tard » offre de développer elle-même ces vues dans un prochain article et, sans attendre la réponse, elle annonce une autre étude ayant pour objet « la science morale positive » qui, « entée sur l'économie politique », justifiera les devoirs conformes aux intérêts de la production.

Les deux prétendues lettres d'Auguste Comte restèrent dans les tiroirs de son compère. *L'Industrie* avait reçu un coup mortel ; elle n'avait plus la force d'en attendre un second. Il n'y eut pas de suite au premier cahier du tome quatrième. Mais à la fin de l'année, il y avait une autre construction en chantier.

Au début de janvier 1819 sortit le prospectus d'une nouvelle publication : *Le Politique,* par une Société de gens de lettres. Au bureau, rue Saint-Hyacinthe-Saint-Honoré, n° 10, près le marché Saint-Honoré et *Au Naufragé de la Méduse,* chez Corréard, libraire du *Politique,* Palais-Royal, galerie de bois, n° 258. En vignette : deux bœufs, une charrue ; le laboureur creuse un sillon ; le casque, l'épée et le bouclier gisent dans un coin.

Saint-Simon et Auguste Comte forment le gros de la troupe ; mais, après la quatrième livraison, elle reçoit un sérieux renfort qui lui permet de continuer sa marche. Les bienfaits immédiats de l'accord signé le 22 février sont visibles dès l'article premier : « La propriété de l'ouvrage ayant pour titre le *Politique*, et qui se publie par livraisons, est divisée en vingt-quatre actions. Douze de ces actions appartiennent, savoir : à M. Henry de Saint-Simon dix, et deux à M. Comte, ancien élève de l'École Polytechnique. Des douze autres actions, deux sont acquises par M. Coutte propriétaire, et par M. La Chevardière, aussi propriétaire, qui s'engagent à en verser le montant dans la caisse de la Société, à raison de mille francs par action, de manière à ce que M. Coutte ne verse les seconds mille francs qu'après l'emploi des deux mille francs à fournir par lui et M. La Chevardière ». L'accord confie l'administration de l'entreprise à M. La Chevardière, qui reçoit le titre de directeur. L'article 13 déclare : « Les rédacteurs actuels sont : MM. Saint-Simon, Comte, La Chevardière. Ils pourront s'en adjoindre d'autres ».

Ainsi le jeune Comte n'apparaît plus comme le secrétaire d'un patron ; il est assez grand pour écrire tout seul ; c'est un publiciste maître de sa plume. Rien ne l'empêche de mettre son nom au bas d'une page imprimée, sauf la peur d'aller en correctionnelle et d'inquiéter ses parents.

Car *Le Politique* est de son temps et c'est un temps où l'on bataille fort, un temps où tous les partis ont quelque chose à sauver. Le 30 décembre, un ministère libéral a pris le pouvoir, présidé par le général Dessoles et dirigé par Decazes ; la Guerre est à Gouvion-Saint-Cyr, qui naguère, à la tribune de la Chambre, glorifiait les soldats de l'Empire ; les Finances sont au baron Louis, avec lequel Saint-Simon aime à parler d'économie politique. Aussi les ultras mènent-ils une lutte acharnée contre les conseillers du Roi ; ils attaquent la loi électorale ; Decazes doit créer une majorité à la Chambre Haute en y envoyant une « fournée » de soixante pairs.

Le libéralisme ministériel est d'ailleurs débordé sur la gauche : aux yeux du jeune Comte, ce ne sont pas « les escobarderies de l'illustre et profond Decazes » qui sauveront la liberté. Pour les rédacteurs du *Politique,* MM. Royer-Collard, Camille Jordan, Guizot et autres ne sont que « des intermédiaires entre les théologiens et les gens de bon sens ». Saint-Simon juge la conduite du baron Louis indigne d'un esprit qui a étudié l'économie politique.

Ces propos ne sont pas des messages d'hommes de lettres. Dans la rue, Béranger chante la voracité du « ventre », du député qui vote toujours pour le gouvernement et qui se justifie au refrain :

> *Quels dîners,*
> *Quels dîners*
> *Les ministres m'ont donnés.*

Les comités Indépendants poursuivent une propagande dont chaque élection affirme le succès : hier, c'étaient La Fayette et Manuel qui allaient siéger à côté de Laffitte et de Casimir Perier ; demain ce sera le général Foy.

Enfin on est à la veille des débats sur le régime définitif de la presse. Sera-t-elle libre? D'une liberté complète ou atténuée? Pour quiconque tient une plume, ce n'est pas le moment de chômer. D'ailleurs Paris dévore les gazettes; les abonnements sont chers, mais chaque numéro passe de main en main; le cocher juché sur son siège lit en attendant son maître; la fruitière lit au marché; le portier lit dans sa loge; le garçon boucher essuie sa main pour ne pas salir la feuille qu'on lui a prêtée; le pâtissier ambulant laisse refroidir ses gâteaux et le voyageur allemand qui le regarde se demande comment la seule présence d'un papier imprimé peut mettre subitement un peuple au ralenti.

C'est le printemps du journalisme. Les feuilles aux nervures serrées volent, vertes, légères, rares encore. *La Quotidienne, Le Conservateur, Le Journal des Débats* sont les champions du royalisme intégral; mais le fougueux Martainville trouve le moyen de les dépasser en brandissant son *Drapeau blanc*. On raconte que *Le Journal de Paris* est le porte-parole de Decazes. *Le Constitutionnel,* bourgeois et anticlérical, reste « très 1789 », tandis que *Le Courrier* prêche le libéralisme doctrinaire.

Le peuple devient public.

Le verbe a enfin trouvé une matière si fine qu'il peut être à la fois une parole qui vole et un écrit qui demeure. De la chaire, de la tribune, de l'estrade, partent les mots dont le magnétisme incline les êtres vers une âme qui les absorbe; mais cette âme meurt avec les ondulations dont le frémissement faisait toute sa vie. L'orateur conclut, puis chacun rentre chez soi. *Puis chacun rentre chez soi,* arrêt mortel que le publiciste ne redoute pas : il ne dérange personne, il parle à domicile.

Les philosophes comparent l'intelligence à une lumière naturelle éclairant tout homme qui vient en ce monde : il y aura désormais une lumière artificielle distribuée à tout homme qui sort de l'école.

Les publicistes ne soupçonnent pas encore l'avenir de la publicité. Ils ignorent ce qu'ils seront au temps des machines et des peuples-rois. Pourtant, à la première épreuve de leurs forces, ils reconnaissent, incluse dans leur existence, une espèce de souveraineté. Ils sont les maîtres du moulin où tous viendront apporter leurs vérités, industriels, hommes politiques, écrivains, commerçants, prolétaires, messagers des promesses divines. Ils tiennent les presses d'où les idées sortent collées à des milliers de feuilles qui se joueront des distances et qui glisseront sous les portes les mieux verrouillées. Ils sont les nouveaux seigneurs.

Chateaubriand ne s'y trompe pas : il n'aurait pas été journaliste s'il n'avait voulu participer à toutes les noblesses. Les jeunes ne sont pas moins clairvoyants : ils devinent qu'ils trouveront là tout ce que la jeunesse peut désirer. Comte a l'estomac léger et la bourse plate ; aussi la gloire ne l'intéresse-t-elle pas autant que certains avantages immédiats ; il se contenterait des dix à quinze mille livres de rente que *Le Censeur* rapporte à chacun de ses directeurs. « Oh ! — car ces chiffres doivent éblouir le pauvre Valat enterré à Béziers — il y a des ressources dont tu ne te fais pas d'idée dans la carrière politique. Juge, si je puis parvenir à chanter sur cette note-là ! Mes parents me pardonneront alors, j'espère, de m'être fait publiciste ».

Il peut compter sur une absolution majeure. Un instinct très sûr leur a déjà révélé la puissance de la main qui écrit. La main qui écrit serre la main des gens haut placés. La main qui écrit ouvre toutes les portes. Les grands n'ont rien à refuser à la main qui écrit. Aussi lorsqu'en janvier 1819 M. Saint-Paul, percepteur du second arrondissement de Montpellier, demande son changement, la bonne maman Comte oublie et la mauvaise réputation des journalistes et la police correctionnelle et les idées subversives de Saint-Simon et tout ce qui s'ensuit. Il ne reste en elle qu'une image fixe : « son ange » parmi les saints.

Il faut que, sans perdre un instant, tu cherches à avoir du baron Nouïs sa parole pour que si la place du percepteur du second arrondissement de la ville de Montpellier devient vacante, il la donne à ton papa Louis-Auguste Comte, caissier chez M. Despons, depuis que ce dernier est receveur. Fais de cela des notes, tu en remettras une au ministre lui-même et une aux personnes que tu emploieras pour lui parler, fais tout agir, M. de Saint-Simon et tout autre, mais il faut que tu te fasses présenter toi-même au ministre et lui remettre à lui-même une note, il le faut absolument, le bonheur de ta famille dépend du zèle que tu mettras à cette démarche ; dès que tu l'auras faite, écris-nous pour nous en apprendre le résultat, mais, je te le répète, ne t'adresse pas aux bureaux, mais au ministre.

Ce que Madame Comte ignore, c'est qu'à ce moment l'ange fait la morale aux saints.

« Sonnez, sonnez l'alarme, trompettes de l'opinion publique ! ». Les rédacteurs du *Politique* s'efforcent d'échauffer le civisme des producteurs. Devant leur feuille d'impôt, industriels, savants, agriculteurs, capitalistes se lamentent comme des femmes, tandis que les frelons de l'Ancien Régime et les frelons de l'Empire mangent la meilleure part du miel. Pourquoi ne pas en appeler au Roi ? Un discours en une ligne suffit : Sire, nous sommes des abeilles, débarrassez-nous des frelons.

Plus de concessions, plus de demi-vérités, plus de politesses envers l'arbitraire. Nous sommes en mesure, aujourd'hui, de déclarer solennellement au pouvoir, que la nation ne veut plus se laisser mener à la lisière, qu'elle veut quitter pour jamais l'allure subalterne qui lui fut imposée pendant quatorze siècles, et que, dans l'état présent des lumières, les gouvernements sages ne doivent se regarder que comme les agents de l'opinion publique, comme des régisseurs pour le compte et à la solde des gouvernés.

Qui prend ce ton de grand seigneur ? Un garçon qui vient tout juste d'atteindre ses vingt et un ans, le fils de Rosalie Boyer, qui lui prête pour la circonstance une initiale peu compromettante. Le sieur B***, ancien élève de l'École polytechnique, estime que la France pourrait être fort bien gouvernée sans dépenser neuf cent millions par an. Il l'explique dans deux séries d'articles : l'une a pour titre *Du Budget* et l'autre *De la liberté de la presse* ; mais il n'y a qu'une seule intention.

La Chambre des représentants ne doit pas se contenter d'accepter le budget préparé par le gouvernement ; elle doit établir elle-même le chapitre des dépenses avant de voter les recettes et il convient pour cela que les publicistes puissent librement discuter la loi des finances, dénoncer le gaspillage des deniers publics, proposer des réformes administratives, indiquer les économies possibles. La liberté de la presse n'est pas seulement un droit civil : c'est une institution politique ; c'est même l'institution qui permet d'éviter le suffrage universel. Il est absurde de donner à tous les citoyens voix délibérative dans les discussions d'intérêt général : mais, par la liberté de la presse, donnez-leur voix consultative ; les droits de chacun sont sauvés et l'égalité bien entendue se trouve respectée.

Le Politique reçut les félicitations du comte de Lanjuinais, pair de France, et l'approbation d'une citoyenne anti-superstitieuse, anti-bonapartiste et anti-ultra : après la deuxième livraison, la mère de la brocheuse fit cette remarque touchante : « ce que les auteurs de cet ouvrage disent est très vrai, mais cela n'est pas du tout *politique,* puisqu'ils s'expriment avec franchise ». Leur franchise n'allait pas jusqu'à éviter les moyens de tourner les lois. Ils présentaient leur ouvrage comme une suite de livraisons non périodiques afin de ne pas payer l'impôt du timbre qui rendait les abonnements si coûteux. Il est probable qu'ils ne virent aucune chance d'échapper aux lois de mai et juin 1819 : la douzième livraison fut la dernière. Mais trois mois plus tard, Saint-Simon annonçait *L'Organisateur.*

Auguste Comte sera de l'entreprise ; pourtant sa vie de publiciste ne se passe plus entièrement dans l'atelier de Saint-Simon. Il saisit toutes les occasions de se mêler aux publicistes libéraux et justement, aussitôt après la mort du *Politique,* il s'en présente une bien digne d'intéresser un jeune écrivain de gauche : la transformation en journal quotidien du *Censeur européen,* la célèbre revue de Charles Comte et Dunoyer.

Le manifeste paraît le 1ᵉʳ juin. Sa devise : Paix et Liberté. Son idéal : la vérité. Ses prétentions : bonne foi et compétence. Son parti : mot inconnu dans la maison. Ses collaborateurs : « les éditeurs se borneront à dire qu'ils les ont pris dans la génération nouvelle à laquelle ils dédient spécialement cette feuille ». Un article du quatrième numéro complète ce programme : « Si nous avons désiré pour la France *la paix et la liberté* nous avons souhaité les mêmes biens pour toutes les nations... Nous n'avons jamais pensé qu'un envahissement doive être vengé par un autre, que pour un village brûlé en France, il faille en brûler un autre en Allemagne. Ayant considéré les guerres comme les obstacles les plus grands à la liberté, à la prospérité des hommes, nous avons toujours déploré les effets funestes de ces haines *nationales* qu'elles laissent après elles, et qui entravent la marche de la civilisation... Dussions-nous déplaire à ceux qui ne connaissent qu'un patriotisme exclusif, nous croirons être véritablement français en professant des principes européens ».

Le premier numéro du nouveau journal sortit le 15 juin 1819. Le lendemain M. Decazes et M. de Saint-Aulaire étaient vivement pris à partie dans un article signé A. C., *Sur une doctrine singulière professée récemment à la Chambre des Députés* : le ministre de l'intérieur et son beau-père ont osé dire que le gouvernement représentatif est le régime le plus cher, sous prétexte que le principe égalitaire offre à tous les citoyens la perspective d'être fonctionnaire. Pardon ! riposte Comte : n'attribuez pas au régime ce qui appartient à votre administration. Votre gouvernement est ruineux, non parce qu'il est représentatif, mais parce qu'il use d'une recette empruntée à Bonaparte : multiplier les fonctionnaires afin d'intéresser le plus grand nombre de citoyens à l'exploitation de la masse.

Ainsi Comte poursuit au *Censeur* sa campagne du *Politique*. Economies ! Economies ! Son cri de guerre est celui que les polémistes de l'opposition peuvent toujours reprendre sans risquer leur popularité ; mais la critique du gaspillage est

ici plus qu'une actualité sonore : elle tient à une réorganisation rationnelle de l'État dont elle est à la fois la conclusion
et l'introduction ; le journaliste est le philosophe militant.

Quelques semaines plus tard, il attaque les monopoles. Il
ne se contente pas d'invoquer l'expérience qui établit
l'incapacité industrielle de l'État ; il rejoint l'erreur intellectuelle qui est à l'origine de tout échec, dissipe les idées
confuses qui nous cachent la nature des réalités sociales,
frappe la formule qui capte l'évidence : la fonction des
gouvernements n'est pas de produire, mais de protéger la
production. Il prononce ses condamnations au nom de la
raison : aussi une négation n'est-elle pour lui que l'envers
d'une affirmation.

Ces propos ont pour prétexte le compte rendu d'un livre de
J. Cordier, ingénieur en chef des Ponts et Chaussées, *Histoire
de la navigation intérieure et particulièrement de celle de
l'Angleterre et de la France.* L'article parut le 17 juillet 1819
sous la rubrique *Sciences ;* c'est le premier qui porte la
signature : Auguste Comte. Petit événement qui a la valeur
d'un symbole. Cette année est bien celle où le Comtou, le
polytechnicien précoce, le fils adoptif de Franklin, l'élève de
Saint-Simon et toutes les âmes de passage meurent pour
renaître dans l'unité vivante d'Auguste Comte.

Renaissance, et non retour. La patrie n'est pas au bout du
voyage : elle est tout au long du voyage. Un monde habite
chaque âme, un monde où tout est esprit, car le mystère de la
trans-substantiation se renouvelle avec chaque sensation. Les
choses ne sont plus des choses, les êtres ne sont plus des
êtres, les voix ne sont plus des voix : ce sont les
modifications d'une substance pensante qui, en échange de
leur matière, leur donne sa propre durée. Ici peut-être
commence le drame d'Auguste Comte : il aimera tant la
patrie intérieure de sa jeunesse qu'il n'aura jamais envie de
regarder au delà.

En 1819, l'apprenti achève le tour de son monde. Il est allé
de l'École Polytechnique au pays de Washington, du bureau
de Saint-Simon à la boutique du *Censeur.* Il a rencontré

Lagrange, Montesquieu, Hume, Condorcet. Son intelligence et son imagination ont visé les cimes, ivres d'espace et de liberté. Il a senti à chaque détour comme une augmentation de son être, et maintenant il est trop heureux pour penser que d'autres univers existent. Point de doute sur sa vocation ; point d'inquiétude au fond de son cœur ; il accepte le silence des dieux ; il ne lui manque rien ; il est sûr de ce qu'il sait ; il est sûr de ce qu'il vaut.

« Mes travaux sont et seront de deux ordres, scientifiques et politiques ». Sont et seront : toute la différence entre Comte et Saint-Simon apparaît dans ce présent qui précède ce futur et sans lequel ce futur ne serait rien. L'œuvre dont parle Comte n'est pas l'idée d'une œuvre ou la promesse d'une œuvre : elle existe, elle subsiste à la fois en lui et hors de lui ; il en a fait le tour, mesuré les dimensions, accepté les exigences ; il veut qu'elle soit telle qu'elle doit être.

Elle sera d'abord scientifique. Le premier plan est de l'automne 1818 ; il a fallu quatre mois de réflexions pour l'établir ; pourtant il est nécessaire de le recommencer encore deux ou trois fois. Est-il mauvais ? Poinsot l'a approuvé et cet excellent juge souhaite que dès maintenant son ancien élève en pousse le développement. Mais Auguste Comte fait la part du temps dans les œuvres de l'esprit ; ce garçon si spontané, si fougueux, si jeune, s'arrête brusquement devant son projet : il le condamne sans pouvoir le critiquer :

> Comme je ne trouve pas encore que mon plan soit mauvais, je suis certain qu'il n'est pas temps, parce qu'il doit pouvoir s'améliorer ; j'attends que mes réflexions m'en aient fait découvrir les défauts pour me livrer à ce travail ; j'ai pour règle constante de regarder comme imparfait et mauvais tout ce qui ne se montre pas perfectible, persuadé que je suis qu'il n'y a rien d'absolu, et qu'il y a toujours quelque défaut capital dans tout ce qui paraît absolument bon.

L'idée de son ouvrage est de celles dont la simplicité cache le destin. Il est impossible de connaître l'esprit de l'homme par une observation directe : nous n'avons aucune vue sur ce qui se passe dans la conscience de nos voisins et nous ne saurions partager la nôtre en deux parties, dont l'une agirait, tandis que l'autre la regarderait faire. Tout ce qu'on appelle logique, métaphysique, introspection, est chimère, rêverie ou absurdité. Mais, si les opérations intellectuelles échappent à toute connaissance immédiate, il reste possible d'observer leurs produits et par suite d'atteindre l'ouvrier à travers son œuvre. Les sciences sont de véritables faits de l'esprit; l'histoire de chaque science est l'histoire de l'esprit en train de construire cette science : aussi, regardons comment il procède, suivons ses démarches, élevons-nous jusqu'aux règles, aux méthodes, aux artifices qui constituent la philosophie de chaque science.

En déclarant périmée l'ancienne connaissance de Dieu et de soi-même, Auguste Comte ne supprime pas la philosophie; il lui donne un sens positif : lorsqu'on aura établi la philosophie de chaque science, il sera permis de réunir ces observations et de prendre ce qu'il y aura de commun entre elles; on obtiendra ainsi la philosophie générale de toutes les sciences, la seule logique raisonnable, car sa certitude sera celle des sciences elles-mêmes.

Cette nouvelle définition de la philosophie annonce une nouvelle figure de philosophe. Il y a deux grandes familles d'esprit : les spécialistes et les philosophes. Les premiers ne s'intéressent guère qu'aux détails de leur science; il y a d'habiles mathématiciens qui ne se sont jamais demandés à quoi tient la justesse de leurs méthodes; ils se contentent d'être d'excellentes machines à calculs. La spécialité des philosophes consiste à se mettre au-dessus des spécialités pour prendre une vue d'ensemble sur chaque science considérée séparément et dans ses rapports avec les autres; le philosophe est donc l'anti-spécialiste et il ne doit avoir aucune illusion sur l'accueil que les spécialistes feront à ses travaux.

Auguste Comte découvre ces définitions dans l'histoire des sciences; mais son philosophe vit dans sa propre histoire depuis le jour où il a occupé la place de maître dans la classe de Daniel Encontre. Celui qui enseigne la science la prend à l'état d'objet fabriqué; il néglige les difficultés de la fabrication, ne retient que la réussite, oubliant les échecs qui la préparèrent, procède par tableaux dont l'organisation est préméditée afin de mettre l'idée générale en lumière; sa tâche est de conduire les élèves par delà les détails jusqu'à l'harmonie qui est l'esprit. N'y a-t-il pas déjà dans sa démarche l'esquisse d'un mouvement philosophique?

Au commencement de toute philosophie, il y a un philosophe. Au commencement de la philosophie positive, il y a un professeur : aussi est-elle d'abord une pédagogie élargie.

Le jeune Comte annonce une philosophie des mathématiques; mais pour se faire une idée juste sur l'ensemble des mathématiques, il faut avoir acquis une connaissance générale des autres sciences positives, de l'astronomie, de la physique, de la chimie et de la physiologie; les sciences sont irréductibles les unes aux autres, et pourtant, aucune ne peut feindre un splendide isolement. Or il y a déjà une tentative, très imparfaite, il est vrai, pour présenter le corps des sciences dans son unité et sa diversité : c'est le programme de l'École Polytechnique. Il est donc possible de préciser le sens des travaux qui aboutiront au *Cours de Philosophie positive* : au commencement de la philosophie positive, il y a un professeur qui rêve d'une vaste fresque où se déroulera le plan d'études d'une École Polytechnique idéale.

Auguste Comte ne sépare pas ses projets scientifiques de ses projets politiques. Il aperçoit d'ailleurs entre eux un lien tout extérieur, mais dont il faut savoir profiter. Les savants et les gens capables sont le plus souvent des esprits timorés; on les trouve plutôt du côté du pouvoir que dans l'opposition. Qu'un homme de science estimé se mêle de politique libérale, qu'il professe des opinions avancées : on le regardera comme une bête curieuse, on l'écoutera volontiers, et alors, comme le prévoit l'avisé garçon, « je sens que la réputation scientifique que je pourrais acquérir donnerait plus de valeur, plus de poids, plus d'influence utile à mes sermons politiques ». Il aurait pu justifier ce transfert d'autorité : la science et la politique ne constituent pas deux ordres parallèles à l'intérieur du positivisme, puisque la politique est devenue scientifique; il est donc naturel que la compétence politique suive la compétence scientifique. Mais cette justification était inutile pour assurer le succès de la recette; les clercs qui viendront après Comte prendront spontanément l'habitude de mettre leur crédit scientifique au service de leurs idées politiques, sans se demander si, tout surpris de voir tant de hautes autorités éparpillées dans les partis rivaux, le peuple ne cesserait pas de croire que la capacité politique du savant est nécessairement proportionnelle à sa capacité scientifique.

Auguste Comte sent un lien plus profond entre ses deux projets. Leur unité est dans son cœur; la science et la politique ont une même fin, le bonheur des hommes. Je ferais très peu de cas des travaux scientifiques, si je ne pensais sans cesse à leurs bienfaits; j'ai une souveraine aversion pour les recherches dont je n'aperçois pas clairement l'utilité, soit directe, soit éloignée; mon ambition est de faire un peu de bien à mes pauvres semblables... ce sont là des formules qu'il répète non parce que la philanthropie est à la mode, mais parce qu'il a bon cœur, parce qu'il est doué d'une sentimentalité exigeante, comme la brave femme de Montpellier qui se dit « sa tendre mère et meilleure amie. » Or cet amour des hommes qui justifie la science est aussi le principe de sa politique.

« Nous ne faisons aucune différence entre la politique et la morale, et nous pensons que la division qui a existé jusqu'à présent entre ces deux ordres de considérations doit s'effacer entièrement dès l'instant que la politique devient positive ». Cette division et même cette opposition tenait à un état provisoire de la politique : le pouvoir temporel a jusqu'à présent maintenu l'ordre en gouvernant dans l'intérêt du plus fort ou des plus forts; sans doute, il est arrivé très souvent que l'intérêt du plus fort bien entendu soit aussi l'intérêt général; ces heureuses rencontres ne diminuent pas l'immoralité radicale du principe. Le Christianisme a dû la tolérer; il a rendu universel le devoir d'amour et proclamé qu'il n'y avait pas une morale des maîtres et une morale des esclaves ; mais, en prescrivant de rendre à César ce qui appartient à César, il a refusé de toucher à l'ordre établi ; il s'est contenté d'instituer à côté du pouvoir temporel une autorité spirituelle capable de le modérer et d'adoucir son despotisme ; la morale est restée extérieure à la politique et même dans une condition subalterne. C'est seulement aujourd'hui que cette distinction peut cesser : la morale n'ajourne plus notre bonheur dans un autre monde ; la politique renonce à la loi du plus fort ; la morale et la politique n'ont plus qu'à se confondre puisqu'elles ont la même fin : le plus grand bonheur général sur la terre.

Point de Dieu, point d'âme, point d'éternité. Une philosophie des sciences constituant une histoire, une connaissance et une logique de l'esprit. Une politique rejoignant la morale dans une science commune de la conduite. Enfin, donnant la vie et la force de durer au projet, l'amour de l'humanité. Dès 1819, il y a un « système d'Auguste Comte ».

Dans ce système, il y a des vides et les échafaudages sont plus hauts que les murs ; mais les lignes qui le circonscrivent sont tracées et elles partent du cœur. Aussi l'intelligence de Comte se meut-elle avec aisance parmi ces débris de l'œuvre à venir. Sa philosophie ne contredit aucune disposition essentielle de son esprit. Point de conflits possibles entre la science et la foi, la raison et la passion, la pensée et l'action, la morale des livres et la morale de chaque jour.

« Mon œuvre », au moment où un homme réunit ces deux mots, il est possédé : il est désormais le serviteur de son œuvre ; il ne s'appartient plus et appartient encore moins à un autre. Il est possible qu'on le rencontre cheminant à côté d'un maître ; c'est qu'alors son destin le conduit sur cette route ; mais attention au carrefour ! Le maître qui se croyait suivi était simplement accompagné.

Lorsque les premières feuilles de *L'Organisateur* paraissent, Auguste Comte est encore l'ami de Saint-Simon ; mais déjà il a dit en son cœur ; « je n'ai plus rien à apprendre de lui. »

CHAPITRE VI

LA POLITIQUE POSITIVE

> « ... En d'autres termes, tout ceci a beaucoup
> de rapport avec la formation du christianisme,
> afin de mieux rendre mon idée par une analogie ;
> je ne dis pas tout à fait : mon royaume n'est pas
> de ce monde, mais l'équivalent accommodé à
> notre époque ». Comte à Valat, 25 décembre
> 1824, p. 157.

En août 1819, *La Minerve* et *La Revue Encyclopédique*
publiaient le prospectus de *L'Organisateur*. Une fois de plus,
Saint-Simon allait sauver le monde.

Nous sommes encore au XVIIIᵉ siècle, disait-il ; la situation
reste révolutionnaire ; or les anciennes superstitions sont
aujourd'hui complètement discréditées ; il est inutile et même
dangereux de prolonger l'ère de la critique ; si l'on veut éviter
de prochaines crises sociales, il est urgent d'unir toutes les
compétences dans une société scientifique qui aura pour fin
de construire le système approprié à l'état des lumières.

La première livraison de *L'Organisateur* était annoncée
pour le mois suivant ; elle ne parut qu'en novembre. Il y avait
en tête une lettre signée Henri Saint-Simon, « Citoyen
français, Membre de la Société européenne et de la Société
américaine » : mon travail, écrivait-il, est plus long que je ne
l'avais présumé, je ne sais quand il sera terminé ; mais la
France, l'Angleterre, l'Allemagne, l'Italie et l'Espagne sont
menacées de grands malheurs ; d'un instant à l'autre la guerre

civile peut éclater dans chacun de ces pays en même temps qu'une guerre générale peut incendier l'Europe ; j'ai donc le devoir de vous communiquer immédiatement le résultat de mes recherches ; voici quelques extraits de mon ouvrage ; « daignez agréer, mes chers concitoyens, avec bienveillance et indulgence, ce premier fruit de mes veilles. »

Le premier morceau du recueil était la fameuse parabole.

Nous supposons que la France perde subitement ses cinquante premiers physiciens, ses cinquante premiers chimistes, ses cinquante premiers physiologistes, ses cinquante premiers mathématiciens, ses cinquante premiers poètes, ses cinquante premiers peintres, ses cinquante premiers sculpteurs, ses cinquante premiers musiciens, ses cinquante premiers littérateurs ;

Ses cinquante premiers mécaniciens, ses cinquante premiers ingénieurs civils et militaires, ses cinquante premiers artilleurs, ses cinquante premiers architectes, ses cinquante premiers médecins, ses cinquante premiers chirurgiens, ses cinquante premiers pharmaciens, ses cinquante premiers marins, ses cinquante premiers horlogers...

L'énumération se poursuivait ainsi à travers tous les corps de métier, en prélevant cinquante victimes dans chacun d'eux, exception faite pour les cultivateurs, frappés d'une contribution de six cents morts ; un bloc de « cent autres personnes de divers états non désignés » complétait la liste.

Donc, si la France perdait ses trois mille premiers savants et artisans, qu'arriverait-il ? La nation deviendrait un corps sans âme. Il lui faudrait au moins une génération entière pour réparer ce malheur. Mais, continuait Saint-Simon, passons à une autre supposition.

Admettons que la France conserve tous les hommes de génie qu'elle possède dans les sciences, dans les beaux-arts, et dans les arts et métiers, mais qu'elle ait le malheur de perdre, le même jour, Monsieur, frère du Roi, Monseigneur le duc d'Angoulême, Monseigneur le duc de Berry, Monseigneur le duc d'Orléans, Monseigneur le duc de Bourbon, Madame la duchesse d'Angoulême, Madame la duchesse de Berry, Madame la duchesse d'Orléans, Madame la duchesse de Bourbon, et Mademoiselle de Condé.

Saint-Simon y joignait tous les ministres d'État, les conseillers d'État, les maréchaux, les cardinaux, toutes les autorités ecclésiastiques jusqu'aux chanoines inclusivement, les préfets, les employés du ministère, les juges et les dix mille propriétaires les plus riches, « parmi ceux qui vivent noblement ».

Donc, si la France perdait les trente mille individus réputés les plus importants dans l'État, qu'arriverait-il? Il y aurait certes une grande désolation, mais la prospérité de la nation ne serait pas compromise. Il ne manque pas de Français capables d'exercer les fonctions de frère du Roi aussi bien que Monsieur, et beaucoup de Françaises seraient aussi bonnes princesses que Madame la duchesse d'Angoulême; il y a assez de curés dignes de devenir évêques, assez de militaires ayant l'étoffe d'un maréchal, assez d'avocats qui puissent impromptu se transformer en juges.

Cette parabole montre tout simplement que la société est véritablement le monde renversé, puisque ceux qui produisent le moins ou ne produisent rien recueillent les honneurs et absorbent la meilleure part du budget, puisque... mais Saint-Simon ne s'aperçoit pas que son jugement suppose des « attendus » dont il a oublié de donner les preuves : tous les chefs suprêmes de la société vivent dans l'ignorance, la superstition et les plaisirs, tous les gouvernants sont incapables, tous les producteurs sont pauvres, la justice est entre les mains des voleurs. La parabole, commencée sur le ton d'une fable, s'achève en déclamation de réunion publique.

L'histoire de *L'Organisateur* contredit à chaque fois les promesses du titre; c'est une juxtaposition d'extraits, de lettres, de fragments qui arrivent avant l'heure. L'ouvrage se déplie comme un accordéon. Une dizaine de jour après l'apparition du premier fascicule, Saint-Simon l'imprime de nouveau, « augmenté de deux lettres importantes », et, le 18 décembre, *Le Journal de la librairie* annonce déjà une troisième édition encore complétée. En janvier parait la deuxième livraison : elle contient deux nouvelles lettres. En février, cette livraison fait elle-même l'objet d'une seconde édition formée de sept lettres.

Saint-Simon ne suit aucun plan ; il publie à mesure qu'il a de la copie, et même de la copie aux deux sens du mot. Auguste Comte a écrit pour *Le Censeur* un article sur un manuel d'histoire ; le journal l'a refusé ; mais tous ce qui touche à la méthode historique peut être détaché du compte-rendu et fera le meilleur effet dans la septième lettre de *L'Organisateur*. La huitième et la neuvième sont entièrement l'œuvre de Comte, sauf une mince bordure ; c'est l'opuscule reproduit plus tard sous le titre : *Sommaire appréciation de l'ensemble du passé moderne*. Dans la onzième lettre, Saint-Simon divulgue un document d'une haute importance ; il l'appelle « deuxième extrait de mon ouvrage sur la théorie de l'organisation sociale » : un large morceau a été retrouvé dans les manuscrits de son jeune ami.

La fantaisie de Saint-Simon bondit entre les pages d'Auguste Comte, sans jamais sentir la contrainte d'une pensée pesante. Sa parabole n'est qu'une image d'Epinal ; sa Constitution, bâtie selon les lois d'une géométrie puérile, est faite d'idées trop claires et d'idées qui ne le seront jamais. Une *Chambre d'invention* établira des projets de grands travaux publics et de fêtes populaires, fêtes de l'espérance et fêtes du souvenir dont les discours civiques d'orateurs qualifiés seront la principale réjouissance. Une *Chambre d'examen* examinera, comme son nom l'indique, les projets précédents, ajoutera un plan de fêtes des hommes, fêtes des femmes, fêtes des garçons, etc..., et proposera enfin un programme d'éducation nationale avec « trois degrés d'enseignement, correspondant à trois degrés d'aisance différente des citoyens ». Une *Chambre d'exécution* dirigera l'exécution de tous ces projets et préparera le budget. Le détail de l'organisme relève de la politique amusante. Bien entendu, le premier soin du nouveau Parlement sera d'ouvrir toutes sortes de concours et de promettre aux lauréats de grosses récompenses.

Il est difficile de croire que cette méthode de travail ait vivement excité l'admiration d'Auguste Comte. Il reste l'ami de Saint-Simon : a-t-il même l'idée de chercher en lui un maître ? Lorsque en septembre 1820 il expédie à Valat ses œuvres politiques de la dernière année scolaire, il les accompagne de cet avis : « J'aurai soin de t'indiquer exactement ce qui est de ma façon et ce qui est de celle de Saint-Simon ».

Comte ne serait pourtant pas fâché de mettre son nom sur la couverture d'un livre. Il serait même flatté d'aller s'asseoir à côté de Saint-Simon sur les bancs de la cour d'assises. La peine de ses parents troublerait sa joie ; il se résigne à ne courir aucun risque. Il se contente de travailler à la défense de son ami et de vivre avec exaltation.

Le 8 janvier 1820, la première livraison de *L'Organisateur* est saisie à l'imprimerie ; une dizaine de jours plus tard, l'auteur est convoqué par le juge d'instruction ; le 23 janvier, la Chambre des mises en accusation renvoie l'affaire devant la Cour d'assises où elle vient à l'audience du 3 février. Saint-Simon ne se dérange pas. La loi dispense alors la Cour de consulter le jury dans le cas où les prévenus font défaut ; il lui suffit de quelques minutes pour accepter les conclusions de l'avocat général.

Trois mois de prison, cinq cent francs d'amende pour « offense envers des membres de la famille royale » ! Saint-Simon fait aussitôt opposition, bien décidé cette fois à plaider sa cause devant le jury. Mais une tragédie imprévue donne brusquement à son procès une fâcheuse actualité : le soir du 13 février, un fanatique assassine l'un de ceux dont la Parabole avait estimé la perte si légère.

Les passions antilibérales sont déchaînées ; elles triomphent de l'amitié du vieux roi pour Decazes ; elles menacent les conquêtes des dernières années. Saint-Simon prépare alors avec Auguste Comte la deuxième livraison de *L'Organisateur ;* il y ajoute une lettre pour flétrir « le crime atroce », mais, dès la deuxième ligne, il oublie Mgr le duc de Berry et réprimande le gouvernement qui, sous prétexte de défendre la

famille royale, se dispose à porter atteinte à la liberté
individuelle et à la liberté de la presse. Puis il écrit quatre
lettres aux jurés devant lesquels il doit comparaître ; il
prodigue ses conseils aux Bourbons, il leur prédit les
prochaines catastrophes qui les puniraient de leur indifférence
à ses observations. Enfin le grand jour arrive ; c'est le lundi
20 mars : Saint-Simon porte sa décoration de l'ordre de
Cincinnatus.

L'avocat général rapproche la mort de Monseigneur et les
consolations anticipées de la Parabole. Mᵉ Legouix démontre
que son client n'a jamais eu l'intention d'offenser la dynastie
à laquelle il est loyalement attaché. Le président Cottu
prononce l'éloge des « princes augustes », modèles vivants
de toutes les vertus civiques et familiales. Saint-Simon
déclare : « Mes principes sont parfaitement purs... J'ai laissé
à mon avocat la défense de la partie qui tient *à la tête,* mais je
réponds seul de mon cœur ». Les jurés déclarent l'accusé non
coupable. Auguste Comte, qui dit « notre procès » et « notre
victoire », tire la philosophie de l'aventure : « Avec des
doctrines fortement pensées et faisant corps, Messieurs les
Procureurs généraux n'ont aucun moyen : aussi ont-ils été
pulvérisés dans notre défense ».

Malgré cette publicité officielle, la troisième livraison de
L'Organisateur ne devait pas aller au delà d'une circulaire de
trois pages : les abonnés faisaient défaut. Saint-Simon fut
obligé d'arrêter la publication, c'est-à-dire qu'il en mit
aussitôt une autre en route. Au mois de septembre, il
présentait des *Considérations sur les mesures à prendre pour
terminer la Révolution* auxquelles Auguste Comte n'était
sans doute pas étranger, commencement d'une série de lettres
adressées au Roi, aux cultivateurs, aux négociants, aux
manufacturiers, aux banquiers, aux savants et aux artistes.
Elles se succédèrent à courts intervalles jusqu'en février
1821. Saint-Simon les réunit alors en un volume : *Du
Système industriel, Première partie.* La seconde suivit en
novembre.

Le titre est escorté de l'épigraphe : *Dieu a dit : Aimez-vous et secourez-vous les uns les autres.* Saint-Simon recueille publiquement la succession des premiers chrétiens. Le clergé a honteusement abandonné le divin précepte de l'Évangile pour ne songer qu'à la conservation de son existence temporelle ; il a prêché l'obéissance au peuple et oublié de prêcher l'amour aux rois. Il appartient au nouveau pouvoir spirituel « de faire retentir dans les palais comme dans les chaumières la voix toute-puissante du Christianisme ». Mais c'est surtout dans les palais qu'il est urgent de rappeler la devise du *Système industriel,* dans l'intérêt de ceux mêmes qui les habitent. La politique de Saint-Simon est le complément naturel de la morale chrétienne : demander à Louis XVIII de gouverner selon la loi d'amour, c'est l'inviter à servir l'intérêt général, à se mettre du côté des producteurs contre les frelons, à détruire le régime féodal et théologique, et faire le coup d'État qui établira le régime industriel et scientifique ; par les mêmes réformes, il retrouvera son caractère de roi très chrétien et deviendra le premier des industriels de son royaume comme il en était jadis le premier des hommes d'armes.

L'organisateur du *Système industriel* n'oublie pas qu'il est l'apôtre du monde moderne ; mais aujourd'hui, il comprend qu'il est le treizième d'une très vieille équipe ; il cède à la majestueuse évidence qui éclaire la continuité de l'histoire : la maison de Dieu ne restera jamais sans lumières, même après la fin de Dieu.

Les temples d'hier seront les temples de demain. Saint-Simon recueille une succession ; il est l'héritier, donc un peu de la famille. Trop raisonnable pour verser de vaines larmes, trop grand seigneur pour manifester une impatience indécente, il prend l'air digne qui convient en pareille circonstance. Il se garde bien de toucher à des idoles qui tomberaient en poussière au moindre choc ; il respecte l'espérance des humbles, supplie les fidèles de ne point quitter leur place et pour eux il renouvelle les fleurs de l'autel. Il se plaît à répéter que la foi du siècle est inscrite de toute éternité dans le plan divin ; il joint ses lettres à celles de saint Paul et n'attaque plus les prêtres qu'au nom de l'Évangile.

Terre, prête l'oreille : L'ancien Christianisme porte en soi un Nouveau Christianisme.

Auguste Comte n'ignore pas l'ambition de son ami. Il trouve légitime et opportune la volonté de fonder un nouveau pouvoir spirituel. Aucun désaccord entre eux sur la mission sacerdotale des philosophes et des savants, que le fils de la pieuse Rosalie compare volontiers à celle des libéraux qui escortaient le sans-culotte Jésus. Alors pourtant commence la grande fâcherie.

En janvier 1822, Auguste Comte estime le moment venu de secouer la tutelle de ses parents et de faire connaître son nom. Saint-Simon croira peut-être à une réaction d'adolescent, fier d'affirmer qu'il est un homme ; mais Comte a depuis longtemps passé l'âge des premières exhibitions ; face au public savant de l'Europe, il tient à prouver qu'il y a en lui un grand homme et que ce grand homme est parfaitement réveillé. Il a quelque chose à dire qui n'a pas encore été dit. Il ne se présente pas avec une idée ingénieuse ou une provision de conjectures séduisantes : il a organisé un corps de pensées fixes ; il donne lui-même le signal de son départ, sûr de se classer en tête de sa génération.

Le jeune Comte est doué d'une aptitude peu commune à la méditation ; pour lui, une œuvre est une pensée qui s'ordonne, indépendante de toute rédaction ; aussi un plan bien conçu représente-t-il les cinq sixièmes de son travail. Il tire son papier blanc en janvier. Le lundi 6 mai, à six heures du matin, l'étude est terminée. Comte la porte à Saint-Simon, qui la remet aussitôt à l'imprimeur.

Il n'y a point de liberté de conscience en astronomie, en physique, en chimie, en physiologie, dans ce sens que chacun trouverait absurde de ne pas croire de confiance aux principes établis dans ces sciences par les hommes compétents. S'il en est autrement en politique, c'est parce que les anciens principes étant tombés, et les nouveaux n'étant pas encore formés, il n'y a point, à proprement parler, dans cet intervalle, de principes établis. Mais, convertir ce fait passager en dogme absolu et éternel, en faire une maxime fondamentale, c'est évidemment proclamer que la société doit toujours rester sans doctrines générales.

La liberté de conscience est, comme la souveraineté du peuple, un principe dont la destination est purement critique. « Nés tous deux pour détruire, ils sont également impropres à fonder ». L'un ne présente autre chose que l'infaillibilité individuelle substituée à l'infaillibilité papale ; l'autre ne fait que remplacer l'arbitraire des rois par l'arbitraire des peuples. Le premier investit les hommes les moins éclairés d'un droit de contrôle absolu sur le système d'idées arrêté par les esprits supérieurs ; le second tend au démembrement général du corps politique en donnant le pouvoir aux classes les moins civilisées

Maistre, Bonald, La Mennais ont raison : la *politique des peuples* met la société dans un état d'anarchie spirituelle et temporelle. Mais, pour terminer cette crise, il ne suffit pas de dire : revenons à la *politique des rois*. Le régime féodal et le catholicisme appartiennent au passé. « La destination de la société, parvenue à sa maturité, n'est point d'habiter à tout jamais la vieille et chétive masure qu'elle bâtit dans son enfance, comme le pensent les rois, ni de vivre éternellement sans abri après l'avoir quittée, comme le pensent les peuples ; mais à l'aide de l'expérience qu'elle a acquise, de se construire, avec tous les matériaux qu'elle a amassés, l'édifice le mieux approprié à ses besoins et à ses jouissances. Telle est la grande et noble entreprise réservée à la génération actuelle ».

Auguste Comte reprend les idées familières à Saint-Simon et aux rédacteurs du *Censeur* : du caractère industriel de la société moderne, de l'avenir de la science, de la nécessité d'un nouveau pouvoir spirituel et de l'unité de l'Europe. Mais il les présente ordonnées à l'intérieur d'une théorie qui détermine la marche de l'esprit humain et qui définit la civilisation en découvrant le sens unique de l'histoire.

Chaque branche de nos connaissances passe successivement par trois états différents : l'état théologique ou fictif, l'état métaphysique ou abstrait, l'état scientifique ou positif. Dans le premier, des idées surnaturelles lient entre elles les rares observations dont la science se compose. Le second état est uniquement destiné à servir de transition entre le premier et le troisième : les faits sont liés d'après des idées qui ne sont plus tout à fait surnaturelles et qui ne sont pas encore entièrement naturelles ; ce sont des abstractions. Le dernier état est le mode définitif de toute science : les faits sont liés par des lois suggérées et confirmées par les faits eux-mêmes. L'état théologique et l'état métaphysique ont donc pour caractère commun la prédominance de l'imagination sur l'observation ; dans un cas l'imagination invente des dieux ou un Dieu, dans l'autre, des abstractions personnifiées telles que des âmes ou un principe vital. Une science devient positive lorsque l'imagination est subordonnée à l'observation.

Comte a découvert sa théorie un matin, après une nuit de méditation : c'est une loi de l'esprit, décrivant la marche de l'esprit, définissant des états de l'esprit, visible enfin pour quiconque observe l'esprit en train de travailler. Elle est donc la pièce essentielle de cette philosophie nouvelle dont le jeune homme annonçait la méthode quatre ans plus tôt ; mais à cette époque, il prévoyait que ses travaux seraient de deux ordres, scientifiques et politiques : ils se rejoignent à l'annonce du troisième état.

La politique des rois représente l'état théologique : un droit divin justifie l'autorité des princes et une volonté surnaturelle trace le destin des empires. Tous les partisans des doctrines rétrogrades n'invoquent pas, il est vrai, l'onction du Seigneur ni la Providence ; malgré soi on est de son siècle ; mais il est impossible de conserver des institutions en renonçant aux idées qui les fondent ; cette concession est une contradiction. La politique des rois ne peut échapper à sa loi : être théologique ou n'être pas.

La politique des peuples représente l'état métaphysique. Le contrat social de Rousseau est une de ces abstractions qui détruisent les dieux; mais il en est d'elles comme de tout explosif : leur puissance ne survit pas à l'explosion. Aucun homme raisonnable n'accorde un avenir à la politique des peuples; il n'y a plus rien à attendre d'elle qu'une effroyable anarchie; il convient donc ou de revenir à la politique théologique, ce que les faits ne permettent pas, ou bien...

Si la politique est une science comme l'astronomie et la physique, elle suit la loi qui gouverne le développement de toute science : il y a nécessairement pour elle une heure positive. Auguste Comte, héritier de Condorcet, ne manque pas de chercher dans l'histoire intérieure de la politique les symptômes qui annoncent le troisième état; mais des signes ne lui suffisent pas; il veut une raison qui explique pourquoi cette révolution arrive au début du dix-neuvième siècle et ne pouvait pas arriver plus tôt.

Cette raison, il la trouve dans l'histoire des sciences. Les sciences sont devenues positives l'une après l'autre; or elles ont franchi le pont suivant un ordre qui tient à leur nature : astronomie, physique, chimie et enfin biologie. Il est clair qu'en allant de la première à la dernière, on rencontre des phénomènes de plus en plus compliqués, si l'on définit la complication d'un phénomène par son rapport avec l'homme. La politique, qui est la science des phénomènes les plus compliqués, devait être positive après toutes les autres, et puisque les faits physiologiques sont, depuis peu, ramenés à des théories positives, le tour des faits politiques est nécessairement arrivé.

La composition typographique de l'opuscule fut l'affaire de quelques jours; mais, au moment de le publier, Saint-Simon suspendit l'impression; le motif était si insignifiant qu'Auguste Comte n'y fit pas attention et ne put jamais le rappeler.

Ce qui paraît sûr, c'est que Saint-Simon n'a aucune envie de nuire à son ami. Il ordonne le tirage d'une centaine d'exemplaires avec la mention *épreuves* écrite à la main. Sans doute, il leur inflige un titre ridicule, *Du Contrat social,* et il ajoute froidement : par Henri Saint-Simon ; mais il laisse à l'intérieur le nom et le titre de son collaborateur : *Prospectus des travaux scientifiques nécessaires pour réorganiser la société,* par Auguste Comte, ancien élève de l'École Polytechnique. Dans une préface, il présente l'opuscule en termes très flatteurs à *Messieurs les chefs des travaux de culture, de fabrication et de commerce.*

Regardez, leur dit-il, ce qui s'est passé au XVIIIe siècle ; la destruction des privilèges fut surtout l'œuvre de l'*Encyclopédie,* travail auquel les savants et les artistes les plus distingués ont concouru. Or il serait bien étonnant que leurs efforts eussent été nécessaires pour désorganiser la société et que la société dût être réorganisée sans leur intervention. Tout système, y compris le système industriel, doit recevoir une forme scientifique. « Un de mes collaborateurs et amis s'est chargé de cette importante opération. Voici son travail, qui correspond au Discours préliminaire de l'*Encyclopédie* par d'Alembert ».

Saint-Simon n'a aucun intérêt à cacher ce nouveau d'Alembert ; il envoie l'ouvrage aux personnes capables de s'intéresser aux travaux de son atelier et transmet à Comte les félicitations reçues. Il ne cherche pas à diminuer le mérite de son associé : un jour, Ternaux vient le voir et le trouve en compagnie de ce collaborateur ; « la rédaction de votre élève, dit-il, est bien remarquable » ; « oh ! réplique aussitôt Saint-Simon, c'est bien plus qu'une rédaction ! »

Le grand seigneur de l'industrie ne se contente pas d'exprimer son sentiment : il décide de faire les frais de l'ouvrage. Ne serait-ce pas là ce qui va retarder la publication de l'opuscule ? Ce n'est que la première série des travaux annoncés par Auguste Comte ; une seconde série doit présenter le système complet d'éducation positive qui convient à la société régénérée, et la troisième sera une étude de l'action collective que les hommes civilisés de ce temps peuvent exercer sur la nature afin de la modifier à leur avantage. Ternaux propose donc de payer la note, mais il refuse de payer d'avance ou du moins d'aller au delà d'un

acompte de trois mille francs. Saint-Simon n'aurait-il pas
jugé désormais plus avantageux d'attendre la fin de l'ouvrage
pour le publier?

Ce qui expliquerait aussi les tiraillements qui vont
distendre l'amitié des deux collaborateurs. Le jeune homme
ne veut pas aller plus vite que sa pensée; il respecte son
œuvre et ne se reconnaît pas le droit de se hâter. Son associé
au contraire le supplie d'accélérer la rédaction. Certes la
science sociale le préoccupe fort : sa caisse vide ne le
préoccupe pas moins.

Le pauvre homme voit revenir les plus mauvais jours de
l'Empire. Pour acquitter les frais de ses dernières publications, il a engagé la petite pension qui est son unique
ressource. En vain lance-t-il des signaux de détresse :
Ternaux attend qu'Auguste Comte ait achevé son ouvrage. Or
Auguste Comte ne paraît pas pressé d'y mettre le point final.
Le 9 mars 1823, Saint-Simon écrit une dernière lettre à
Ternaux; il le remercie de ses bienfaits et lui recommande la
fidèle servante maîtresse qui a partagé sa misère; puis il
charge un pistolet de sept chevrotines, le pose sur sa table de
travail, à côté de sa montre, et, les yeux fixés sur le cadran,
reprend ses réflexions sur l'organisation scientifique de la
société, jusqu'à l'instant où l'aiguille vient marquer l'heure
de la dernière pensée...

Auguste Comte et le Dr Sarlandière le retrouvèrent gisant
près de la porte, très intrigué par la question : comment un
homme qui a sept chevrotines dans la tête peut-il encore vivre
et penser?

Mais le médecin passa aussitôt à une autre question : cet
homme qui vit et qui pense a-t-il vraiment sept chevrotines
dans la tête? Et tandis qu'Auguste Comte court à travers la
ville pour prévenir les intimes, Sarlandière inspecte la
chambre. Il retrouve six chevrotines : où est la septième?
Nuit d'angoisse. Auguste Comte est au chevet de son ami.
Ternaux et le naturaliste Blainville viennent aux nouvelles.
Le Docteur ne cache pas son inquiétude. Plus décidé que
jamais à mourir en penseur, Saint-Simon réclame des

explications : on lui apprend que, si la chevrotine égarée est dans sa tête, sa vie est à la merci d'une hémorragie très prochaine. « Alors, dit-il à Comte, employons bien les heures qui nous restent, et causons de votre travail ».

La septième chevrotine fut retrouvée le lendemain matin dans les cendres du foyer.

Ceci se passait dans une maison sise rue Richelieu au numéro 34 ; c'est là que cent cinquante ans plus tôt, presque jour pour jour, Molière était revenu de son théâtre en grande hâte, ayant à peine le temps de quitter son déguisement de malade imaginaire pour mourir.

Deux semaines après, Saint-Simon est debout, il n'a plus qu'un œil, mais ses espérances sont intactes. Le génie industrieux qui le protège conduit alors sur son chemin un riche financier israélite, Olinde Rodrigues, qui devient son ami, son disciple et son banquier. Une nouvelle publication fleurit aussitôt : le système industriel mis sous forme de catéchisme par questions et réponses.

Le fidèle Comte n'est pas oublié. « Entre nous, il a été convenu ce qui suit : Moi, Auguste Comte, vends à Henry Saint-Simon, aux conditions suivantes, un volume qui se compose, pour la première partie, du *Plan des travaux scientifiques nécessaires pour réorganiser la société,* et pour la seconde partie, de *l'Esquisse d'un tableau historique du progrès de la civilisation...* » Saint-Simon s'engage à lui verser 2.400 francs en douze mensualités à partir du jour où le livre aura été imprimé. Les deux parties reconnaissent M. Olinde Rodrigues comme arbitre au cas où elles seraient en désaccord.

Le premier cahier du *Catéchisme des Industriels* paraît en décembre 1823. Saint-Simon en profite pour annoncer l'ouvrage de son ami. Il le présente comme une pièce essentielle du système industriel et capable d'en éclaircir la plus grave difficulté : pour avoir une idée nette du nouveau régime social, il est nécessaire de le situer dans un ensemble, où l'on verra son accord avec les systèmes scientifique, pédagogique, religieux et juridique du monde moderne. « Nous joindrons au troisième cahier du Catéchisme, un volume sur le système scientifique et sur le système d'éducation. Ce travail, dont nous avons jeté les bases, et dont nous avons confié l'exécution à notre élève Auguste Comte, exposera le système industriel *a priori,* pendant que nous continuerons dans ce Catéchisme son exposition *a posteriori* ».

Saint-Simon ne cherche ni à cacher la collaboration de son jeune ami, ni à diminuer son importance. Auguste Comte est certainement très satisfait ; sinon, comment sa mère pourrait-elle lui écrire le 11 décembre 1823 : « Que de reconnaissance je voue au bon M. Saint-Simon pour les soins qu'il te porte ; témoigne lui toute ma gratitude » ?

Mars 1824 : le second cahier du *Catéchisme* sort des presses, le suivant doit enfin révéler le grand travail d'Auguste Comte ; le jeune homme remet à Saint-Simon l'opuscule de 1822 légèrement retouché et augmenté de quelques alinéas. Le patron lui indique alors les conditions de la publication : l'ouvrage rentre dans la série qui a pour titre *Catéchisme des Industriels* et qui paraît sans nom d'auteur ; il sera donc édité sous ce titre, sans nom d'auteur et précédé d'une introduction rédigée par le directeur de la collection.

Sous le titre *Catéchisme des Industriels ?* Sans nom d'auteur ? Avec une préface du père Simon ? Est-ce bien à lui, Auguste Comte, que ce discours s'adresse ? Un homme se permet d'écrire : « Je ne crains pas de sommer tous les savants européens d'émettre publiquement et librement leur opinion motivée par rapport au tableau général de travaux organiques que je leur soumets ». Et c'est à cet homme-là que l'on prétend enlever le droit d'avoir un nom et de se présenter tout seul devant le public ? Le prend-on pour une mazette ?

Le vent du sud souffle dans son cœur et tout ce qu'il y avait sur ce cœur est brusquement projeté dans un discours aux clartés crues. Le livre a un titre et un père légitimes. Il s'appelle *Système de Politique positive,* premier volume, première partie. Il est signé : Auguste Comte, ancien élève de l'École Polytechnique. C'est à prendre ou à laisser. Et pas de préface !

Saint-Simon s'incline. L'ouvrage est annoncé. Il paraîtra au jour indiqué. L'auteur sera satisfait. Inutile de tant crier. Mais un directeur est fait pour diriger; quand ses collaborateurs ne veulent plus accepter sa direction, ils n'ont qu'à se retirer.

Coup de massue. Le héros ne s'attendait pas à cette conclusion : la victoire est empoisonnée.

Plus d'association entre lui et Saint-Simon? Mais alors... Qui paiera l'impression des prochains livres? Qui cherchera les commanditaires? Qui s'occupera de la publicité? Moi, gémit-il, moi qui n'ai aucune relation avec « les journaux à argent », comment pourrais-je m'en tirer? Ce n'est plus de jeu. On ne compromet pas ainsi l'avenir d'une œuvre, d'un homme, d'une société. C'est une infamie ridicule. Cela ne mène à rien. C'est de la vengeance toute pure. Et cela, après sept années d'amitié! Jamais, je ne pardonnerai à M. Saint-Simon!

Bien sûr...

Mais on ne peut haïr toujours. Après tout, n'est-il pas préférable de s'entendre? Allons... Auguste Comte trempe sa plume dans l'encrier : l'opuscule aura une préface, une préface que le brave Saint-Simon n'attend pas, une préface qui est une étreinte passionnée et qui doit faire ruisseler les larmes du bonhomme.

Afin de caractériser avec toute la précision convenable l'esprit de cet ouvrage, quoique étant, j'aime à le déclarer, l'élève de M. Saint-Simon, j'ai été conduit à adopter un titre général distinct de celui des travaux de mon maître. Mais cette distinction n'influe point sur le but identique des deux sortes d'écrits... Ayant médité depuis longtemps les idées-mères de M. Saint-Simon, je me sais exclusivement attaché à systématiser, à développer et à perfectionner la partie des aperçus de ce philosophe qui se rapporte à la direction scientifique... J'ai cru devoir rendre publique la déclaration précédente, afin que si mes travaux paraissent mériter quelque approbation, elle remonte au fondateur de l'école philosophique dont je m'honore de faire partie.

Sans doute Saint-Simon trouvait-il ces sentiments parfaitement naturels : il ne vit pas ou ne voulut pas voir qu'ils lui étaient adressés réponse payée.

En avril 1824, Auguste Comte reçut les cent exemplaires d'auteur qui lui revenaient ; mais Saint-Simon tirait en même temps un millier de volumes dont la présentation était de sa façon. La couverture portait : *Catéchisme des Industriels* par Henri Saint-Simon, Troisième cahier. Les premières pages contenaient un Avertissement de Saint-Simon, non signé. Enfin l'opuscule suivait avec le titre, le nom et toutes les indications qu'Auguste Comte avait exigées, sans oublier les mots « Élève de Saint-Simon ». Dans son Avertissement, le maître faisait la leçon audit élève : il lui reprochait d'avoir mis la capacité scientifique au-dessus de la capacité industrielle, alors qu'elle est seulement son égale ; il regrettait aussi que la partie sentimentale et religieuse du système eût été négligée ; mais, concédait-il, si incomplet que soit ce travail, il est le meilleur écrit qui ait jamais été publié sur la politique générale.

Auguste Comte crie à la trahison. Son cœur ulcéré est impitoyable. « Jamais il ne me sera possible de revenir là-dessus... Rien, quand même j'aurais eu tort, ne devait m'attirer un tel traitement... Ce sera désormais pour moi comme si cet homme n'eût jamais existé ». La colère inonde son âme, recouvre son passé, pénètre chaque souvenir, et c'est en lui un brusque changement de décor.

Saint-Simon n'est plus qu'un homme généralement déconsidéré, aux idées extravagantes. Pense-t-il faire exception aux lois de la physiologie ? Croit-il qu'il n'y a point d'âge pour lui ?... leur amitié ? leur collaboration ? Fallait-il que le bon, le naïf, le généreux Comte soit jeune ! Mais Saint-Simon n'a jamais cherché qu'à l'exploiter ! C'est un de ces individus à qui tous les moyens sont bons pour se faire valoir, et surtout celui qui consiste à faire travailler les autres.

Comme les deux dernières années sont transparentes ! Pourquoi en mai 1822 Saint-Simon a-t-il arrêté l'impression du *Prospectus* ? Pourquoi a-t-il retardé l'édition jusqu'en avril 1824 ? Il fallait à tout prix empêcher une publication qui devait éclipser les travaux de M. Saint-Simon. Il fallait, lorsque la publication deviendrait inévitable, arranger les choses de manière à présenter « l'élève » comme une sorte de manœuvre littéraire aux ordres et aux gages de M. Saint-Simon. Comme ce nom d'Auguste Comte l'embarrassait !

Hé ! Il n'avait pas tort, le vieux drôle. Auguste Comte le sait mieux que personne et le succès de son livre en est une preuve éloquente. Les félicitations viennent de tous les côtés. Poinsot, Blainville, M. de Broglie, les députés Ternaux et Delessert, le jeune physiologiste Flourens, M. de Humboldt ne cachent pas leur satisfaction. Cuvier, le prudent Cuvier, écrit une lettre élogieuse au nom de l'Académie des Sciences. Bucholz promet un compte rendu dans une revue allemande. On offre au nouveau venu de collaborer aux travaux de deux sociétés qui publieront chaque mois un ouvrage sur les questions morales et politiques.

Auguste Comte accueille tous ces témoignages comme des promesses, que son imagination fait mûrir instantanément. Guizot le complimente ? Guizot le reçoit ? J'espère parvenir à modifier son système intellectuel utilement pour le public, écrit-il aussitôt. Il est en relations avec le beau-frère de Villèle ? Excellente occasion pour faire remettre un exemplaire directement au ministre : Villèle est intelligent ; il ne lui échappera pas que sa politique pratique et la politique théorique de Comte se touchent en plusieurs points. Comte se voit donc dans le cabinet de l'homme d'État ; le fin gascon cherche d'abord à l'acheter ; le jeune homme laisse entendre poliment qu'il n'est pas à vendre ; Villèle, esprit subtil, comprend et lui octroie, quand même, une bonne place dans l'Université.

Auguste Comte joue avec le rêve... il est dans une chaire du Collège de France ou de l'École Polytechnique... il dirige la conscience politique des hommes d'État... Il conseille Guizot, Villèle, Canning...

Quelques jours plus tôt il accusait Saint-Simon de l'abandonner, de le laisser seul. Auguste Comte tout seul ?

Image bouffonne, un homme que l'Europe pensante admire ! Quant aux bienfaits du prétendu maître, parlons-en ! Si l'auteur du *Système de Politique positive* n'a pas un sou en poche, s'il est encore sans situation à vingt-six ans, l'unique coupable est Saint-Simon. Sans cette funeste liaison, le nom d'Auguste Comte serait depuis longtemps illustre. Bénie soit la rupture et vive la liberté[1] !

Dès lors, Saint-Simon figure le mauvais génie d'Auguste Comte, l'ennemi des lumières, le grand trompeur. L'univers positiviste n'a encore ni anges ni saints : mais Lucifer est démasqué.

---

1. Saint-Simon est mort le 19 mai 1825. Augustin Thierry et Auguste Comte assistèrent aux obsèques.

CHAPITRE VII

CAROLINE

Ta mère, en ton berceau, t'a peut-être oubliée
Comme moi — Pauvre enfant ! toute jeune, ils auront
Vendu ton innocence !.... Ah ! relève ton front !

Victor Hugo, *Marion Delorme, Acte V, Sc. VII,*
(écrit en juin 1829).

Paris, le 5 avril 1824.

Mon cher ami,

... Il m'est arrivé depuis votre départ des choses assez importantes, qui méritent de vous être racontées, vu l'intérêt que vous voulez bien prendre à ce qui me concerne. Je commence par la partie agréable de mes nouvelles.

Vous vous rappelez bien m'avoir entendu parler cet automne d'une aimable dame à laquelle je donnais quelques leçons d'algèbre. Eh bien, les leçons ont fructifié, et l'enseignement a été mutuel, à tel point que depuis le 10 février nous vivons ensemble, en véritable ménage, passant aux yeux de tout le monde pour mari et femme. Cette dame avait des meubles, et moi un peu d'argent, ce qui nous a permis de nous installer chez nous, rue de l'Oratoire, n° 6, près la rue Saint-Honoré. Je me trouve jusqu'à présent très bien de ce nouveau genre de vie et je suis, sous ce rapport, plus heureux que je n'avais jamais été. Je suis bien un peu tourmenté par ma Caroline, pour réaliser la fiction matrimoniale que nous avons établie, mais j'espère qu'elle se calmera, et je suis d'ailleurs bien décidé, entre nous soit dit, à ne pas aller plus loin sous ce rapport, car, quoique sans aucun préjugé, comme vous le savez, je crois que dans cette circonstance spéciale la chose est peu convenable.

Quatre mois plus tard, Auguste Comte se disposait à expédier l'huissier chez ses parents afin de leur signifier qu'il épouserait sa Caroline même sans leur consentement.

Cette Caroline n'est autre que la demoiselle du Palais-Royal qui avait fêté avec Auguste Comte le baptême du Duc de Bordeaux.

Le Grand Prêtre de l'Humanité s'est cru obligé de laisser à ses disciples un témoignage précis sur la première jeunesse de Mme Comte. Dans sa pensée, c'était là le moyen le plus sûr d'enlever à « l'indigne épouse » toute envie d'attaquer la mémoire de son mari et des héroïnes positivistes. Il joignit donc à son Testament une enveloppe scellée contenant le « fatal secret »; un avertissement solennel subordonnait l'explication publique du « mystère domestique » à la conduite de celle qui devait parfaitement comprendre ce langage ténébreux. L'*Addition secrète* est l'unique document écrit qui établisse les origines de Mlle Massin.

La malheureuse que j'épousai le 19 février 1825 à la 4e Mairie de Paris naquit en juillet 1802 à Châtillon-sur-Seine d'un comédien et d'une comédienne de province, qui ne furent jamais mariés et se séparèrent bientôt. Elle passa sa première enfance à Paris, chez sa grand'mère maternelle, épouse d'un honnête tailleur et qui paraît avoir été toujours une digne femme, quoique je ne l'aie point connue, parce qu'elle mourut en 1819. Cette dame, devenue veuve en 1813, fut bientôt incapable de garder sa petite-fille, dès lors laissée à sa propre mère. Non moins dépourvue de principes que de sentiments, celle-ci, totalement dépravée, n'éleva sa fille que pour en vendre la virginité qu'on n'aurait pas, dit-elle, à moins de mille écus.

L'acquéreur fut un jeune avocat du barreau parisien, M. Cerclet. Caroline avait seize ans.

Liaison assez courte, toujours d'après l'*Addition secrète*; mais M. Cerclet est un personnage qui ne disparaît jamais complètement; il reviendra. Il est même curieux de remarquer qu'il arrive rarement les mains vides. On dirait qu'il cherche les occasions de rendre service à Mlle Massin ou à Mme Comte; sans doute eût-il aimé devenir le bon génie du ménage. L'histoire ne peut ajouter si ce fût par repentir ou par malice.

L'âme des conspirateurs est impénétrable.

Car Cerclet conspire, ce qui n'avait rien d'infamant au temps où Victor Cousin, Augustin Thierry et Théodore Jouffroy complotaient comme de simples sous-officiers.

Cerclet avait à peu près l'âge de Comte. Il était fils d'un médecin établi en Russie. Après la mort de son père, il fut conduit à Genève où il passa son enfance; il y connut, dit-on, Buonarroti, l'ami de Babeuf. Une fois ses études terminées, il vint à Paris, et, dès son arrivée, fréquenta les cercles libéraux. Il suivit les cours de l'École de Droit, prit le titre d'avocat, mais jusqu'à l'avènement de Louis-Philippe, il sera surtout conspirateur et journaliste. On le trouvera parmi les Carbonari, puis chez les Saint-Simoniens, au *Producteur* et au *National*. Pourtant il publie en 1825 un recueil de lois et de décrets concernant les émigrés; ce conspirateur est aussi un compilateur. Sage disposition qu'il sera heureux de montrer lorsque la monarchie de juillet donnera aux hommes de sa génération le signal de cesser les jeux des « moins de trente ans ». M. Cerclet fera une fin très honorable comme secrétaire-rédacteur à la Chambre des députés et maître des requêtes au Conseil d'État, occupant ses loisirs à composer un *Annuaire parlementaire* et un *Code des Chemins de fer*.

En 1819 les pauvres gens sont bien misérables à Paris. Une ouvrière gagne cinq à six cents francs par an lorsqu'elle a la chance de travailler, et le pain d'un kilo coûte quarante centimes. Caroline est sans profession et sans protection; elle se fait inscrire sur les registres de la police. Deux ans plus tard, un soir de mai, Auguste Comte la découvre sous les Galeries de Bois; il apprécie son accueil, devient son client, puis à la fin de l'été, la jeune femme disparaît.

Deuxième acte, fin de 1822. Auguste Comte passait boulevard du Temple. Il remarque la boutique d'un cabinet de lecture. Il entre. Qui trouve-t-il au comptoir? Caroline.

Mlle Massin libraire. C'est écrit en toutes lettres sur un brevet authentique, avec pièces à l'appui, sans oublier le certificat de bonnes vie et mœurs. M. Cerclet est revenu.

Comte est enchanté de retrouver la jeune femme. Celle-ci ne l'est pas moins. Elle se plaît dans la compagnie de ce petit homme éloquent et passionné; elle s'intéresse à ses propos si savants et pourtant si lumineux; elle lui demande même quelques leçons d'algèbre afin de mieux comprendre la tenue des livres de commerce. Son goût pour les choses de l'esprit n'est pas une feinte et la vivacité de son intelligence est peu commune. Or il n'est jamais détestable de suivre sur un joli visage le rayonnement d'une idée : Comte revient boulevard du Temple, en camarade.

Au début de l'année 1824, Mlle Massin vend la librairie que M. Cerclet lui avait achetée. Elle s'installe rue de Tracy et les leçons d'algèbre continuent. Le professeur ne tarde pas à recevoir gratuitement ce qu'il payait jadis. En mars ils décident de faire l'économie d'un appartement.

Que devient dans l'histoire M. Cerclet? M. Cerclet, lui aussi, prend des leçons de mathématiques avec le professeur de Caroline; mais il les paie et parfois il les paie sans les prendre.

Mlle Massin, cela n'est pas douteux, eut très vite le sentiment qu'il ne lui serait pas impossible de devenir Mme Comte. Le jeune homme traita d'abord le propos comme un badinage, puis comme une de ces idées qui tournent dans la tête des femmes sans durée prévue, mais finissent toujours par s'évanouir d'elles-mêmes.

Il me faut une femme, je le vois, je le sens, écrit-il tout crûment à son ami Tabarié : nécessité physique, nécessité morale. Mais le fondateur de la politique positive n'a plus le droit de vivre comme un étudiant : succès oblige. Des personnages éminents et haut placés s'intéressent à son œuvre, il faut qu'il puisse dire « ma femme ». Pour tenir ce rôle, sans doute aurait-il pu ne pas choisir sa maîtresse, dont il se garde bien de révéler les débuts, même aux intimes : une jeune veuve, dit-il négligemment ; mais Caroline offre de sérieux avantages. D'abord, elle existe, inutile de se déranger, et c'est appréciable lorsqu'on n'a ni le goût ni le temps de fréquenter les salons, où l'on expose les jeunes filles à marier. En outre, elle est orpheline, ou dans une situation qu'Auguste Comte croit équivalente : circonstance d'un prix infini, car « c'est bien assez dans la vie d'avoir une famille obligée, sans aller de gaieté de cœur en chercher une seconde ». Caroline, c'est la solution paresseuse qui supprime les complications mondaines.

A ces arguments du philosophe s'ajoute un étrange calcul. Auguste Comte n'a jamais porté sur lui-même qu'un seul jugement défavorable : je ne suis ni beau ni séduisant, je n'ai ni le ton ni les manières qui plaisent aux femmes, je ne peux pas être aimé. Ce décret n'est pas une boutade de misanthrope ou la conclusion passagère d'une déception. Auguste Comte accepte un fait contre lequel il serait vain de s'indigner ou de se révolter, il exprime une conviction profondément sentie, dont la première évidence lui apparut peut-être au temps où ses camarades de Polytechnique l'appelaient Sganarelle.

Pourtant il fut aimé une fois au moins. Mais qui donc croit à la réalité de la lumière ? L'amour de Pauline, c'est l'apparition miraculeuse qui confirme les lois de la nature en y échappant. L'affection de Caroline sera le refuge où s'arrête le cœur prisonnier d'un mauvais songe : en épousant une femme sans fortune, écrit Comte à ses amis, en sauvant une prostituée, ajoute-t-il pour lui-même, « je m'assure une affection fondée sur la reconnaissance, et qui survivra certainement à l'amour pur et simple, auquel j'ai du reste, moi particulièrement, si peu le droit de prétendre ».

Suivant une disposition qui entraîne désormais sa pensée, Comte regarde son action à travers les idéologies qui lui donnent un sens positiviste. Il est fier de dire qu'il épouse une femme sans fortune, il ne cache pas que Caroline est sa maîtresse ; au fond de son cœur, il se glorifie de sa générosité exceptionnelle. Sa décision est une protestation contre la morale bourgeoise de ses parents, un geste d'affranchi et plus encore : un acte philosophique autour duquel il faut déployer l'histoire de l'esprit humain pour apprécier justement sa dignité.

Et l'amour ? Comte est-il amoureux de Caroline ? Il ne l'est certainement pas au point de l'épouser sans argumenter, il l'est assez pour estimer qu'elle représente le meilleur système de possibles dans un monde où tout est relatif. Elle est jolie, aimable, spirituelle ; elle a un heureux caractère et point de préjugés ; son amant lui reconnaît de bonnes habitudes, une extrême délicatesse naturelle et un esprit d'une trempe peu commune : c'est une femme « organisée à la Roland et la de Staël ». Alors ? Les gens qui ont envie de vivre ensemble vont le dire à M. le Maire ? Faisons comme tout le monde : la société vaut bien une promenade !

Une violente émotion aurait d'ailleurs brusquement orienté tous ces raisonnements vers leur conclusion. Auguste Comte n'a pas rapporté dans l'*Addition secrète* la scène dont la logique aurait justifié le dénouement, mais il l'a racontée à son ami M. Lonchampt et l'histoire doit se contenter de reproduire le témoignage de ce dernier.

Un dimanche qu'assis dans un restaurant avec sa compagne et un ami, Comte goûtait les charmes du repos, un homme apparut soudain sur le seuil de la salle : d'un signe impérieux, il fait signe à la jeune femme de le suivre ; pâle, éperdue, elle se dirige en chancelant vers la porte. Auguste Comte se précipite sur ses pas, menaçant, l'œil en feu : elle le supplie de rester à sa place, de ne pas intervenir entre elle et cet homme. C'était un agent de la police qui, ayant reconnu l'insoumise, voulait la conduire à la préfecture pour y entendre sa condamnation à 15 jours de réclusion dans la maison d'arrêt de Saint-Lazare. Car les femmes inscrites sont obligées de se soumettre toutes les deux semaines à une visite sanitaire : en cas d'infraction, elles sont activement recherchées et punies sévèrement. Cet homme céda aux prières et aux larmes de la jeune fille : mais seulement après avoir connu son domicile et avoir reçu la promesse que le lendemain matin, elle se présenterait au bureau des mœurs. L'agent éloigné, grande fut la confusion de la jeune femme ; Auguste Comte sortit avec la résolution d'éviter par tous les moyens de semblables scènes.

La jeune femme, dès le lendemain, se rendit en hâte chez le chef à la préfecture et lui découvrit sa situation. Il prit pitié d'elle, lui fit remise de sa peine et lui expliqua que le mariage pouvait seul la rayer immédiatement du livre fatal et lui rendre la liberté.

A cette nouvelle, Auguste Comte écrivit sans délai à Montpellier.

Sa demande partit vers le milieu de juillet 1824. Faut-il la rapprocher d'une autre demande qu'il expédia le 4 août à M. Cerclet ? Que chacun lise entre les lignes ce qu'il lui plaira : il n'y a peut-être rien.

Monsieur,

Quand vous m'avez prié de vous donner des leçons de mathématiques, j'ai été flatté, je l'avoue, de présenter cette science à un esprit aussi distingué que le vôtre. J'y voyais l'heureuse occasion pour moi d'exposer à ce sujet un grand nombre d'idées philosophiques, qui ne peuvent guère trouver une place convenable dans un enseignement ordinaire. Mais l'inexactitude continue que vous mettez dans cette étude, et qui doit la rendre, pour quelque capacité que ce soit, à peu près infructueuse, a fait disparaître le principal intérêt que je prenais à ces conférences, en me prouvant qu'elles vous en inspiraient for peu. C'est pourquoi je me trouve, bien malgré moi, Monsieur, dans la fâcheuse obligation de les faire cesser. Je ne parle point de la perte de temps qui en résulte pour moi, parce que ce motif est très secondaire auprès de l'autre.

Agréez, Monsieur, l'assurance de toute la considération de votre dévoué serviteur.

Et comme les bons comptes entretiennent l'amitié, un *post-scriptum* ajoutait :

Les leçons du mois courant sont, je crois, au nombre de cinq, y compris celles manquées pour lesquelles je n'ai pas été prévenu à temps.

A Montpellier, quelle émotion ! Le mariage d'Auguste ! On est si fier de ce garçon qui écrit des livres !

Bien sûr, ce n'est pas un fils parfait. On le souhaiterait plus affectueux. Il lui est arrivé d'emprunter pour le compte de son père. Il ne revient pas à la maison aussi souvent qu'il le pourrait. Au moins, s'il écrivait régulièrement ! Il faut parfois le supplier d'envoyer des nouvelles. Ne sait-il pas que ses lettres sont lues et relues, couvertes de baisers et de larmes ? Mais ici on le gronde avec tendresse : on l'admire autant qu'on l'aime, on ne doute point de ses mérites ni de la justice qui doit les récompenser. Peut-être les misères de toute la famille sont-elles destinées à payer sa gloire ! La pauvre Alix est toujours plus ou moins malade. Les rhumatismes ne cessent de tourmenter M. Comte. La vie est chère : c'est un miracle d'être pauvre avec dignité ! Pourquoi faut-il encore que deux vauriens aient essayé de cambrioler la maison ? Ce sont des chocs trop rudes pour Mme Comte, une femme si sensible !

Et il y a les peines qui n'ont pas de fin. Il n'avait pas une méchante nature, ce petit Adolphe qui voulait être médecin pour « voler au secours de l'humanité souffrante ». Une tête brûlée simplement. Il fréquentait les mauvais lieux plutôt que l'Université ; aucun moyen de le retenir. A la suite de quelle aventure a-t-il pris la diligence de Marseille, puis le bateau ? Un jour, on apprit qu'il était mort à la Martinique. « Chez Aline, fille de couleur », disait l'acte de décès. Il avait dix-neuf ans.

Enfin, cette lettre qui annonce l'arrivée d'un nouvel enfant dans la famille, c'est peut-être le présage d'un avenir meilleur ! On prend vite des renseignements sur la fiancée du grand homme.

M. et Mme Comte n'auraient pu en recevoir de meilleurs : ils ne connurent que le passé le plus récent et ne soupçonnèrent pas la première profession de Mlle Massin ; ils apprirent seulement que leur fils et la jeune femme n'avaient pas attendu leur consentement pour vivre sous le même toit. Cela leur suffit.

Leur refus eut pour effet immédiat d'obliger Comte à se prouver une fois encore qu'il n'était plus un enfant. L'orgueil et la générosité s'accordent pour justifier son entêtement. Les objections qui offensent la vertu de Caroline, il ne les entend pas, il réduit les remontrances paternelles à un seul argument : sans dot. La dispute se trouve alors mise à l'échelle positiviste. D'un côté, des petits bourgeois à l'esprit rétréci. De l'autre, un héros au cœur pur. Leur brouille est la conséquence inévitable du désordre qui caractérise les époques de transition : l'esprit nouveau n'a pas encore la force de vaincre l'égoïsme ; les croyances religieuses ne l'ont plus ; on fait, en paroles, de grandes politesses au Bon Dieu, mais on l'envoie au diable dès que la bourse est menacée. Oh ! la douce consolation de savoir avec certitude que l'on tient la conduite la plus morale possible dans un siècle profondément immoral !

Tout ceci sans doute parce que M. et Mme Comte n'oubliaient pas certains devoirs du chef de famille. La crainte d'avoir à payer les dettes du jeune ménage n'était pas une perspective absurde. L'apôtre de la morale positive se glorifie d' « épouser 0 franc, 0 centime » ; mais il n'a aucune situation définie, ses ressources sont incertaines. Il se grise de projets dans lesquels il fait lui-même les offres et les réponses ; il prévoit un après-demain magnifique. Ses parents se demandent avec inquiétude : et demain ?

Enfin, devant une menace de sommation, ils jugèrent plus digne d'accepter ce qu'ils ne pouvaient empêcher : le 8 novembre, deux notaires de Montpellier reçurent leur consentement. Toujours généreux, Comte s'empressa de signer un contrat dans lequel il reconnaissait à sa fiancée un apport de vingt-mille francs.

Le 19 février 1825, à midi, M. Georges Champion, notaire royal, adjoint au maire du IVe arrondissement, officier de l'état-civil, déclarait unis par le mariage Isidore-Auguste-François-Xavier Comte, professeur de mathématiques, âgé de vingt-sept ans passés, et « Anne-Caroline Massin, ouvrière en linge, âgée de vingt-deux ans passés... demeurant à Paris, chez sa mère, rue Saint-Honoré, n° 195, quatrième arrondissement, fille majeure naturelle de Louis-Hilaire Massin-Chambreuil, comédien, absent (sans nouvelles), et de Anne Baudelot, ouvrière en linge ».

Les témoins d'Auguste Comte étaient Jean-Marie Duhamel, son brillant camarade de Polytechnique, et Olinde Rodrigues, le jeune coadjuteur de Saint-Simon. La mariée avait choisi un négociant de la rue Neuve-Saint-Eustache, M. Louis Oudan, et l'ami Cerclet.

« ... et Antoine Cerclet, âgé de vingt-huit ans, avocat... »

Une voix sans âme accroche ce nom d'homme à la formule de l'incantation civique. Quatre mémoires tressaillent.

Mais les mots passent, indifférents au secret qu'ils effleurent : *«... demeurant rue Bourbon-Villeneuve, n° 16, cinquième arrondissement, tous amis des époux. »*

Comte, Caroline, sa mère, Cerclet ont enfin le droit de bouger. L'officiant leur présente l'acte à signer. D'où reviennent-ils ?

Il ne suffit pas d'invoquer la parfaite absence de préjugés qui était pour les deux époux une forme de la dignité. Elle explique qu'ils n'aient frappé d'aucune impossibilité majeure cette participation de M. Cerclet, non qu'ils l'aient désiré. On dit d'ailleurs qu'Auguste Comte avait interdit à sa fiancée de revoir son protecteur et qu'il avait fait de cette défense une condition du mariage. Si Caroline prit comme témoin son premier amant et si le futur mari s'y résigna, c'est peut-être qu'ils n'avaient pas la liberté de suivre leurs préférences : la qualité de témoin au mariage de Mlle Massin donnait sans doute une autorité particulière à celui qui devait être témoin dans une affaire où précisément le mariage de la fille Massin serait le fait décisif.

M. Cerclet se chargea d'obtenir la radiation de la jeune femme sur « l'infâme registre », mission qu'il fallait bien confier à quelqu'un connaissant le secret de Mme Comte. Avec l'aide d'un officier de paix, il fit si bien qu'on ne put jamais retrouver trace de l'inscription.

·Au mois de juillet, les nouveaux mariés prennent la route de Montpellier. Effusion générale, tendresses, compliments, clairs de lune.

En novembre, Auguste Comte n'était plus qu'un pauvre homme sculptant l'image d'une épouse idéale pour la maison d'un autre.

Je ne suis pas étonné qu'on t'ait parlé à Montpellier de l'esprit et du bon ton de ma femme, qui a effectivement beaucoup de l'un et de l'autre, et de la qualité la plus distinguée. Mais je te sais de trop bon sens et de trop d'expérience pour croire que tu fais consister le bonheur dans cet éclat, et pour craindre que tu aies attribué dans ton choix à ces qualités une plus grande importance qu'elles n'en ont réellement. L'esprit et le goût sont assurément fort commodes à rencontrer pour un homme de mérite dans la compagne de toute sa vie, et je ne lui voudrais certainement jamais une femme bornée ou mal façonnée ; mais entre nous, ces qualités sont peu de choses pour le bonheur réel. Aujourd'hui, vu le genre d'éducation et de position sociale des femmes, la femme la plus spirituelle et la plus raffinée (à moins qu'on ne parle des anomalies à la Staël, qui ne sauraient être le sujet d'une règle générale, et qui ont d'ailleurs bien d'autres inconvénients propres) n'équivaut, au bout du compte, tu l'avoueras, qu'à un homme assez secondaire, avec seulement beaucoup plus de prétentions. Tels sont les faits, à tort ou à raison. L'essentiel est (en supposant toujours, bien entendu, une certaine dose d'intelligence et d'instruction, sans laquelle il ne saurait y avoir contact réel), l'essentiel, dis-je, est l'attachement, le dévouement de cœur et la douceur de caractère, avec le genre de soumission que peut lui inspirer le sentiment de la supériorité morale de son époux, et qui puisse suffire pour étouffer à sa naissance tout vain désir de domination. Si avec cela on peut avoir des principes, de bonnes habitudes morales, de bons exemples domestiques, le bonheur est assuré et on peut se consoler de n'avoir pas le plaisir d'une dissertation plus ou moins spirituelle et plus ou moins juste sur le mérite de telle pièce, de tel roman, de telle actrice ou de tel poète.

CHAPITRE VIII

UN ÉPISODE CÉRÉBRAL

« Que ceux qui travaillent froidement se taisent... »
Eugène DELACROIX, *Journal*, 6 juin 1824.

Depuis son arrivée à Paris, Comte vivait au jour le jour.

Au temps de Pauline, il avait bien été chargé d'un cours dans une institution privée, mais après trois mois il quittait une maison où M. Reynaud, son ancien répétiteur de Polytechnique avait la prétention et le pouvoir d'imposer ses ouvrages : l'honneur de sa conscience mathématique était en jeu. A l'école de Saint-Simon, il avait appris à ne jamais compter sur ses écrits pour équilibrer son budget. En refusant une place d'ingénieur-chimiste il avait affirmé sa volonté définitive d'appartenir à l'industrie théorique. Les leçons particulières étaient encore l'occupation qui lui paraissait la plus digne, et elle devenait assez avantageuse lorsque la chance envoyait le professeur ambulant chez un prince de Carignan ou dans la famille d'Eichthal.

Mais à mesure qu'il prit une conscience plus claire de sa mission, Auguste Comte se sentit moins porté à chercher des élèves. Après le *Système de Politique positive,* il déclara que la nature ne lui avait pas donné l'amour des richesses et il admit comme un fait biologique que son organisation ne pourrait jamais produire cette passion. Alors il se reconnut clerc et attendit de ses protecteurs imaginaires les hautes situations pédagogiques qui lui permettraient « de conserver le caractère spirituel dans toute sa pureté au milieu d'une société toute temporelle ».

Lorsqu'il épousa Mlle Massin, Auguste Comte avait un seul élève et quelques dettes.

Heureusement il arriva ce que l'esprit théologique appelle un miracle : une petite somme apparut subitement dans les mains de Caroline. D'où était-elle tombée ? Héritage ? Vieille créance ? Dans le premier cas, on ne voit guère de quel côté chercher. Dans le second, on le voit trop. Marquons fortement les points d'interrogation afin de ne pas succomber à la tentation de deviner. Auguste Comte fut très satisfait, ce qui était l'essentiel ; il estima que cet argent serait suffisant pour assurer la vie du ménage jusqu'au bout de l'année ; aussi dès le mois d'octobre la caisse était-elle vide.

D'abord on compléta le mobilier. Puis, lorsque M. de Narbonne proposa son fils comme élève et comme pensionnaire, Auguste Comte eut la désastreuse idée d'accepter avec l'espoir d'attirer quelques jeunes gens de bonne famille ; il loua un grand appartement rue de l'Arcade, au coin de la rue Saint-Lazare, et y fit les aménagements nécessaires pour recevoir des hôtes qui ne vinrent pas. Le voyage de Montpellier engloutit huit cents francs. Lorsque l'année scolaire recommença, le ménage n'avait plus rien, pas même la promesse d'une leçon. C'est alors qu'il s'installa 13, rue du Faubourg-Montmartre.

Cette fois, il n'apparut pas la moindre pièce d'or dans la main de Caroline ; mais *on* offrit à Comte d'écrire dans *Le Producteur, journal philosophique de l'Industrie, des Sciences et des Beaux-arts,* que l'équipe saint-simonienne venait de fonder ; on insista pour obtenir sa collaboration. Evidemment l'ancien fils adoptif de Saint-Simon aurait préféré travailler à la seconde partie de son *Système de Politique positive* et n'était pas très fier du voisinage ; mais, confie-t-il à Valat, « si ce journal n'était pas venu à propos m'offrir une ressource, je n'aurais su où donner de la tête. » Le rédacteur en chef, qui ouvrait généreusement à Comte les colonnes du *Producteur,* était d'ailleurs « un homme de mérite », nullement asservi à la coterie saint-simonienne : c'était M. Antoine Cerclet.

Auguste Comte se met aussitôt à l'ouvrage. Il tient à se débarrasser de cette besogne afin de donner ensuite tout son temps à la seconde partie du *Système de Politique positive.* Dès novembre, *Le Producteur* publie trois articles de *Considérations philosophiques sur les sciences et les savants,* titre assez vague que l'on peut traduire : examen scientifique et abstrait de la nécessité d'organiser un nouveau pouvoir spirituel. Une autre série devait reprendre le problème sous son aspect politique et concret ; elle commença dans le numéro du 24 décembre.

La Mennais n'attendit pas davantage pour signaler aux lecteurs du *Mémorial catholique* ces articles remarquables où un incroyant dénonçait l'anarchie du siècle et affirmait la nécessité d'une restauration morale. Que pouvait être une autorité spirituelle dont le principe ne serait pas à Rome ? L'auteur de l'*Essai sur l'indifférence* le demandait en sachant bien que la question condamnait la réponse positiviste ; mais dans cette doctrine défaillante il reconnaissait « un esprit bien supérieur aux préjugés qui dominent le vulgaire des philosophes. » Peu après, Auguste Comte eut un entretien avec La Mennais ; la tristesse des prophètes ombrait déjà sa vision des temps prochains ; il attendait la révolte des médiocres, leurs injustices et leurs persécutions ; il trouva dans l'estime de l'illustre penseur rétrograde beaucoup plus qu'une satisfaction d'amour-propre : une consolation.

La suite des *Considérations sur le pouvoir spirituel* ne parut qu'en février. Dans l'intervalle, Comte avait inventé une nouvelle espérance. Jusqu'à ce jour, le professeur devait gagner le pain du philosophe ; le professeur et le philosophe menaient deux vies distinctes ; en se rejoignant, les deux vocations ne pouvaient-elles pas retrouver cette valeur économique que l'enseignement des mathématiques avait perdue ?

Comte venait de découvrir la forme professionnelle qui convenait à sa mission : il serait professeur de philosophie positive.

Il suffirait de trouver des souscripteurs. Le cours qu'on leur offrait serait comme le bilan du savoir positif. Pour la première fois l'ensemble des sciences serait présenté en un tableau où l'on suivrait leur enchaînement depuis les mathématiques jusqu'à la politique ; on verrait en même temps ce qui est propre à chacune et ce qui empêche de réduire celle-ci à celle-là ; l'esprit positif serait donc saisi dans l'unité de son principe et la diversité de ses méthodes. A la fin de janvier, Comte expédiait son plan à ses amis : il prévoyait soixante-douze leçons, du 1er mars 1826 au 1er mars 1827.

Il ne s'était même pas donné deux mois pour préparer les premières conférences. Et il devait encore rédiger la fin des *Considérations sur le pouvoir spirituel*. Et il ne cessait de réfléchir à la seconde partie de son grand ouvrage. Ce fut alors une course frénétique où l'intelligence se défia elle-même. Comte poursuit « l'état systématique » comme d'autres l'extase. Sa pensée se met hors les lois ; elle enchaîne, analyse, broie les concepts ; elle tourne comme une roue folle ; elle jouit de son vertige, et sent passer en elle la puissance infinie d'un pur esprit.

Jusqu'à la minute de lucidité éblouissante qui la rejette, épuisée, au bord du vide.

Un travail continu de quatre-vingts heures environ, dans lequel le cerveau n'a pas cessé d'être au plus haut degré d'excitation normale, sauf quelques intervalles de sommeil extrêmement courts, a été occasionné en moi (il y a huit jours), par le troisième article de cet examen du pouvoir spirituel que je vous apporte. Il en est résulté une véritable *crise* nerveuse bien caractérisée (qui dure encore, quoique bien affaibli), qui m'a fait voir l'ensemble de ma vie sous un jour beaucoup plus net et beaucoup plus complet que jamais il ne m'était arrivé. Je vous en ai donné une idée vendredi, en vous disant que cette *vue* avait porté à la fois sur ma vie intellectuelle et sur ma vie sociale, combinaison à laquelle je ne m'étais jamais élevé jusqu'ici. Tous ces symptômes me portent à croire que cette sensation vraiment *d'ensemble* laissera en moi des traces profondes, et exercera sur mon avenir total une *direction* prépondérante, surtout si je parviens à me la maintenir habituelle, au degré possible, ce que je pense avoir lieu d'espérer.

En lisant cette lettre du 27 février, Blainville n'eut certainement aucune peine à admettre que son ami n'avait pas encore repris l'équilibre ; mais il n'y avait aucune raison apparente de s'inquiéter. Simple crise de croissance. La machine est troublée : la pensée progresse. Le jeune homme découvre la signification réelle de ses dernières années : son noviciat vient seulement de finir. Dans tout ce qu'il a écrit jusqu'à ce jour, il n'y a que des exercices et des esquisses, sans excepter l'opuscule qui éveilla l'attention de l'Europe savante. Le *Système de Politique positive* ne mérite pas son titre ; il n'offre pas un système ; ce n'est pas la première partie du système qui doit fonder la politique positive et le nouveau pouvoir spirituel. Il ne s'agit donc plus de lui donner une suite : il est nécessaire de refondre entièrement l'ouvrage.

En même temps, Auguste Comte reconnaît la dignité spéculative de ses futures leçons et ne les traite plus comme une besogne de professeur pauvre. Il ne voit pas encore qu'un cours de philosophie positive est la préface naturelle au *Système de Politique positive ;* il aperçoit toujours devant lui deux œuvres distinctes qui le sollicitent, mais projetées dans le même plan. La rencontre est possible, probable, prochaine.

Jours de fièvre... Comte prépare ses premières conférences. Il cherche des souscripteurs. Il ne les trouve pas aussi nombreux qu'il l'espérait. Tant pis ! On fera le cours dans le salon de l'appartement. Maintenant ce sont surtout des auditeurs que le philosophe réclame ; l'entreprise perd son caractère commercial à mesure qu'elle acquiert une valeur positiviste ; ce qui importe par-dessus tout, c'est d'avoir un public.

Jours de colère... Comte est comme possédé. Il s'en prend aux saints-simoniens ; il accuse Bazard de lui voler ses idées et le futur Père suprême, qui n'a pas encore perdu ses manières de carbonaro, parle de se battre en duel. Il se plaint de « violents dérangements ». Sa femme aussi ; elle ne le reconnaît plus ; elle a peur ; à plusieurs reprises, elle se sauve.

Le deux avril 1826 à midi, Auguste Comte ouvre son cours. Il est très ému.

Il y a là Blainville, qui a mis généreusement le cours sous son patronage, et Poinsot, son collègue de l'Académie des Sciences, l'ancien professeur de Comte à Polytechnique. Guizot s'est excusé. L'abbé de La Mennais a écrit une lettre fort affectueuse : dans quelques jours il sera devant le tribunal correctionnel et il a besoin de tout son temps pour se préparer au rendez-vous que lui a fixé M. de Villèle. Alexandre de Humboldt a tenu sa promesse ; l'illustre naturaliste est venu. Auguste Comte reconnaît encore l'économiste Dunoyer, qui l'avait accueilli au *Censeur ;* des camarades de l'École, Gondinet, Montgéry, Mellet ; de très jeunes gens, Allier, Adolphe d'Eichthal, qui était hier son élève, le duc Napoléon de Montebello, Hippolyte Carnot. Il y a aussi M. Cerclet.

Comte prononça cette première leçon avec assurance ; il y indiquait le but de son cours et définissait l'esprit du positivisme. Le mercredi suivant, il expliqua la hiérarchie des sciences et la signification philosophique de son plan. Le dimanche 9 avril, il aborda l'étude des mathématiques. Mais lorsque les auditeurs se présentèrent le mercredi 12 avril, ils trouvèrent la porte close ; L'appartement semblait désert ; les volets étaient fermés. A leurs questions, on répondit, sans autres précisions, que M. Comte était malade.

Trois jours plus tard, le billet suivant était déposé chez M. Adolphe d'Eichthal :

Banlieue de Paris, le dimanche midi, 15 avril 1826.

Mon cher monsieur Adolphe,

Vous savez la CAUSE, vous *sentez l'effet.* Point d'inquiétude jusqu'à mercredi 3 heures. *Silence !*
Votre dévoué,

AUGUSTE COMTE
D. M.

Je suis pressé, si vous *n'entendez* pas, allez à mon cours demain. Ce samedi 15.

Ce même samedi, en rentrant chez lui vers cinq heures, M. de Blainville trouva une lettre assez obscure de son ami :

Saint-Denis, hôtel du Grand-Cerf, ce samedi 15 avril 1826 — 12 h. du matin *(mots rayés et remplacés par* : midi et demi).

Mon cher Monsieur de Blainville,

Voici *l'effet.*

Hier matin (de 10 h. à 11 h.) j'ai *cru* mourir ; et, *de fait*, il a tenu à rien ? que je ne devinsse subitement bien pis qu'un mort.

Je me suis *traité* moi-même, vu que j'étais absolument *isolé*, c'est à cette heureuse et inflexible *nécessité* que j'attribue ma *guérison.*

Quant à la CAUSE, je n'avais pas le temps de vous la *dire.* Si vous ne la *devinez* pas, et que *vous* teniez à la savoir de suite, M. de La Mennais mon confesseur et mon ami, *vous* la fera connaître, aussitôt que vous lui en aurez manifesté le désir, quoique je ne l'en aie pas prévenu.

Vous saurez, si vous voulez quelque détail immédiat, que je *serai* demain dimanche [*En marge* : toute la journée, car je pense y coucher ce soir] à Montmorency *(au Cheval blanc),* et probablement aussi lundi et même mardi. En tous cas, je *vous* donne la trace.

Aujourd'hui, je viens de faire mon *plan* de convalescence. Demain, ou ce soir (ou même à présent) l'exécution commence. Mercredi à trois heures vous *jugerez* ma capacité médicale, si vous avez le temps *d'assister* à la *démonstration.* [*En marge* : que je ferai chez moi.]

Adieu, mon cher M. de Blainville. A Montmorency ou ailleurs, demain ou tous les jours, croyez-moi bien sincèrement votre affectueux et tout dévoué,

A^{te} COMTE

P.-S. — M'étant trouvé OBLIGÉ ici *d'être* et même de *paraître* un VÉRITABLE *médecin malgré lui*, cela m'a fait naître ce matin une *lubie* fort *originale*, que je me puis m'empêcher de vous laisser *voir*, au risque de vous entendre d'ici *rire* comme un dieu d'Homère.

A^{te} C.

Mon *sobriquet* à l'École Polytechnique était *Sganarelle*. [*En marge* : *Historique*, dit madame de Genlis.] Mes camarades auraient-ils été alors *prophètes* comme j'étais hier *médecin* ?

Si ma *lubie* vous fait simplement *sourire (après votre dîner)*, vous fixeriez *arbitrairement* l'époque et le mode de la *cérémonie*. Je ne *l'espérais* pas avant deux ans, et je ne la *désire* pas avant la prochaine rentrée.

J'ai un petit voyage à faire cet été chez mon père et j'en profiterai pour voir MA MÈRE qui demeure aussi dans le *même* endroit.

Prenez toujours ceci comme un symptôme, et me *l'administrez* comme *calmant*. En ce sens, il n'y a pas de rêve. Merci.

M. de Blainville jugea ces lignes « singulières ». Quelques instants après, il ouvrit un pli que M. de La Mennais avait remis à sa domestique ; il y trouva une lettre de Comte à l'abbé ; cette fois il n'eût plus aucun doute : leur ami était fou.

Ainsi Auguste Comte se flatte d'être médecin et fait suivre sa signature d'un D. M. satisfait, Doctor Medicus. Il n'est d'ailleurs qu'à moitié dupe ; la cérémonie dont il parle est sans doute celle qui chez Molière accompagne la réception des nouveaux docteurs ; il est à la fois fier de son titre et ironique. Mais il est médecin parce qu'il a su se soigner et sa maladie a une cause : au thème de Sganarelle ou le médecin malgré lui se mêle celui de Sganarelle ou... qui ne serait pas imaginaire.

Auguste Comte a dit et il a écrit que l'épisode cérébral d'avril 1826 eut deux causes : un travail excessif et la mauvaise conduite de sa femme. Mais il faudrait être sûr que l'action de la première cause ne s'est pas exercée au moment où le mari a découvert la seconde. Lorsqu'il crie à la trahison, Auguste Comte est depuis deux mois dans un tel état qu'il est difficile d'accepter sans contrôle son témoignage, et comme le contrôle est encore plus difficile, l'honneur de Mme Comte est peut-être une de ces vérités qui ne sont pas vrai-semblables.

Ce qui est certain, c'est que le philosophe avait été rapidement désenchanté. Sa volonté avait rencontré ce qu'elle avait le moins envie de trouver : une autre volonté. Dans un ménage comme dans un empire, le fondateur de la politique positive estimait que l'unité de la direction est le premier des biens. Il ajoutait : lorsque le mari est un homme de mérite, cette direction unique lui revient. Or il avait découvert en Caroline une fâcheuse tendance à la domination ; il constatait que son intelligence même était un mal, puisqu'elle la privait de cette aptitude à la soumission qui fait les bonnes épouses. Après une expérience de dix mois, Auguste Comte savait que son mariage avait été une erreur, il s'entraînait à la vie sans joie d'une union sans communion, et il écrivait à Valat la lettre désespérée du 16 novembre où il ne souhaitait pas à son pire ennemi un bonheur pareil au sien.

Avait-il d'autres reproches à porter au compte de Caroline ? Lorsqu'il insiste sur les avantages d'une bonne éducation morale, pense-t-il seulement à cet esprit d'indépendance qu'il appelle si volontiers chez les autres égoïsme ? Il y a, dit-il à son ami, des choses qu'on ne peut confier au papier : seraient-ce celles de l'Addition secrète ?

« Pendant les premières années de notre union, cette femme habituée à l'aisance facilement obtenue, se montrait, sans scrupule, disposée à reprendre son métier primitif, aussitôt que nous éprouvions des embarras pécuniaires. » Comte n'ajoute pas qu'il s'agissait non de l'aisance, mais du nécessaire, non d'embarras passagers, mais d'un état chronique. Il ne parle pas de trahison ; il rapporte simplement des conversations d'un caractère tout familial : les deux époux examinent ensemble le chapitre des recettes, et la femme déclare au mari incapable de gagner la vie du ménage : si nous voulons manger, il faudra bien accepter ce pain-là. Etait-ce une proposition ? une menace ? ou en effet la seule solution ? Auguste Comte fut d'autant plus révolté que ces honteux expédients étaient appelés par une situation dont il portait la responsabilité. Il sentit chavirer sa théorie de la rédemption par la reconnaissance : Caroline serait donc toujours ce qu'elle avait été à dix-huit ans ! Rien ne résistait plus en lui au thème insinuant de « l'indigne épouse ».

Il en eut la preuve, ou crut l'avoir, à l'époque du cours. L'Addition secrète est précise : « l'indigne épouse commença ses turpitudes en voulant bientôt m'imposer les visites de M. Cerclet, ce qui suscita sa première séparation, immédiatement suivie de mon explosion cérébrale. » Ainsi la crise ne fut pas provoquée par une escapade de Mme Comte : elle éclata à la suite d'une séparation régulière qui devait même comporter des arrangements financiers. Entre l'accident de février et l'accident d'avril, Comte eut de violentes colères. Caroline à plusieurs reprises termina brusquement la scène en prenant la fuite. Un moment vint où ils décidèrent que cette vie ne pouvait continuer et Caroline quitta l'appartement.

Madame Comte n'a pas nié ses fugues : j'étais jeune, dit-elle, je ne savais pas que ces colères étaient l'effet d'une maladie, j'avais peur. Il est certain aussi que le 14 avril elle n'habitait plus rue du Faubourg-Montmartre : depuis quelques jours elle était moralement sous le régime de la séparation. Il n'est pas moins douteux qu'elle n'avait jamais cessé de voir et de consulter M. Cerclet : mais son mari était en relations régulières avec le rédacteur en chef du *Producteur.*

Où est la vérité ?

Comte avait la sienne, et lorsqu'il fut seul devant sa vérité, il ne put supporter ni la solitude ni la vérité. A son tour, il fuit. Il ne veut pas mourir. Il ne veut pas être fou. Il va chez La Mennais. Il le trouve en compagnie de l'abbé Gerbet. Il se jette aux genoux des deux prêtres, se confesse ou plutôt confesse les péchés de Caroline, ceux d'hier et ceux d'aujourd'hui. Ensuite, on ne sait plus. Le lendemain, à midi, il est à Saint-Denis : il est sauvé, il n'est pas fou : il est médecin.

Il annonce immédiatement l'heureuse nouvelle à Blainville, à La Mennais, au jeune d'Eichthal. Il écrit à sa femme. Que lui dit-il ? Nous savons seulement qu'il ne lui dit rien de son prochain séjour au *Cheval Blanc.*

Il a l'idée de porter lui-même ses lettres. Il retourne à Paris. Il ne rencontre pas Blainville, mais, plus heureux rue de l'Arbalète, il voit La Mennais. Le soir il est à Montmorency.

Le dimanche passe. Personne ne bouge, ni Blainville, ni La Mennais; croient-ils que la période de convalescence est en effet commencée?

Le lundi Mme Comte reçoit enfin sa lettre. Elle court à Saint-Denis : son mari n'y est plus. Elle se souvient que Montmorency est une de ses promenades favorites. A tout hasard, elle y va.

Elle trouve son mari dans un triste état et appelle un médecin qui n'ose le saigner. Elle écrit à Blainville pour le supplier de venir le plus tôt possible.

Mais voici qu'Auguste Comte paraît plus calme, demande à sortir.

Lorsqu'ils arrivent au bord du lac d'Enghien, une bouffée d'orgueil l'étourdit. Il se vante d'invraisemblables prouesses : il reconnaît qu'il ne sait pas nager, mais il est sûr de ne pas se noyer : il tient à faire aussitôt l'expérience et entraîne sa femme. Caroline est forte; elle se cramponne à des racines, elle se retient et le retient en même temps.

Le retour est difficile. Le médecin ordonne de l'isoler; on le conduit dans un petit bâtiment au fond du jardin de l'hôtel Bellevue. Deux gendarmes se chargent de le surveiller. D'ailleurs le malade fait bon accueil et voit même d'un assez bon œil le brigadier.

Madame Comte revient en hâte à Paris. Il est tard. Elle prie Cerclet de l'accompagner et se dirige du côté de la rue Jacob où habite Blainville. Elle presse ce dernier de partir immédiatement avec elle pour Montmorency : mais il est près de minuit, Blainville promet seulement de la rejoindre le lendemain matin et charge Cerclet de se trouver à la première heure à la clinique du Dr Esquirol pour retenir une place.

Madame Comte reprend la route de Montmorency, seule, dans la nuit.

Le mardi matin Blainville est à l'hôtel Bellevue avant neuf heures. Comte l'attendait avec impatience. Il lui expose les détails de sa maladie et de son traitement : explications claires, que barrent de brusques raies d'ombre.

Blainville profite de ces bonnes dispositions pour lancer l'idée d'un retour à Paris. Comte accepte sans discuter. Mais Cerclet arrive : Esquirol n'a plus de place.

Long conciliabule. Esquirol conseille de mener le malade à Charenton sans traverser Paris, et même il a mis à la disposition de Cerclet un vigoureux gaillard habitué à ce genre de transports. Blainville repousse une pareille solution : à son avis, il importe avant tout d'éviter ce qui peut entretenir l'état de surexcitation ; Comte ne sera pas longtemps dupe, il verra vite qu'on ne revient pas à Paris, son exaltation sera extrême et le premier effet du remède sera d'aggraver le mal. Ne pas contrarier le malade, tel est le principe de Blainville ; aussi propose-t-il de le ramener rue du Faubourg-Montmartre. Mme Comte refuse de prendre une telle responsabilité. Alors, pour en finir, l'académicien décide de conduire lui-même son protégé chez Esquirol, espérant bien que sa recommandation ouvrira la porte.

Une discrète allusion à un séjour dans une maison de santé est très mal accueillie. Comte se met en colère ; il prétend qu'on veut le séparer de sa femme, et attribue cette machination au prince de Carignan. Il faut donc lui dire qu'on le conduit chez lui, et, pour en être bien sûr, il ordonne à Caroline de monter la première dans la voiture. Blainville et l'employé d'Esquirol les accompagnent.

Pendant le trajet Comte s'appuie sur l'épaule de la jeune femme. Il affirme qu'auprès d'elle la guérison est sûre. Il essaie de dormir.

... Lorsqu'il s'aperçut de la supercherie, Caroline dut céder sa place au brigadier de gendarmerie qui suivait dans une autre voiture.

Esquirol reconnaît le désordre mental qu'il avait étudié et décrit dans son *Mémoire sur la manie*. Il soumet donc Auguste Comte au traitement qu'il avait prévu : douches froides, saignée, sangsues, deux bains par jour. La médication psychologique est impossible tant que la surexitation rend inutile tout appel au bon sens. Une telle agitation n'est d'ailleurs pas un mauvais signe ; elle est trop violente pour durer longtemps ; un malade plus calme serait plus inquiétant. Esquirol répond de la guérison et c'est pourquoi il conseille à Mme Comte de ne révéler à personne l'état de son mari.

Un mois s'écoule : aucun changement. Mme Comte se décide à prévenir ses beaux-parents et leur annonce sa visite. Sans doute tient-elle à expliquer de vive voix ce qui s'est passé et ce que peut coûter un séjour prolongé dans la clinique d'un aliéniste réputé.

Sa lettre arrive à Montpellier le 21 mai. Depuis trois jours la mère d'Auguste Comte est en route. Un message reçu le 17 a devancé celui de Caroline : le comédien Massin-Chambreuil vient d'entrer en scène.

M. Massin n'oublie pas qu'il a une fille ; lorsqu'il manque d'argent, il écoute la voix du sang. Ses dernières demandes auraient-elles été mal reçues ? C'est ce qui expliquerait son nouveau rôle : il se met en tête de jouer les pères nobles, écrit à M. et à Mme Comte et leur apprend que leur fils est depuis un mois rue Buffon à la clinique du Dr Esquirol ; il gémit sur la mauvaise conduite de Caroline. Il n'est peut-être pas téméraire de rapprocher ces lamentations d'une certaine démarche que Mme Comte fit à la préfecture de police ; mais le nom de sa bru avait été si bien effacé qu'elle n'en trouva point la trace.

Rosalie arrive à Paris le 24 mai. L'amour maternel et la confiance en Dieu remplissent son cœur d'un enthousiasme héroïque. Elle oublie ses soixante-deux ans, et les fatigues de la diligence, et les embarras d'une grande ville inconnue. Elle va droit à la clinique et réclame son enfant.

Esquirol refuse : il doit rendre son malade à celle qui l'a confié à ses soins. Mais Mme Comte veut mettre son fils dans une maison religieuse et pour accomplir son devoir elle n'hésite pas devant les grands moyens : elle s'adresse au juge de paix de l'arrondissement ; elle provoque la réunion d'un conseil de famille, fait rédiger un acte d'interdiction, propose de nommer tuteur le père du jeune homme. Huit jours lui suffisent : au début de juin, Auguste Comte subit la première lecture du document qui justifie son interdiction.

Madame Louis Comte s'était abstenue de voir son indigne belle-fille. Elle avait réuni le conseil de famille comme si son fils n'était pas marié. Dans l'acte, on parlait simplement d'« une personne avec laquelle il vivait » et l'on attribuait son aliénation à des chagrins dont « cette personne » était la cause. Aussi Esquirol fut-il stupéfait lorsqu'il eut connaissance de cette pièce. Il prévint Mme Auguste Comte ; celle-ci se présenta aussitôt chez le juge, car la deuxième et dernière lecture devait être faite huit jours après la première ; elle fit reconnaître qu'elle était l'épouse légitime du malade. Rosalie n'eut plus désormais aucune envie d'assembler un conseil de famille dans lequel il y aurait sa bru.

Il ne restait plus qu'une solution : faire la paix. Ce qui ne manqua point. Rosalie était à l'hôtel Saint-Phar, 22, Boulevard Poissonnière. Caroline allait quitter la rue du Faubourg-Montmartre et prendre un appartement plus modeste, 36, rue du Faubourg-Saint-Denis. Les deux femmes étaient presque voisines ; elles se voyaient tous les jours. Bien entendu, elles ne cessaient guère de se chamailler. Mme Louis Comte ne pouvait vivre sans une maison à gouverner et ne savait comment s'occuper, elle dépensait son activité en prières et en discours ; elle se désolait en songeant que sa belle-fille n'était pas l'épouse de son fils ; sa conscience gémissait parfois avec éclat et Caroline avait des crises de nerfs. Mais les bons sentiments finissaient toujours par l'emporter.

Ainsi passèrent un été et un automne. Auguste Comte restait dans le même état. Il détestait ceux qui l'entouraient. Il critiquait avec malice l'ouvrage que son médecin, le Dr Georget, avait écrit sur le système nerveux. Un jour il planta sa fourchette dans la joue d'un domestique, ce qui lui valut un violent coup de poing sur l'œil. En novembre, Esquirol ne répondait plus de la guérison.

M. de Blainville est fidèle à son idée du premier jour ; le véritable traitement consiste à ne pas contrarier le malade : tout ira mieux lorsqu'il se trouvera dans un milieu qui lui plaît. M. Louis Comte approuve cette méthode : il charge sa femme de ramener leur fils à Montpellier. Le Dr Esquirol ne cache pas les risques d'une pareille aventure ; le maniaque est dangereux ; le retirer est imprudent ; le conduire à l'autre bout de la France est impossible. Mme Auguste Comte propose alors de prendre son mari avec elle pendant deux semaines : il ne sera plus à la clinique, comme le désirent ses parents, et l'on ajournera le grand voyage que redoute le médecin ; à la fin de cette épreuve, on verra bien ce qu'il peut faire.

Le 2 décembre 1826, Auguste Comte quitte la maison de santé. Sur le registre des sorties, Esquirol marque N. G. : non guéri.

Lorsque la voiture passe sur le pont d'Austerlitz, le malade s'enflamme ; il décrit le panorama de Constantinople et admire la Corne d'Or. Son ami Mellet croit bon de lui rappeler qu'ils sont au-dessus de la Seine ; une gifle bien appliquée le remercie du renseignement. Quelques minutes plus tard, Auguste Comte est chez lui : un prêtre l'attend, pour le marier.

Depuis que le retour est décidé, L'active Rosalie n'a pas perdu son temps. Elle a d'abord entraîné Caroline chez le curé de Saint-Laurent ; mais, lorsque le prêtre connut l'état mental de son paroissien, il promit seulement de le voir toutes les semaines ; on parlerait du mariage après la guérison et l'on essaierait alors d'obtenir par la douceur son consentement. Si l'on en croit Mme Auguste Comte, sa belle-mère avait l'habitude de consulter La Mennais et le levain breton portait la piété languedocienne à des élans d'une extrême vivacité. Comment Rosalie a-t-elle traduit les paroles du sage curé de Saint-Laurent ? Son conseiller a-t-il pensé qu'Auguste Comte devait être à peu près rétabli, puisqu'on ne croyait plus l'internement nécessaire ? Une intervention de La Mennais à l'archevêché précipita le dénouement : le curé de la paroisse reçut l'ordre de procéder au mariage et la dispense qui permettait de le célébrer au domicile des époux.

Le 2 décembre, un vicaire, l'abbé Salles, bénit l'union d'Auguste Comte et de Caroline Massin. Les témoins du marié étaient Mellet, un camarade de Polytechnique, et un employé de l'église. Caroline était assistée d'un négociant de Montpellier, M. Adolphe Issalène, dont elle aimait beaucoup la jeune femme ; un gardien de la maison Esquirol servit de second.

La cérémonie fut lugubre. Auguste Comte ne cessait de discourir et la vue du prêtre lui inspirait des développements anti-théologiques. Sa mère n'essayait pas de cacher son émotion ; elle implorait le ciel en versant de grosses larmes ; elle s'offrait en victime expiatoire. Caroline se prêtait sans foi à des formalités dont l'esprit lui échappait ; elle n'était sensible qu'à l'horreur de la scène.

Après la bénédiction, Mme Louis Comte donna le baiser de paix à celle qui était enfin sa fille. L'abbé Salles rédigea l'acte et le marié signa fièrement : Brutus Bonaparte Comte.

Esquirol avait recommandé de griller les croisées et imposé à Caroline l'assistance d'un gardien. Au bout de huit jours, il fallut renoncer à ces précautions qui donnaient au malade l'impression d'être encore à la maison de santé.

Comte était taciturne, mais sujet à de violentes explosions. A l'heure du repas, il lui arriva de planter son couteau dans la table « comme le montagnard écossais de Walter Scott », disait-il, demandant le dos succulent d'un porc ou récitant des morceaux d'Homère. A plusieurs reprises, il lança son couteau dans la direction de sa femme, sans méchante intention et à seule fin d'accélérer le service.

Auguste Comte erre parmi ses livres. Il retrouve ses papiers, ses meubles, ses souvenirs. Il reprend peu à peu possession d'un monde dans lequel il se reconnaît. Sa femme écarte tout ce qui peut le contrarier, à commencer par les médecins et les médecines ; elle s'arrange pour qu'il observe, sans le savoir, le traitement d'Esquirol ; elle absorbe avec lui les médicaments et la purge hebdomadaire, de sorte qu'il ne soupçonne rien.

Sa fureur meurt d'inanition. En quelques jours, le changement apparaît, miraculeux. Le 18 décembre, Mme Louis Comte peut retourner à Montpellier : son fils n'est pas guéri ;

mais il revoit ses amis, il se promène, il est plus calme ; la guérison est mieux qu'une espérance.

Après six semaines d' « affectueux soins domestiques », Auguste Comte était sauvé.

L'homme qu'Auguste Comte veut être n'est pas encore sauvé.

Une longue dépression mélancolique suit la crise de manie. Le convalescent passe la première moitié de l'année 1827 dans un « état de quasi-végétation ». Il a retrouvé son intelligence, mais engourdie, lourde, inerte. Il a conscience de n'être plus ce qu'il était : il a peur de ne plus jamais l'être.

Avril revient. Tragique bout de l'an. Douze mois vides. Néant vertigineux des jours prochains. Du haut du pont des Arts, Auguste Comte se jette dans la Seine.

Un garde royal le rejoint aussitôt et l'en retire. Dans une aventure du même style, Saint-Simon avait perdu un œil. Comte fut mieux inspiré : les bains lui étaient recommandés, et celui-là, paraît-il, détermina des réactions d'une bienfaisante vivacité. Mais le philosophe fut profondément vexé. Fait peut-être unique dans sa vie, il connut la ligne brutale et nue de son geste : aucune arabesque idéologique ne viendra s'enrouler autour d'elle ; la minute honteuse sera réduite à son contenu ; elle ne signifiera jamais rien et, exclue du temps créateur, elle restera en dehors de toute histoire, dans le terrible isolement qui est le châtiment du désespoir.

Auguste Comte a parlé, sans éprouver la moindre gêne, de son séjour à la clinique d'Esquirol : il ne se permit jamais une allusion à l'épisode du pont des Arts et n'en fit l'aveu qu'à Mme Clotilde de Vaux. Assez vite, il laissa comprendre à son sauveur qu'il ne tenait pas à le revoir.

Au mois de juin, le voyage de Montpellier parut enfin possible. Caroline trouva heureusement une aimable femme, Mme de La Salle, qui faisait le même trajet et voulut bien s'intéresser à son voisin. Mais à Nîmes, Comte emprunta cent quatre-vingts francs à sa compagne et la laissa continuer seule. Vive émotion à Montpellier, puis à Paris. Sa femme mit en mouvement la préfecture de police. Ce fut la dernière alerte inquiétante. Comte arriva cinq jours après Mme de La Salle; il avait eu brusquement le désir de revoir Caroline et avait perdu son temps en tergiversations maladives.

Il revient à Paris en septembre. Le ménage s'installe 159, rue Saint-Jacques, dans le quartier des pensions et des collèges. Comte est prêt à reprendre ses leçons et ses travaux. Au printemps suivant, il est parmi les collaborateurs du *Nouveau Journal de Paris et des Départements*; sous la rubrique *Economie politique*, il écrit une série de comptes rendus et de curieux articles où il explique les avantages des « chemins à ornières de fer », sans oublier d'inviter les capitalistes à soutenir son ami Mellet, concessionnaire de la ligne d'Andrézieux à Roanne.

L'homme qu'Auguste Comte veut être est sauvé. Il ne voit plus dans ses misères qu'une expérience dont l'humanité doit profiter. Pour célébrer son retour à la vie de l'esprit, il publie en août 1828 un examen du livre de Broussais sur *L'Irritation et la folie*.

Chapitre IX

LA VRAIE RÉVOLUTION

> *« Je venais d'arranger le chant de Rouget de Lisle à grand orchestre et à double chœur, et au lieu de ces mots : ténors, basses, j'avais écrit à la tablature de la partition : Tout ce qui a une voix, un cœur et du sang dans les veines. »* H. Berlioz, *Mémoires*, t. 1, p. 157.

> *« M. Comte, bien que sans culture musicale, avait une belle voix, et il chantait avec beaucoup d'effet certaines chansons, la Marseillaise, par exemple, qui, dans sa bouche, éclatait avec tout l'accent révolutionnaire. »* Littré, *Auguste Comte*, p. 250.

Le 4 janvier 1829, Auguste Comte ouvre pour la seconde fois le cours de Philosophie positive.

Il y a là le grand Fourier, Blainville, Poinsot, Navier, membres de l'Académie des Sciences, Binet, professeur au Collège de France, Broussais, que le jeune maître a déjà nommé « le fondateur de la pathologie positive ». Le Dr Esquirol est venu. Simple courtoisie pour un ancien client ? Amour de la philosophie ? Curiosité professionnelle ? Les anciens de la rue du Faubourg-Montmartre n'assistent pas tous au nouveau départ. Alexandre de Humboldt, Carnot, Montebello, d'Eichthal sont en voyage ; mais Comte retrouve Allier et Montgéry, ses camarades d'École. Il y a aussi M. Cerclet.

J'emploie le mot philosophie dans l'acception que lui donnaient les anciens, et particulièrement Aristote comme désignant le système général des conceptions humaines ; et en ajoutant le mot positive, j'annonce que je considère cette manière spéciale de philosopher qui consiste à envisager les théories, dans quelque ordre d'idées que ce soit, comme ayant pour objet la coordination des faits observés, ce qui constitue le troisième et dernier état de la philosophie générale, primitivement théologique et ensuite métaphysique.

Auguste Comte n'a plus devant lui un Cours de Philosophie positive à enseigner et un *Système de Politique* à fonder : la *politique* ne peut apparaître comme *systématique* et comme *positive* qu'à l'intérieur de la *philosophie positive*. Les deux séries de travaux ne sont plus parallèles : l'une précède l'autre pour des raisons qui tiennent à la logique du positivisme.

Avant de créer des institutions nouvelles, il est nécessaire de reconnaître l'esprit qui peut désormais dicter leurs lois aux âmes et aux cités. Cet esprit est celui qui a purifié les sciences de la nature en expulsant peu à peu les imaginations théologiques et les subtilités métaphysiques : il y a des rapports naturels entre les hommes comme entre les choses ou entre les parties d'un être vivant ; une physique sociale est possible, qui ajustera les opinions morales et politiques au service de la raison. Le sacerdoce continue, la véritable révolution est liée à l'avènement d'un nouveau clergé, gardien et apôtre de l'Évangile sans Dieu.

Auguste Comte ne recule devant aucune des fins qu'il a fixées dans ses premiers travaux : mais il en aperçoit aujourd'hui toutes les conditions. Fonder la physique sociale, c'est d'abord la voir où elle est, sur l'arbre de la science où les connaissances apparaissent comme les branches d'un tronc unique ; c'est suivre la lente montée de l'esprit positif à travers les mathématiques, l'astronomie, la physique, la chimie et la biologie, jusqu'à cette nouvelle étude, à la fois distincte et dépendante de celles qui la préparent en la précédant.

Comte est donc amené à retarder le *Système de Politique positive* afin de lui donner comme préface un tableau des conquêtes de l'esprit positif ; mais au moment où il découvre la nécessité de cette préface, il ne peut pas ignorer ce qui la rend possible et ce qui, du même coup, impose une incomparable grandeur à sa mission. Celui qui fonde la physique sociale n'a pas seulement le mérite d'apporter sa pierre à l'édifice : il pose la dernière. Il n'y a pas de septième science fondamentale, il n'y a pas de quatrième état : lorsque la sixième science fondamentale parvient au troisième état, l'esprit humain est au sommet de son histoire ; il a devant lui des plaines immenses à explorer : il ne peut pas monter plus haut.

Auguste Comte est le dernier de ceux qui fondent une science positive ; il est le premier et nécessairement le seul qui fonde la philosophie positive. Dans un monde où la recherche des causes et des fins est interdite, la philosophie n'est pas ce qui vient après la science pour répondre à des questions que la science n'éclaire pas : elle est de même nature que la science, puisqu'elle est le lieu où se rejoignent les plus hautes généralités de chaque science ; elle participe donc directement à ce qu'il y a de définitif et d'assuré dans la connaissance des faits et des lois. Cette perfection, sans doute, ne condamne pas l'intelligence au repos perpétuel, des observations inédites et des méditations plus profondes ne cesseront jamais d'enrichir sa vision de l'univers ; mais le progrès change de nature ; il n'est plus le passage d'un état à un autre ; il est un développement indéfini sur un même plan.

Le réformateur ouvre une parenthèse ; il ajourne l'organisation du nouveau pouvoir spirituel et la rédaction du livre dont il avait publié l'esquisse sous le patronage de Saint-Simon. A aucun moment il ne songe à la conséquence immédiate de ce retard : si le prêtre doit vivre de l'autel, comment vivra le prêtre dont l'autel n'est pas consacré ?

Lorsque Auguste Comte s'était enfui à Montmorency, sa bourse était vide. Ses parents payèrent tous les frais de sa maladie, ils lui achetèrent des vêtements, et la bonne Rosalie dut acquitter les humbles dépenses, depuis un raccommodage de trois francs jusqu'à une coupe de cheveux de cinquante centimes. Pendant la longue convalescence de leur fils, ils s'imposèrent de gros sacrifices pour aider le jeune ménage, tandis que Blainville et d'Eichthal aidaient discrètement Caroline. Mais ni ces secours, ni les quelques leçons qui complétèrent ne pouvaient suffire et surtout ne pouvaient durer. Comte prit la ferme décision d'avoir une situation stable; plusieurs portes furent entrebâillées : aucune ne s'ouvrit.

Le ministère qui arriva au pouvoir en janvier 1828 n'avait pas de président du conseil, mais comptait un huitième portefeuille « le Commerce et les Manufactures ». Le nouveau département fut confié à M. de Saint-Cricq. Il se trouva qu'Allier devint son secrétaire et, lorsqu'il fut question de créer des inspecteurs du commerce, il pensa aussitôt à son camarade. Comte écrivit une épître bien sonnante à l'Excellence sous les ordres duquel il désirait « servir le Roi et l'État ». Aux compliments dont le pétitionnaire ne manqua point de se gratifier, de hautes personnalités politiques et scientifiques joignirent un témoignage moins intéressé ; la demande fut apostillée par le comte Alexandre de La Borde, Ternaux, le baron Thénard, François Arago, Charles Dupin, le comte Chaptal, Fourier, Guizot et Poinsot. Mais la Chambre refusa les crédits : le commerce n'eut point d'inspecteurs.

Auguste Comte doit se résigner. Dans sa situation il n'est pas permis d'être difficile : il remplit les formalités requises pour se présenter à l'agrégation, « sauf la mômerie religieuse ». Mais à la veille du concours, l'Administration lui révèle un certain arrêté du 1er décembre 1827 : nul ne peut être candidat sans avoir été trois ans maître d'études dans un collège royal. Inutile de démontrer l'absurdité de la règle : « Nous ne tenons pas, réplique le Ministre, à avoir les premiers sujets dans l'Université ».

Comte est enchanté. Il n'a aucune envie d'être « étouffé dans cette sotte corporation pourrie » dont il annonce depuis longtemps la chute prochaine ; du moins ses amis n'auront-ils plus le droit de lui dire que ses préjugés l'ont détourné d'une carrière sûre et honorable. D'ailleurs une chaire de mathé-

matiques lui est réservée dans une École industrielle qui ne
sera pas sous la dépendance de l'Université, bien que le
gouvernement lui offre un abri provisoire à la Sorbonne.
L'établissement sera bientôt prospère, la place avantageuse,
la rentrée imminente. Mais ces certitudes ne furent jamais
vérifiées.

Les leçons restent donc l'unique ressource du convalescent; peut-être est-ce encore la besogne qui le fatigue le
moins. Les maux de tête ont cessé : les maux d'estomac les
remplacent. La digestion d'un léger repas dure cinq, six et
parfois sept heures, pendant lesquelles tout travail sérieux est
impossible; c'est en vain que le philosophe essaie de se
soustraire à son régime : un vomissement très fort termine
l'expérience après une heure ou deux d'étude. Lorsque les
vacances de 1829 dispersent les élèves, Auguste Comte
regarde avec inquiétude les mois qui conduisent au terme de
septembre : il écrit à Montpellier, il mendie quatre cents
francs.

Son père en expédie trois cents : les avances faites pour son
fils depuis la crise d'avril s'élèvent à 7.457 francs 65 centimes. Il n'est ni possible ni juste de continuer. M. Louis
Comte sait maintenant que ses yeux sont perdus, son
directeur est un homme généreux : qu'arriverait-il pourtant,
s'il était remplacé? Plus de vingt mille francs ont été
dépensés pour Auguste depuis son entrée à Polytechnique. Il
est temps de songer aux mauvais jours qui menacent Rosalie
et Alix, la sœur sacrifiée.

Misère à Paris. Misère à Montpellier.

Mais l'œuvre vit, et Comte vit de son œuvre, et tous vivent
de son œuvre. Caroline, d'après l'*Addition secrète*, aurait
offert d'accueillir un riche galant : ce qui est sûr, c'est qu'elle
est fière d'avoir sauvé le positivisme. On entend même à
Montpellier le bruit des applaudissements qui saluent le jeune
maître. Il faut voir comme les personnages des plus distingués parlent du fils Comte, le directeur de la recette, le général de Campredon, M. Caisergue le médecin, et M. Renouvier
père. Rosalie répète avec orgueil leurs compliments. Toute la

famille pleure de joie devant les brochures qui portent le nom du bien-aimé, et lorsque le prospectus du *Cours* arrive, Alix doit le recopier au plus vite, « afin d'en avoir un à nous, explique la maman, car ton papa s'empare de celui que tu lui as destiné et ne le quitte pas plus que ses lunettes. »

Le Cours de philosophie positive se déroula sans accident jusqu'à la dernière leçon ; puis, Comte le recommença ; cette fois, ce n'était plus dans son petit appartement de la rue Saint-Jacques, mais à l'Athénée. La première rencontre d'Auguste Comte avec le grand public se fit le 9 décembre 1829. En même temps le discours d'ouverture était envoyé à l'impression avec la dédicace qui offrait l'œuvre entière à Fourier et à Blainville. La *Revue Encyclopédique* le publia peu après. Les leçons suivantes parurent par fascicules. A l'entrée de l'année 1830, le positivisme avait cessé d'être une philosophie de cénacle.

Le tome premier du *Cours de Philosophie positive* sortit des presses au début de juillet. Quelques jours plus tard, l'éditeur faisait naufrage, victime de la tempête qui ruinait de plus illustres maisons.

Avec tout ce qui a une voix, un cœur et du sang dans les veines, Auguste Comte chante l'hymne aux trois couleurs. La *Marseillaise* des Révolutions vole au-devant de la République. Le 29 juillet le peuple prend le Louvre.

Le lendemain matin les murs de Paris célèbrent les vertus civiques du duc d'Orléans.

Etienne Arago déjeune place de la Bourse. Un homme se penche... Pourquoi a-t-il parlé si fort ! Un citoyen au sang chaud a entendu.

« Hé ! les amis ! Le duc de Chartres est arrêté à Montrouge. Que ceux qui veulent manger du prince viennent avec moi ! »

Hier on a tiré sur le peuple : cela donne de l'appétit. Arago le sait ; mais il est auteur de comédies ; il sait aussi comment on retarde un dénouement : il prend la tête de la colonne, tandis qu'un exprès va prévenir La Fayette.

En route pour Montrouge ! On passe devant le Vaudeville. Arago dit deux mots à l'oreille d'un machiniste en ayant l'air de recevoir une confidence. « Mes amis, s'écrie-t-il brusquement, vous ne savez pas ce qu'on m'annonce ? C'est qu'il y a une conspiration de royalistes pour venir mettre le feu au Vaudeville, attendu que c'est du Vaudeville, comme vous ne l'ignorez pas, qu'est partie l'insurrection... Commençons d'abord par visiter le théâtre, n'est-ce pas ? »

On n'a pas tous les jours la chance d'être admis dans les coulisses d'un théâtre. La proposition est bien accueillie. Arago n'oublie pas un recoin... Et pendant ce temps-là les autorités de Montrouge reçoivent un ordre irrésistible :

Dans un pays libre, laissez circuler chacun librement ; que M. le duc de Chartres s'en retourne à Joigny, et, à la tête de ses hussards, attende les ordres du gouvernement.

La Fayette. *Hôtel de Ville*, le 30 juillet 1830.

Si l'on en croit Dumas père, le messager du général était Auguste Comte.

Le 31 juillet, La Fayette embrassait le duc d'Orléans et son baiser faisait un roi. La Révolution avait trouvé son porte-drapeau ; mais Auguste Comte n'était plus de l'escorte.

Le roi de France n'est pas parti afin de laisser un trône au roi des Français. La défaite de Charles X signifie beaucoup plus que la fin d'un règne, d'une famille, ou d'une formule. Même anglaise, la monarchie est impossible : l'institution est vidée de toute substance spirituelle ; les opinions qui la soutenaient sont usées ; les rois s'en vont avec le Dieu dont ils étaient l'image.

L'escamotage de la victoire populaire, elle aussi, a un sens : la République n'est pas une chanteuse des rues ou une héroïne de barricades ; elle est une fille de la science et de la politique positive. La monarchie agonise parce que les croyances théologiques ont perdu leur force ; la République vivra lorsque les certitudes positives seront la foi des prolétaires. La véritable révolution n'est pas celle du grand soir, mais celle des cours du soir.

Enseignons aux artisans la géométrie, la mécanique, la chimie ou la physique. Inutile d'attaquer les anciennes croyances : faisons connaître les lois du monde et les hommes ne verront plus briller dans le ciel les étoiles allumées par leur fantaisie d'enfant. Il n'est pas encore possible d'organiser une éducation complète et méthodique du peuple; l'essentiel, aujourd'hui, c'est que les ouvriers se frottent assez à la science pour prendre en dégoût la théologie et la métaphysique : c'est aussi qu'en même temps « ils contractent l'habitude de voir dans les savants leurs pères spirituels ». En décembre 1830, Auguste Comte propose à l'*Association Polytechnique* d'ouvrir un cours public et gratuit d'astronomie élémentaire. Il l'inaugurera peu après dans une salle de la mairie des Petits-Pères, près de la Bourse; il devait y donner ses leçons pendant dix-huit ans.

Le républicain positiviste n'est affilié à aucune société secrète; il n'attend rien des conspirations; il souhaite qu'un dictateur, comprenant le sens de l'histoire, accepte la mission de maintenir l'ordre tandis que, sans secousses, la République se fait.

Ce dictateur n'est point parmi les meneurs bourgeois qui ont ramassé la couronne. L'anarchie qui a suivi leur triomphe prouve leur aveuglement : ils sont incapables de gouverner, ne connaissant pas la direction du courant dont ils ont capté la force. Le procès des ministres de Charles X ne laisse plus aucun doute : la colère de juillet n'est pas apaisée; la situation reste révolutionnaire.

A mort Polignac! A mort ceux qui ont fait tirer sur le peuple!

La Chambre des Pairs n'écoute pas les cris de la rue : le 21 décembre, elle condamne les quatre accusés à la prison perpétuelle. Quelle sera la réponse de la rue? La journée du 22 l'apportera. La Fayette mobilise ses gardes nationaux. Toutes les troupes de la capitale sont sous les armes. Les Polytechniciens et les étudiants parcourent la ville afin de calmer ceux dont ils ont gagné la confiance derrière les barricades. A trois heures de l'après-midi Auguste Comte rédige une *Adresse au Roi des Français,* qu'il fait signer par ses collègues du Comité permanent de l'Association Poly-technique.

Il dénonce « la frivole jactance des législateurs, qui ont voulu s'attribuer la gloire et le profit d'une régénération à laquelle ils ont été généralement étrangers ; l'extrême incurie des Chambres et du ministère pour tout ce qui concerne l'instruction du peuple ; leur dédain pour sa participation aux avantages sociaux en proportion de l'importance de ses travaux. » Aussi, se substituant à des assemblées « dont l'incapacité politique et la faiblesse morale ne sont pas moins constatées que l'impopularité », Comte et ses amis offrent leur concours à Louis-Philippe pour s'opposer à toute tentative anarchique et « imprimer à la marche générale du gouvernement la haute direction progressive, seule conforme au véritable esprit de la société actuelle. » « Sire, disent-ils en terminant, le Comité de l'Association Polytechnique, convaincu que le pouvoir personnel de Votre Majesté est aujourd'hui la seule autorité constituée dont les actes puissent obtenir l'assentiment populaire, fait reposer sur votre loyale intervention toutes ses espérances pour le rétablissement d'un ordre vraiment durable. »

Louis-Philippe ne comprenait pas le sens de l'histoire. Il persista dans son rôle de roi-citoyen. Auguste Comte avait rempli son devoir de clerc ; il n'insista point ; mais lorsqu'on le pria de revêtir l'uniforme de garde national, il refusa. Traduit devant le conseil de discipline, il déclara : « La loi porte que la garde nationale est instituée pour défendre le gouvernement que la France s'est donné. S'il s'était agi uniquement de maintenir l'ordre, je n'aurais pas refusé de prendre part aux charges que cette loi impose ; mais je refuse de prendre part à des luttes purement politiques. Je n'attaquerai jamais à main armée le gouvernement. Mais, étant républicain de cœur et d'esprit, je ne puis prêter le serment de défendre, au péril de ma vie et de celle des autres, un gouvernement que je combattrais si j'étais homme d'action. »

Le conseil lui infligea trois jours de prison pour son refus ; quant à son plaidoyer, il pouvait le conduire devant la cour royale. Le philosophe jugea donc sage de prévoir une plus longue hospitalité; il fit des provisions de papier, d'encre et de cire à cacheter, comme s'il devait passer trois mois sous les verrous; il déménagea une partie de sa bibliothèque et convoqua ses élèves à la prison. « La vérité, disait Caroline, est que M. Comte trouva qu'on le dérangeait lorsqu'on le mit à la porte au bout de trois jours. »

La République est une vérité : elle est donc relative à certaines conditions d'existence, elle ne peut et ne doit venir qu'à son heure. La garde nationale sera mobilisée afin de retarder cette heure? Comte n'en est pas. L'émeute s'efforce de l'avancer? Comte n'en est pas davantage. Les républicains aux manières bonapartistes ne sont pas plus « dans le mouvement » que les monarchistes aux manières libérales : les uns et les autres confondent les genres politiques parce qu'ils ne voient pas leur succession naturelle dans le temps. En acceptant d'assister les accusés d'avril, Comte défend l'idée en marche, non la marche insurrectionnelle.

En avril 1834, des émeutes éclatent dans une dizaine de villes; le massacre de la rue Transnonain termine celle de Paris. Le gouvernement décide de traiter ces soulèvements comme la suite d'une même conspiration et traduit tous les inculpés devant la Chambre des Pairs, constituée en Haute Cour de Justice. Les accusés de Paris répliquent par un projet qui doit transformer ce procès monstre en une manifestation monstre : ils confient leur défense à un comité d'avocats et de conseils où entreront les personnalités républicaines que désignent leur probité, leurs lumières et leur influence, représentants de la force morale face à « la force brutale armée de ses budgets et de ses bataillons ». Armand Marrast donne le nom d'Auguste Comte.

Le rédacteur en chef de *La Tribune* est aussi l'auteur d'un *Examen critique des leçons de M. Cousin* qu'Auguste Comte a jugé spirituel et énergique. Le fondateur du positivisme ne saurait résister à la demande flatteuse d'un prisonnier aussi sympathique; il entre dans le comité avec Voyer d'Argenson, Buonarroti, Armand Carrel, Raspail, Jean Reynaud, Jules

Bastide, Blanqui, Pierre Leroux, Hippolyte Carnot, La Mennais, Etienne Arago, Barbès.

Le procès commença en mars 1835. Il y avait 164 accusés, 4.000 témoins, 17.000 pièces à examiner. Les condamnations ne furent prononcées qu'au début de l'année suivante. En juillet, Marrast, Cavaignac et quelques autres avaient simplifié la tâche des Pairs en quittant discrètement Sainte-Pélagie.

Auguste Comte n'eut pas à plaider; mais, en se mêlant à « la cohue d'avril », il put voir à l'œuvre le parti républicain et constater son incurable anarchie. Un jour, tous les défenseurs furent transformés en inculpés simplement parce que l'un d'eux s'était avisé d'injurier la Haute Cour en leur nom : Michel, de Bourges, avait adressé une lettre publique aux prisonniers de Sainte-Pélagie afin d'affirmer la fraternité des défenseurs et des accusés devant les injustices prochaines de la Chambre des Pairs. « L'infamie du juge, s'écriait-il, fait la gloire de l'accusé ! » Comte fit une scène violente au comité; il fut le premier, paraît-il, à retirer une signature qu'on ne lui avait pas demandée et ses collègues suivirent son exemple.

L'honneur de défendre les républicains n'était pas sans inconvénients. Une fois de plus, le philosophe s'est compromis sans penser à ses intérêts; il oublie qu'il est fonctionnaire et que son traitement est sa seule fortune : depuis 1832, il est répétiteur d'analyse et de mécanique à l'École Polytechnique. M. Navier, dont il devenait l'assistant, avait obtenu sa nomination. Mais Comte l'accepta comme une première et provisoire reconnaissance de ses mérites : il ne manque plus une occasion de manifester sa volonté de monter plus haut.

Déjà en février 1831, il a posé sa candidature à une chaire d'analyse et de mécanique rationnelle de l'École. En juin 1832, il guette le poste de secrétaire perpétuel de l'Académie des Sciences, puisqu'il est question d'appeler un savant étranger à l'Institut. Quatre mois plus tard, il demande audience au ministre de l'Instruction publique et lui remet une note sur la nécessité de créer au Collège de France une chaire d'*Histoire générale des sciences physiques et mathématiques.* Il conserve dans ses tiroirs des lettres élogieuses de Guizot et dans sa mémoire des promesses dont l'échéance arrive ; il ne suppose pas un instant que les souvenirs d'un homme d'État puissent vieillir. En mars 1833, n'ayant reçu aucune réponse, il fait remarquer au ministre que l'examen du projet doit être terminé et le prie sèchement de prendre une décision.

En 1835, nouvel échec à Polytechnique, pour une chaire de géométrie ; mais, pendant les vacances de l'année suivante, la disparition imprévue de Navier laisse libre une des deux chaires d'analyse et de mécanique rationnelle. A la rentrée, le répétiteur est naturellement chargé de la suppléance : son succès est éclatant ; le directeur des études, le physicien Dulong, déclare ses leçons admirables ; les élèves ne pensent pas qu'on puissent leur donner un meilleur maître. Rien à craindre du côté du gouvernement : le ministre de la guerre est le général Bernard, qui devait emmener le jeune Comte aux États-Unis. Tout dépend donc des propositions qui seront faites par l'Académie des Sciences et le Conseil d'Instruction de l'École.

L'Académie des Sciences délibère le 24 octobre : au premier scrutin, deux voix seulement désignent Auguste Comte ; au second tour, elles se perdent dans la majorité qui présente un de ses camarades de promotion, Jean-Marie Duhamel, celui qui avait accepté d'être témoin à son mariage civil.

Pendant deux mois, Auguste Comte a enseigné les mathématiques à des polytechniciens : il a donc connu le plus haut triomphe pédagogique qu'un professeur puisse espérer. Il juge l'épreuve décisive : son succès lui donne des droits sur la chaire qu'il va quitter. En attendant, il accepte la compensation que Dulong lui obtient : il est nommé examinateur d'admission et, en 1837, il fait sa première tournée à travers la France.

Auguste Comte reçoit deux mille francs comme répétiteur et trois mille comme examinateur. Il est en outre professeur de mathématiques spéciales à l'Institution de M. Laville, située à l'angle de la rue Méchain et de la rue du Faubourg-Saint-Jacques. Le nouveau traitement et les bénéfices que lui laissent ses indemnités de voyage portent son revenu à une dizaine de mille francs. Ce n'est pas la richesse. Ce n'est plus la misère : en ce temps-là, dans un bon hôtel de province, à *La Corne de Cerf* de Rennes, ou au *Grand Hôtel Marin et des Colonies,* de Bordeaux, vous avez une chambre à trois francs la nuit et l'on vous sert une aile de dinde pour vingt sous.

Pourtant, le baromètre du foyer enregistre toujours d'impressionnantes variations.

En 1833, une nouvelle séparation éloigne Caroline. Une vingtaine d'années plus tard, Comte n'y trouve d' « autres motifs réels que le besoin d'une liberté effrénée et le dépit de ne pouvoir commander arbitrairement. » Après une absence de quatre ou cinq mois, ajoute-t-il, « je fus assez bon pour solliciter la rentrée, enfin octroyée dédaigneusement. »

Bientôt sa femme ne sera plus que la compagne de son génie. Il ne manquera pas de donner à Clotilde un point de repère aux allures de symbole : un an avant le mariage de celle qui est son unique épouse devant l'Humanité. C'est aussi vers cette époque que la petite vérole défigurera Mme Comte. Mais l'histoire juxtapose souvent des faits dont la succession ou la coïncidence n'a aucun sens.

En mai 1838, troisième séparation. A distance, le mari invoquera ses justes répugnances envers de coupables visites. Vues de près elles étaient sans doute d'une répugnance moins décisive ; trois semaines après son départ, Caroline reprend sa place au foyer. Cette fois, Comte n'a pas demandé la réconciliation et même il déclare que la prochaine rupture sera définitive. Ceci dit, il se montre plus tendre que jamais et, pendant sa tournée de l'été, ne cesse de souhaiter la présence de « sa chère amie ».

« J'espère que vous ne prendrez point pour une gasconnade le regret que j'éprouve que notre situation financière ne me permette pas de faire le voyage avec vous, dans notre chaise de poste, ce qui serait, à vrai dire, la seule manière dont la tournée pût me plaire habituellement ».

Il est vrai qu'au cours de ce même mois de mai 1838, Comte s'est plaint d' « une indisposition intense et plus prolongée que d'ordinaire à l'ouverture du printemps ». Le souvenir d'avril 1826 grimace.

Le troisième volume du *Cours* sort de l'imprimerie. La pensée du prochain devient lourde : ce sera le dernier, celui qui portera la science nouvelle appelée par l'Histoire au sommet de la philosophie positive. Comte résiste de toutes ses espérances à la crise qu'il craint de reconnaître. La même trépidation l'agite. Les mêmes accusations contre Caroline reviennent. Où sont les causes ? Où sont les effets ?

L'explication du grand prêtre n'est peut-être pas la moins juste : c'est la sociologie qui naît.

Chapitre X

SOLITUDE DE LA CHAIRE

> *Car voici que nous avons mené les choses à la fin.*
> *L'homme a travaillé et il n'est point resté inactif ; il a travaillé tant que le jour était long et depuis le matin jusqu'au soir, et pendant toute la nuit,*
> *Et sept jours par semaine, et il a fabriqué son œuvre.*
> *Il halète et peut-être qu'il voudrait se reposer. Mais voici que son œuvre vit sous lui, et qu'elle ne veut pas s'arrêter, et il est devenu son esclave, car il est pris par les pieds*
> *Et par les mains et il ne peut pas en détourner les yeux.*
>
> Paul CLAUDEL, *Tête d'Or (2ᵉ version)*, Mercure de France, 7ᵉ éd. 1923, p. 278-279.

Lorsque Auguste Comte publiait le premier volume du *Cours*, il en prévoyait trois autres qui suivraient sans longs entractes. Mais il n'écrivait qu'au moment où l'imprimeur était prêt à travailler : après la Révolution de Juillet qui ruinait la maison Rouen, la rédaction fut suspendue en même temps que l'édition. Comte attendit, pour reprendre la plume, que le sort de l'entreprise fût assuré.

Ses recherches furent lentes, car il n'avait aucun goût pour ce genre de démarches, et la situation commerciale était difficile. Il resta sans éditeur jusqu'au jour où son camarade Mellet le mit en rapport avec la librairie Bachelier, 55, quai des Augustins. Un traité fut signé en mars 1833.

Le *Tome deuxième, contenant la Philosophie astronomique et la Philosophie de la Physique* parut en avril 1835 : un Avis de l'Auteur annonçait que la publication serait terminée à la fin de l'année. Or, à cette date, il avait tout juste écrit et imprimé la première partie de son *Tome troisième, contenant la Philosophie chimique et la Philosophie biologique*; l'ouvrage ne sortit qu'en mars 1838 : « le quatrième et dernier » arriverait au milieu de la prochaine année.

Le *Tome quatrième* parut en effet au milieu de 1839, mais il n'était pas le dernier. Auguste Comte avait préparé ses soixante-douze conférences du cours oral sans écrire une ligne : devant son encrier et son papier, il découvrait que sa pensée avait des exigences imprévues. Il ne serait pas trop d'un volume entier pour exposer les principes théoriques de la physique sociale, que la 47ᵉ leçon appelait aussi *sociologie*, afin de désigner la science nouvelle comme les cinq précédentes par un nom unique; un « cinquième et dernier » tome présenterait la partie historique.

Nouvelle imprudence. Auguste Comte écrivit d'abord ses leçons sur la politique théologique et la politique métaphysique. La 52ᵉ eut 92 pages; la suivante s'étendit sur 146 pages et la 54ᵉ sur 156; la puissante étude de la transition révolutionnaire en prit 230. Il fallut ajourner l'appréciation de la politique positive et les conclusions générales du *Cours*.

Il n'y eut pas de septième tome parce que le sixième absorba 854 pages, sans compter la préface.

Ainsi l'orage qui gronde au printemps 1838 est bien un présage; quelque chose de nouveau commence : la logique du système se substitue à la volonté de l'auteur.

Les cinq premières sciences, équarries et fortement scellées, dressent leurs étages superposés, édifice grandiose et didactique comme toute œuvre de pensée ou de pierre que nous appelons épique. Mais au moment de bâtir la flèche, l'architecte aperçoit la pauvreté de son devis, l'œuvre parle et demande sa perfection.

Le créateur découvre sa création. Il sent le poids d'une nécessité qui est en lui et qui n'est pas de lui. Il reconnaît les devoirs de ceux qui donnent la vie. Il accepte la chose qu'il a mise au monde. Il n'a pas le droit de lui refuser les dimensions et les formes qui sont inscrites dans sa nature. Le créateur subit l'enchantement et le chantage de sa création.

Plus que tout autre, Auguste Comte court le risque de ces enivrantes surprises. Chacun de ses livres est d'abord le motif d'un long conciliabule intérieur; toutes les puissances de son esprit sont tendues; une réflexion ardente fixe les idées, subordonne les rapports, ajuste les raisons; sa mémoire enregistre à mesure alinéas et leçons jusqu'au moment où une coupure est possible. Alors les typographes peuvent se préparer; le volume est fait: Comte va écrire.

Une seule rédaction, une seule épreuve, pas de brouillon; pas de corrections; si les vacances le permettent, pas d'interruption. Les trois cents pages sur l'astronomie furent écrites en cinq semaines; vingt-sept jours suffirent pour les deux cent soixante-seize qui, à l'entrée du sixième tome, racontent les progrès de l'esprit positif avant son ère.

Il n'est pas étonnant qu'Auguste Comte ait attendu la dernière ligne de son *Cours* pour en soupçonner l'étendue: plus que le double de ce qu'il avait prévu. Ce n'est d'ailleurs pas le plus grave inconvénient de sa méthode. Les deux temps de dilatation et de relâchement qui marquent le rythme de son effort secouent l'être entier; ces excès systématiques de l'intelligence excitent et épuisent l'activité nerveuse; accentuant les dispositions d'une humeur naturellement émotive, ils poussent à un plus haut degré les phases d'exaltation et de dépression. Ces travaux volontairement forcés tiennent la sensibilité dans un état d'extrême irritabilité: les explosions peuvent être beaucoup plus que de simples colères; l'épisode d'avril 1826 le prouve.

Auguste Comte n'a jamais oublié cet avertissement; la menace de 1838, puis celle de 1845 justifient sa méfiance. Mais le surmenage méthodique a des effets plus obscurs que les crises. Il y a dans l'esprit des zones indécises où l'imagination joue avec les songes et les choses, vole du réel au rêve, brode de merveilleux avenirs. Folle ou folâtre? On ne sait. Là naissent les ambitions incroyables, les hypothèses qui transforment le monde, les hautes aventures qui s'achèvent en délire ou en poésie. Les méditations de Comte exigent de son esprit un tel repliement qu'elles le poussent dans ce refuge où la lumière de la terre n'est plus maîtresse des formes. Le philosophe rentre en soi-même et n'en sort plus.

Il perd l'habitude de lire, et même à partir de l'année 1838, cette abstinence devient systématique, symbole de ses rapports avec le monde extérieur.

Il ne peut plus être que ce qu'il veut être : rien désormais ne refoulera un impérialisme pédagogique mûri par vingt années de chaudes espérances.

Il y a un éducateur suprême auquel l'histoire a confié l'âme de la cité positive : à cet homme de demain, les hommes d'aujourd'hui n'ont rien à apprendre ; il est dispensé de lire leurs œuvres et surtout d'écouter leurs objections ; le monologue est pour lui un droit et un devoir. Aussi, à tout instant, en tous lieux, Auguste Comte fait-il la leçon. L'univers n'est qu'une immense école dont il est le régent. Ses contemporains ne sont plus tout à fait ses semblables : ils sont ses élèves.

Puisque la famille, l'État, l'Université, l'Institut, l'École Polytechnique ont une destinée positive, Comte ne saurait oublier les réalités prochaines lorsqu'il s'adresse à sa femme, aux ministres, aux savants, aux académiciens ; il attend d'eux cette intelligence et cette soumission dont la plus digne expression est le silence d'une classe qui écoute : il y a toujours dans ses malheurs quelque chose qui rappelle ceux d'un professeur coulé.

D'abord il y a des faux maîtres dont il ne doit jamais oublier les machinations. Un bruit court, même dans les milieux où l'on n'a aucun intérêt à l'accueillir : des esprits affranchis, comme Armand Marrast, prennent l'auteur du *Cours* pour un saint-simonien dissident. Puisque Michel Chevalier, rédacteur en chef du *Globe,* a l'audace de répéter ce mensonge dans le journal de sa coterie, Auguste Comte n'est pas fâché de mettre publiquement les choses au point : les pères suprêmes ou non suprêmes, déclare-t-il, ont fait leur éducation philosophique et politique à mon école ; mais, incapables de comprendre la marche scientifique de mon enseignement, ils ont trouvé plus expéditif de fabriquer une nouvelle religion, qui est une misérable parodie du catholicisme ; le positivisme n'est donc pas un schisme saint-simonien : c'est le saint-simonisme qui est une hérésie positiviste.

Dans ses lettres, dans ses préfaces, dans les notes du *Cours,* il ne cesse de renvoyer le lecteur au *Système de Politique positive* de 1822 et aux *Considérations sur le pouvoir spirituel* de 1825 et 1826 : ces dates sont des titres de propriété ; elles établissent l'unité et l'originalité de sa pensée : il suffit de les rappeler pour distinguer le positivisme authentique de ses contrefaçons. Il oublie qu'elles rappellent aussi la longue amitié de sa jeunesse : mais il distingue la coterie et celui qui lui a donné son nom ; ce qui le gêne dans le saint-simonisme, ce n'est pas le souvenir de son ancien maître, c'est la présence de ses anciens élèves. Les aventures posthumes de Saint-Simon ne l'intéressent pas : il méprise trop cette théophilanthropie réchauffée pour douter un instant de sa faillite ; il s'émeut seulement lorsqu'il croit reconnaître son positivisme mêlé aux radotages théologiques de Saint-Simon. M. Bazard et M. Enfantin sont les patrons d'une école concurrente ; ils lui ont déjà enlevé un disciple, et quel disciple ! son ami Gustave d'Eichthal : ils menacent une chaire dont l'enseignement est pourtant au-dessus de leurs attaques ; le philosophe reste calme, le professeur se défend.

C'est encore un faux ami des lumières qu'il châtie dans *Le National* du 8 octobre 1833. Ainsi M. Guizot n'est pas disposé à créer une chaire d'histoire des sciences au Collège de France : il se trompe, s'il espère enterrer le projet. Il a d'abord usé de ces formules avec lesquelles un ministre fait poliment comprendre qu'il vaut mieux ne pas insister. Ruse d'écolier qui ne veut pas répondre : « j'insiste très fortement », réplique Auguste Comte dans un ultimatum d'une logique insolente. Ce fut le dernier avertissement du maître : la punition du ministre sournois fut une réprimande publique dans un journal républicain.

Toutes les fois qu'il sollicite le suffrage des académiciens, Comte ajoute une dissertation dont il est le seul à ne pas entendre le ton désastreux : il semble croire que toute vérité est bonne à dire, même à des électeurs. Au principe de nos institutions enseignantes, il y a, pense-t-il, une confusion : lorsqu'une place est vacante, les candidats sont jugés sur des travaux qui les qualifient comme savants, non comme professeurs. Les savants sont parfois les premiers à se plaindre d'un régime qui enlève à la science le temps dévoré par l'enseignement et les jurys d'examen ; mais Auguste Comte songe à l'autre danger : une chaire de mathématiques attend un professeur et c'est un calculateur qui l'obtient. Un mathématicien ou un physicien éminent peut être un détestable professeur ; découvrir est un talent, exposer en est un autre. La capacité scientifique n'implique pas la capacité didactique : souvent même, elle l'exclut ; elle oriente la recherche vers des problèmes de plus en plus limités ; elle réclame un « esprit de détail », alors que l'enseignement exige un « esprit d'ensemble » qui subordonne les parties au tout et coordonne les parties dans le tout. Le vrai savant, aujourd'hui du moins, c'est le spécialiste ; le vrai professeur, c'est le philosophe.

L'Académie, corps de spécialistes, est chargée de reconnaître les candidats dignes de remplir les plus hautes fonctions de l'enseignement scientifique ; c'est une absurdité, et justement Comte voudrait que l'Académie le comprît. Dès 1836, il l'invite à se méfier d'elle-même. « Depuis son origine jusqu'à une époque très récente, écrit-il au Président, cette illustre compagnie n'a eu essentiellement à faire d'autres élections que celles de ses propres membres. Lorsque, de nos jours, elle s'est trouvée investie de la nomination à diverses chaires, elle a été naturellement conduite, par l'entraînement presque irrésistible d'habitudes profondément enracinées, à y procéder dans le même esprit qu'à ses élections académiques, c'est-à-dire en considérant comme titres prépondérants les mémoires spéciaux sur des points particuliers de la science. » En termes plus directs, les membres de l'Académie des Sciences ne savent pas choisir et Auguste Comte va le leur apprendre.

Il veut bien faire une concession et ne pas discuter « la constitution actuelle de l'Académie des Sciences, dont le principal caractère consiste à être exclusivement composée d'esprits spéciaux, uniquement livrés à la culture isolée de diverses subdivisions de la philosophie naturelle. Quels que puissent être aujourd'hui, à mes yeux, les vices essentiels d'une semblable organisation, je dois l'accepter comme un fait, que je ne pourrais modifier. » Mais il appartient à l'Académie de limiter elle-même les mauvais effets de ses vices : il est naturel qu'elle offre un fauteuil aux auteurs de *mémoires* qui demandent une chaire ; il est juste qu'elle reconnaisse dans le *Cours de Philosophie positive* la grande réussite didactique qui qualifie son auteur pour un haut enseignement scientifique.

« Je compte principalement, en cette circonstance, sur la haute raison des membres que la nature de leurs travaux doit affranchir de préjugés mathématiques. » Après avoir ainsi opposé les membres de la section compétente à leurs collègues, le candidat excuse sa longue épître en donnant une dernière leçon à ses juges : « Des réflexions destinées à perfectionner une partie essentielle des attributions de l'Académie ont peut-être autant de droits à son attentive sollicitude que les communications journalières sur les points de doctrine dont elle s'occupe. »

Au principe de tout enseignement, il y a une volonté désintéressée. Même lorsqu'il guette une place, Auguste Comte n'arrive pas à fixer son attention devant une fin personnelle ; il est moins pressé de recevoir que de donner : ce qu'il désire est justifié par ce qu'il sait ; il commence donc par exposer ce qu'il sait. Aucune habileté à l'envers de cette probité : il n'en profite pas pour soigner ses intérêts en se disant que c'est encore la meilleure façon de servir l'intérêt général. Au contraire : puisque le bien commun implique le sien, il s'en fait le théoricien et le défenseur, ce qui le dispense d'assurer sa fortune par des moyens plus directs. Ses intérêts se perdent dans l'intérêt général.

Aussi les a-t-il rarement retrouvés. Le bien commun n'est pas aussi visible qu'Auguste Comte le pensait : l'Académie ne reconnut jamais qu'il exigeait la présence d'un professeur de philosophie positive dans une chaire de mathématiques. D'ailleurs l'accord était difficile avec un homme qui prétendait en dicter seul les clauses et que l'âge rendait de plus en plus intransigeant.

L'année 1838 le jette définitivement en marge du siècle. A mesure qu'il écrit l'histoire de la société, il cesse lui-même de renouveler son être social. C'est alors qu'il justifie son adieu aux livres du jour ; il n'a ni le temps ni le goût de lire ce qui paraît : son abstinence devient une règle d'hygiène. C'est alors qu'il réduit le cercle familial : un mot de sa sœur l'irrite ; il prétend que Caroline a été insultée ; il soupçonne Alix de capter la confiance et la fortune de leur père ; il oublie que sa mère est morte à la fin de l'avant-dernier hiver et abandonne le pauvre homme à demi aveugle. Pendant huit ans il ne lui écrira pas un mot : lorsque les examens le conduisent à Montpellier, il s'abstient de le voir.

Pourtant une voix le tire hors de sa cellule. Mme Auguste Comte s'est attribuée le mérite de la première évasion : ne sachant comment le distraire de son travail, elle aurait obtenu un jour qu'il acceptât une place à l'Opéra italien. Il fut enthousiasmé ; il y retourna, puis, à partir de 1840, eut un abonnement. Lorsque les Italiens n'étaient plus à Paris, sa merveilleuse mémoire chantait les airs qu'il avait le mieux aimés, et en attendant la saison suivante, il lisait Dante, Pétrarque, Arioste, Tasse, « dont la mélodie si expressive me rappelle plus nettement les impressions musicales ».

Mais le fondateur du positivisme ne peut jouir d'aucun divertissement véritable : son système ne laisse échapper aucune heure de sa vie ; la « révolution esthétique » le met en communion plus intime avec l'esprit d'Humanité. Les beaux-arts ont une histoire qui suit le rythme de la civilisation. L'âme a besoin de vivre au-dessus d'elle-même ; avec ses vérités, elle crée des figures idéales où resplendissent les perfections qu'elle aime. Chaque âge a ses vérités : avec des idées nouvelles, le positivisme promet un idéal nouveau ; il régénère l'esthétique après la science et le régime social. L'art « qui partout voit ou cherche l'homme » le trouve enfin ; après avoir chanté les dieux et la nature, il va chanter l'homme affranchi des dieux et maître de la nature.

> C'est à chanter les prodiges de l'homme, sa conquête de la nature, les merveilles de sa sociabilité, que le vrai génie esthétique trouvera surtout désormais, sous l'active impulsion de l'esprit positif, une source féconde d'inspirations neuves et puissantes, susceptibles d'une popularité qui n'eut jamais d'équivalent, parce qu'elles seront en pleine harmonie, soit avec le noble instinct de notre supériorité fondamentale, soit avec l'ensemble de nos convictions rationnelles. Le plus éminent poète de notre siècle, le grand Byron, qui a, jusqu'ici, à sa manière, mieux pressenti que personne la vraie nature générale de l'existence moderne, à la fois mentale et morale, a seul tenté spontanément cette audacieuse régénération poétique, unique issue de l'art actuel.

L'année 1839 est agitée. Comte écrit son quatrième volume et commence à découvrir les dimensions de son œuvre. En décembre sa femme craint une crise ; elle prévient Blainville et lui décrit les symptômes qui l'effraient : « des reproches grossiers, des mots durs, des violences hors de proportion avec ce qui les détermine, une puérile et minutieuse attention à prouver et à faire sentir le pouvoir de celui qui gagne, tout cela plus ou moins fort depuis plus d'un an, et augmentant depuis deux mois. » Heureusement Comte lui-même sent la nécessité d'un repos mental prolongé et n'attaque son cinquième tome que le 21 avril. Mais la mort de Poisson lui apporte une nouvelle occasion de s'exalter.

Duhamel devient examinateur de sortie : une chaire d'analyse transcendante et de mécanique rationnelle est, une fois de plus, vacante. La nomination du répétiteur paraît probable. Les élèves la souhaitent ouvertement. Auguste Comte reste calme ; il décide de ne faire aucune visite, estimant d'ailleurs que ces salamalecs ne modifient jamais les dispositions des électeurs.

Son concurrent, Sturm, n'est pas un brillant professeur : mais il est membre de l'Académie des Sciences ; c'est un de ces spécialistes dont les maîtres du jour apprécient les petits travaux. Au milieu de juillet, Auguste Comte n'est plus aussi certain de son succès. Il est vrai que la décision finale l'intéresse déjà moins : il a beaucoup mieux qu'une chaire.

> La noble jeunesse qui est maintenant à l'École, et qui pourtant ne profiterait pas de mes leçons si je suis nommé (puisque je me trouverais avoir les nouveaux que va fournir le prochain concours), s'est portée héritière des traditions relatives aux leçons que je fis, il y a quatre ans, au grand contentement de tous, élèves et fonctionnaires. Par pur amour de la justice et simple aversion de l'intrigue, cette généreuse jeunesse, à laquelle je ne pourrai plus penser sans une douce et profonde émotion, s'est unanimement décidée, il y a quinze jours, à faire elle-même les démarches de candidature dont j'ai cru devoir m'abstenir, et a envoyé chez tous les membres du Conseil de l'École des députations chargées de leur exprimer convenablement le vœu prononcé des élèves de m'obtenir comme professeur.

Et il pleure de joie en racontant à son cher Valat « cette démarche sans exemple... bien faite, en cas d'échec, pour me consoler d'avance ». Mais cette consolation anticipée est singulièrement agressive. Il s'enivre de son triomphe, défie ses ennemis, se promet de « faire rougir un jour à la face du public européen » ceux qui seraient responsables de l'accident. Il traite les savants actuels de pauvres personnages et trace un programme belliqueux dont la désastreuse préface du sixième tome sera le développement.

C'est dans ces dispositions que trois jours plus tard, le 13 juillet, il écrit au Président de l'Académie des Sciences. Il lit sa lettre à Blainville et à Poinsot, puis la dépose au secrétariat de l'Institut le 27 juillet. Il a prié ses deux amis d'en exiger la lecture, se moquant des craintes méticuleuses de son ancien maître. Il attend tranquillement la séance du 3 août.

Blainville demanda donc lecture du document. C'était l'ancienne lettre de 1836 délayée et aggravée. Après les deux premiers alinéas, Thénard, appuyé de M. Alexandre Brongniart, proposa de ne pas aller plus loin, ce qui fut aussitôt accepté. Comte n'eut d'autre ressource que d'envoyer son épître aux journaux, précédée d'un avis où il en appelait au « public impartial et éclairé, supérieur aux passions et aux préjugés des coteries scientifiques ».

Bien entendu, le Conseil de l'École désigna Sturm; mais Auguste Comte ne lit pas la rubrique des faits divers : ce qui arrive n'empêche jamais ce qui doit arriver.

Les géomètres de l'École redoutent la concurrence d'un enseignement vraiment philosophique; les membres de l'Institut tiennent à leur monopole des hautes places : le candidat évincé distingue trop clairement les passions de ses juges pour leur supposer des raisons; il méprise leur pauvre conjuration sans mystère. L'escamotage de sa lettre est une comédie arrangée depuis huit jours. Comme par hasard, l'académicien qui intervient a un fils qui s'est présenté sans succès au dernier concours de Polytechnique; le père n'a sans doute pas oublié l'examinateur. Comme par hasard aussi, le Conseil attendit le 21 août pour prendre une décision : à cette époque, les cours sont terminés, les votants ne sont pas tous à Paris, les élèves sont à la veille de leurs examens ou de leurs vacances. M. Sturm est le grand homme d'une coterie dont les machinations sont décidément trop visibles.

Mais les complots n'ont jamais servi que les hommes ou les régimes d'un jour. N'a-t-on pas mis le *Journal des Débats* à l'entière disposition de la victime? Des élèves n'ont-ils pas exprimé tout haut leur mécontentement? Comte imagine aussi spontanément les mythes glorieux que les conjurations : cinq jours après la réunion du Conseil, il décrète que le public impartial a jugé; l'Académie est honteuse, les meneurs sont embarrassés de leur victoire et surtout de leur vainqueur. Pauvre Sturm! Il n'aura même pas eu la chance d'être condamné sans être entendu. Il n'aura même pas la ressource de se dire méconnu. Comte lui accorde une vingtaine de leçons : la généreuse jeunesse ne souffrira pas davantage son incapacité. Alors sans doute les chefs désemparés se tourneront vers le héros que la voix populaire appelle : il est préférable de leur épargner dès maintenant toute illusion. « Quoiqu'il arrive, j'ai déjà averti que l'on n'eût pas à compter sur moi pour calmer les élèves, en usant auprès d'eux de mon ascendant moral : je me tiendrai, en tout cas, parfaitement coi, et c'est tout ce qu'on a le droit d'espérer de moi. »

Ainsi Auguste Comte marche de victoire en victoire ; ses échecs aux yeux des hommes sont les brusques remous qui meurent à la surface de tout destin triomphant : aucune expérience ne peut contredire la logique de sa mission. A mesure qu'il s'élève, d'autres s'abaissent ; il comprend qu'il est un homme dangereux et qu'il doit l'être ; la coalition des forces méchantes est une nécessité positiviste avant d'être un fait positif : elle existe par définition.

La réalité de l'adversaire est une constatation logique : il reste à reconnaître ses visages. Comte n'a pas le temps d'hésiter. Des certitudes le traversent, instantanées comme l'éclair. Des intuitions subites lui révèlent le secret des cœurs. Il donne même un nom au malin génie qui inspire les conjurés : il s'appelle Arago.

Entre le philosophe et le monde, il n'y a plus d'opposition possible : le philosophe est vraiment la conscience du monde. En lui, plus de tendances rivales, plus de désirs errants. Chaque pensée, chaque image est une force affectée du signe positif : tout s'ajoute et pousse dans le même sens.

La préface du sixième volume du *Cours* n'est pas un coup de tête. Depuis la nomination de son « indigne rival », Auguste Comte se promet de dire ce qu'il a sur le cœur, sans cacher que sa position pourrait bien sauter. Les fonctions d'examinateur et de répétiteur à Polytechnique sont annuelles. Le Conseil de l'École procède chaque été à de nouvelles élections : la coalition des spécialistes a donc un moyen facile de se venger. Mais cette perspective agit plutôt à la manière d'un excitant.

Dans les derniers jours de 1841, Comte aborde la seconde moitié de sa cinquante-septième leçon. Il a terminé l'histoire de l'esprit positif ou plutôt sa préhistoire ; il arrive à l'époque contemporaine et se propose d'apprécier « les rudiments d'esprit positif qui sont déjà installés chez nous », c'est-à-dire les géomètres et les physiciens qui siègent à l'Académie et au Conseil de l'École. Il n'a donc pas cherché la lutte : au moment de définir la science de demain, il est obligé de peindre les savants d'aujourd'hui. Il ne s'agit pas d'une querelle personnelle, mais d'un devoir philosophique.

Auguste Comte sent monter l'allégresse du créateur à la veille du septième jour. Il jouit de sa gloire future ; il est enfin sûr que ce tome est le dernier ; dans quelques mois, il va laisser une œuvre qui a consumé douze années de sa vie. Sa joie illumine ses souvenirs : les mémorables leçons de 1836, la manifestation de la généreuse jeunesse de 1840, l'amitié récente du grand penseur anglais Stuart Mill ont un sens profond qui justifie toutes les imprudences. D'ailleurs les signes se multiplient : les digressions philosophiques de ses conférences populaires d'astronomie soulèvent les criailleries de la canaille théologique, et même le *Cours* aurait déjà « les honneurs de *l'Index* ». L'homme qui a ouvertement bravé les plus puissantes croyances va-t-il reculer devant les passions de la tourbe spéculative ?

Il dira la vérité. La philosophie, ou somme des connaissances, ne peut être positive tant que l'une de ses parties ne l'est pas encore ; avant le *Cours,* l'homme échappait à la science : il n'y avait donc pas de philosophie positive et le caractère positif était nécessairement attaché à des travaux de spécialistes. Mais spécialisation et science ne sont pas synonymes : une fois la sociologie constituée, la philosophie positive devient possible et tout naturellement l'esprit d'ensemble reprend la prépondérance sur l'esprit de détail. La primauté des spécialistes n'est qu'un épisode dans l'histoire : elle disparaît le jour où le sociologue rend à la philosophie sa couronne de reine des sciences.

Il n'est pas étonnant que les spécialistes trouvent l'abdication amère. Jadis, au temps de la splendeur catholique, il y avait un clergé supérieur à sa doctrine ; la science moderne nous présente un contraste exactement inverse : les docteurs sont inférieurs à la doctrine. « Les maçons actuels ne veulent plus souffrir d'architectes. »

Fortes paroles que l'architecte commente en une trentaine de pages. Il a le devoir d'éclairer le public sur les grands hommes aux petits travaux, et de lui enlever toute illusion sur la valeur des Académies. Il dénonce leur médiocrité intellectuelle et leur insuffisance morale ; car tout se tient : une âme de spécialiste est presque nécessairement une âme d'égoïste ; pas de générosité sans une certaine aptitude aux généralités.

Face à cette *pédantocratie,* Comte sent une profonde vérité : il n'y a de redoutables que les ennemis de l'intérieur. Son aventure est celle de tous ceux qui ont travaillé dans le sens de l'Histoire. Et voilà qu'une image s'avance devant lui où brille une mitre à trois couronnes.

Le grand Hildebrand, poussant définitivement le clergé catholique à la tête de la société européenne, ne rencontra jamais, en réalité, de plus redoutables adversaires que chez la corporation sacerdotale, alors bien plus choquée de la difficile réformation spirituelle qu'exigeait d'abord un tel triomphe, que touchée d'un ascendant dont la plupart de ses membres avaient peu d'espoir de jouir personnellement.

Auguste Comte sait parfaitement ce qu'il risque ; mais il ne lui déplaît pas de penser qu'il sera persécuté : il n'est pas fâché d'offrir aux *maçons* l'occasion de livrer une suprême bataille contre l'*architecte.* Il ne demande qu'à porter les premiers coups : la prudence exige simplement qu'il ait l'opinion de son côté. Rien n'est plus facile : en s'adressant à l'opinion, Comte n'oublie pas qu'il en est le plus fidèle interprète ; il lui suffit donc de lancer un appel pour avoir aussitôt les assurances qu'il désire. Telle est l'origine de la préface à laquelle il songe en avril 1842, afin de « se placer directement sous la protection du public européen » : cette précaution doit le dispenser de toutes les autres et lui ôter tout scrupule au moment de la vigoureuse « secousse philosophique » qui mettra chacun à son rang.

Madame Comte essaie vainement de le retenir. Il s'emporte : quiconque n'est pas avec lui est contre lui. Il n'est pas permis de douter de la victoire ; il reproche à sa femme de tenir des propos défaitistes qui pourraient le démoraliser ; il l'accuse même de passer à l'ennemi. Quant aux motifs d'ordre économique, il les méprise plus que jamais et son mépris rejaillit sur celle qui les invoque : si ses provocations le privent de ses fonctions, demande Caroline, comment vivra-t-on ? Comte espère que la protection du public européen ne sera pas purement morale ; la maîtresse de maison préfère une situation plus sûre, avec un traitement qui tombe régulièrement à la fin de chaque mois ; elle n'a aucune envie de revoir la misère de leurs premières années : ce que le philosophe traduira bientôt en disant qu'elle voulait le transformer en machine académique, lui gagnant de l'argent, des titres et des places.

« Laissez-moi ! Débarrassez-moi ! » lui crie-t-il.

Après plusieurs invitations de ce genre, Mme Comte prit ses repas dans sa chambre. Cette séparation sous le même toit parut convenir à son mari. Au bout de deux mois, elle déclara : « Nous sommes trop près ou trop loin. » « Si vous ne dînez pas à table, répliqua-t-il, c'est que cela ne vous convient pas, je ne peux pas vous envoyez chercher par un gendarme. » Caroline conclut que décidément ils étaient trop près.

Comte accueillit le départ volontaire de sa femme avec une satisfaction qu'il ne dissimula point ; mais très loyalement il lui rappela son ancien avertissement : la quatrième séparation doit être irrévocable. Sa femme pensait-elle qu'il y a pour la vie conjugale une loi de l'éternel retour ? Elle chercha un appartement.

Comte oublie qu'il est en train de jouer ses revenus. Il laisse à Caroline environ un tiers de ses ressources, s'engage à lui servir une pension de trois mille francs. Ce n'est pas trop, écrit-il à Stuart Mill, « pour les divers besoins d'une femme dont la haute valeur ne doit pas matériellement souffrir des torts de son caractère et de son éducation, quelque graves qu'ils puissent être. » Il la prie simplement de ne pas déménager avant la rédaction complète du sixième volume.

La crise de 1826 a inauguré le *Cours de Philosophie positive;* celle de 1838 a souligné l'avènement de la sociologie; une vive agitation mentale doit donc marquer la fin du *Cours.* La santé du philosophe est systématique comme sa philosophie : ses crises sont naturelles; elles sont les signes exceptionnels d'événements exceptionnels. Pourtant, la première ne fut-elle pas singulièrement nuisible à sa mission? C'est qu'elle ne fut pas spécifiquement intellectuelle : le départ de Caroline avait ajouté un bouleversement moral qui donna un autre caractère à la crise, en attendant que les soins du Dr Esquirol la transforment en folie. Aussi faut-il éviter qu'en juillet 1842 la même cause produise le même effet : le départ de Caroline doit être ajourné afin de ne pas coïncider avec la grande crise intellectuelle.

Ce fut un beau tapage lorsque, le 15 juin, Caroline annonça son intention de quitter immédiatement la maison, pour ne point manquer l'offre d'un joli appartement avec jardin. « Cette journée me fut terrible, écrit Comte une dizaine d'années plus tard; je m'y sentis prêt de retomber dans l'affreux épisode cérébral de 1826, par un concours analogue d'influences perturbatrices. » Mais, puisque la crise est au bout d'une déduction, le moyen de l'éviter est clair : il suffit d'empêcher le départ de Caroline. Comte oblige sa femme à rester jusqu'au 1er août en refusant de lui payer sa pension avant cette date.

Comte écrit la dernière ligne du *Cours* le 13 juillet. Puis il marque sur le tableau où il inscrit le nombre de feuilles qu'il rédigeait chaque jour : *Nil reputans actum, si quid superesset agendum.* En effet, avant de quitter son lecteur, Auguste Comte lui a promis huit nouveaux volumes : une Philosophie des mathématiques en deux tomes, le grand travail sur la politique positive esquissé en 1822 et annoncé en quatre volumes, un ouvrage sur l'éducation et enfin un « traité systématique de l'action de l'homme sur la nature ».

Telle est l'œuvre qui veut être sauvée : le père se contemple en elle et ne s'étonne pas d'être si grand ; il s'empresse de le montrer à ceux qui le menacent. Comte reprend la plume le 17 juillet.

« Il a toujours paru convenable que le fondateur d'une nouvelle philosophie fît directement connaître au public l'ensemble de sa marche spéculative et même aussi de sa position individuelle. » Si un homme est voué au service de la pensée, il n'y a pas à distinguer une histoire de son esprit et une histoire dont son esprit serait exclu : un philosophe ne doit pas avoir de vie privée.

Le philosophe raconte sa vie parce que sa philosophie est dans sa vie. Mais sa vie est aussi dans sa philosophie. Pour un positiviste, le fondateur du positivisme est évidemment la figure qui domine le siècle. Lorsque Auguste Comte regarde sa mission, il la voit à travers l'histoire contemporaine telle que l'expliquent les dernières leçons du *Cours :* sa vie devient un chapitre de son système. La révolte de la quatorzième année signifie qu'il a traversé avec une exceptionnelle rapidité les phases théologique et métaphysique. Une volonté mystérieuse semble le conduire à Polytechnique, puis aux cours de biologie. Son passé et son avenir s'éclairent lorsqu'il découvre la loi des trois états et la hiérarchie des sciences : il est l'élu qui doit achever l'œuvre de Bacon et de Descartes.

Auguste Comte n'est plus de ce monde. Son drame coïncide avec celui de l'Esprit. Ses querelles personnelles marquent la rencontre des forces hostiles qui jaillissent de la plus ancienne Histoire. La jeunesse de l'Humanité bat dans son cœur, et c'est elle qu'il doit sauver. Il est expulsé de Polytechnique ? Il n'est pas professeur de l'Université ? C'est l'école théologique qui défend ses dernières positions. M. Guizot n'a pas créé la chaire d'histoire des sciences ? C'est qu'il est le plus éminent organe de l'école métaphysique. Quant à sa famille spirituelle, elle est divisée : les spécialistes ont peur du philosophe, les maçons accueillent l'architecte à coups de pierres.

Comte en profite pour exprimer solennellement son profond mépris à chacun des académiciens qui ont participé à l'ignominie de 1840. Il se moque de leurs prétendus travaux scientifiques qui seront oubliés dans une dizaine d'années. Il explique leur résistance au positivisme par la cupidité et les accuse de dilapider la liste civile de la science. Ses « seigneurs officiels » ne sont pas mieux traités ; il dénonce leur incapacité administrative et proteste contre les institutions absurdes qui donnent au Conseil de l'École le droit de présenter les futurs professeurs. Enfin, ne voulant laisser aucun point dans l'ombre, il ajoute : « Toute personne bien informée sait maintenant que les dispositions irrationnelles et oppressives adoptées depuis dix ans à l'École Polytechnique émanent surtout de la désastreuse influence exercée par M. Arago, fidèle organe spontané des passions et des aberrations propres à la classe qu'il domine si déplorablement aujourd'hui. »

Ces jugements sévères sur les travaux de ses contemporains ne l'empêchent pas d'affirmer son refus systématique de les connaître. En un temps où la science avance au pas accéléré, il se félicite d'avoir « rapidement amassé dans sa première jeunesse » tous les matériaux qui doivent entrer dans la philosophie positive ; il déclare que depuis quatre ans, il n'a pas lu un seul journal ou une seule revue, sauf la publication hebdomadaire de l'Académie des Sciences ; « et encore me borné-je souvent à la table des matières de cette fastidieuse compilation. » Les spécialistes l'avaient bien deviné en lisant le *Cours.*

En publiant sa *Préface personnelle,* Comte ne cache pas ce qu'il espère : avant d'entreprendre ses grands travaux, il veut se mettre à l'abri ; la perspective de la réélection annuelle ne doit plus être une menace ; il provoque donc ses adversaires afin de leur offrir une occasion de jouer franc jeu. « Si, écrit-il, malgré cette loyale manifestation publique, les prochaines réélections annuelles confirment, sans aucune difficulté, ma double position polytechnique, je serai, par cela seul, suffisamment autorisé à regarder, d'un aveu unanime, cette formalité, d'ailleurs absurde, comme ayant cessé enfin d'offrir envers moi aucun danger essentiel.» Au cas contraire...

Mais on ne se met jamais en vain sous le noble patronage de l'opinion européenne.

Quelques jours plus tard, un jeune mathématicien, M. Maximilien Marie, communiquait au philosophe un opuscule dont la préface était une vive attaque contre l'Académie des Sciences.

Auguste Comte s'intéressait à ce courageux garçon, un ancien polytechnicien qui venait de quitter l'artillerie pour le professorat libre. Il lut, il sourit, puis écrivit :

                                    Samedi matin, 30 juillet 1842.

Monsieur,

Quelque fondées que soient assurément vos récriminations personnelles contre un impertinent régime scientifique, votre petite préface ne me semble pas avoir assez de gravité pour pouvoir être utilement publiée ; elle m'a réellement amusé ; or ce n'est pas là sans doute l'effet que devraient produire de telles réclamations. Votre dévoué,

                                    A. Comte.

... Supprimez entièrement la préface comme étant au moins inutile

CHAPITRE XI

L'ARCHITECTE DEVANT LES MAÇONS

> *« Mes misérables ennemis, outre l'espoir de me réduire*
> *à l'indigence, ont aussi, je le sais, confusément tendu*
> *toujours à déterminer, par le concours de leurs attaques*
> *avec mes propres travaux, quelque terrible et irréparable*
> *retour du fatal épisode de 1826... »* Comte à Stuart Mill,
> 25 décembre 1844, p. 381.

Il y eut quelqu'un qui, en lisant la PRÉFACE, ouvrit des yeux
tout ronds : ce fut M. Bachelier, libraire. L'éditeur du *Cours*
imprimait l'*Annuaire du bureau des longitudes* ; Arago était
un ami de la maison ; et justement « le sultan de l'Observ-
atoire » était sur le point de lui procurer une bonne affaire,
l'édition nationale de Laplace. M. Bachelier se précipite rue
Monsieur-le-Prince.

Ce qu'il désire... oh ! peu de chose... Il sera sans aucun
doute facile de s'entendre... la phrase injurieuse pour
M. Arago n'est certainement pas indispensable... D'ailleurs,
M. Comte peut être sûr que la même censure sera exercée à
son profit sur tous les ouvrages de la maison.

La « naïve ignominie » eut le succès que M. Bachelier
aurait pu prévoir s'il avait mieux connu son auteur. Un
contrat l'obligeait à imprimer l'ouvrage : il n'osa pas le
violer, mais il joignit au volume un *Avis de l'éditeur* :

*Au moment de mettre sous presse la Préface de ce volume,
je me suis aperçu que l'auteur y injurie M. Arago. Ceux qui*

savent combien je dois de reconnaissance au secrétaire de l'Académie des Sciences et du Bureau des Longitudes comprendront que j'aie demandé catégoriquement *la suppression d'un passage qui blessait tous mes sentiments. M. Comte s'y est refusé. Dès ce moment, je n'avais qu'un parti à prendre, celui de ne pas prêter mon concours à la publication de ce VIe volume. M. Arago, à qui j'ai communiqué cette résolution, m'a forcé d'y renoncer : « Ne vous inquiétez pas, m'a-t-il dit, des attaques de M. Comte ; si elles en valent la peine, j'y répondrai. La portion du public que ces discussions intéressent sait d'ailleurs très bien que la mauvaise humeur du* philosophe *date tout juste de l'époque où M. Sturm fut nommé professeur d'analyse à l'École polytechnique. Or, avoir conseillé, dans le cercle restreint de mon influence, de préférer un illustre géomètre au concurrent chez lequel je ne voyais de titres mathématiques d'aucune sorte, ni grands ni petits, c'est un acte de ma vie dont je ne saurais me repentir. »*

Malgré les incitations si libérales de M. Arago, j'ai cru ne devoir publier cet ouvrage qu'en y joignant une note explicative du débat qui s'est élevé entre M. Comte et moi.

> *Paris, 16 août 1842.*
>
> BACHELIER, *libraire-éditeur.*

Auguste Comte n'apprit l'existence de cette note qu'en ouvrant son exemplaire. Le domicile littéraire, s'écria-t-il, était violé en sa personne. Il riposta en assignant son libraire devant le Tribunal de Commerce.

Il réclame : 1° la suppression de l'*Avis* dans les volumes qui ne sont pas encore vendus ; 2° la résiliation du traité qui donne à M. Bachelier un droit sur les éditions ultérieures du *Cours* ; 3° une indemnité de dix mille francs, qui sera aussitôt distribuée aux divers bureaux de bienfaisance. Par ce dernier article, le plaignant désire rendre le procès inévitable. Bachelier, pense-t-il, est bien capable d'accorder, à la première réquisition, la suppression et la résiliation demandées ; il sera trop heureux de liquider cette affaire à l'amiable.

Comte veut une audience solennelle, afin de flétrir publiquement Arago.

Il se promet de plaider lui-même sa cause. On va voir enfin quel homme est le fondateur du positivisme. Ma supériorité philosophique, avoue-t-il, est incontestable ; « il ne me reste essentiellement qu'à montrer que l'énergie morale est au niveau, chez moi, de la puissance intellectuelle ; et je me félicite maintenant que ce grand procès vienne m'offrir une heureuse occasion de me montrer aux yeux de tous comme un homme plus complet qu'aucun des personnages qui ont jusqu'ici occupé la scène révolutionnaire. »

Ce combat — sa première bataille rangée — est d'ailleurs une saine diversion. Le *Cours* est terminé. La grande élaboration politique n'est pas commencée. Il est bon de faire alterner la vie active avec la vie spéculative.

Le 15 décembre 1842, Auguste Comte se présente devant le Tribunal de commerce. Il est très satisfait du discours incisif et décisif qu'il va prononcer. Mais les juges ne paraissent pas s'intéresser aux machinations académiques et polytechniciennes. Le Président s'obstine à ne point comprendre que le véritable procès est celui de M. Arago ; il reste insensible à la verve du philosophe, lui coupe la parole à tous propos, sabre ses meilleurs morceaux. Que n'arrête-t-il plutôt la ridicule dissertation de l'agréé qui représente l'indigne libraire !

Comte quitte le prétoire en regrettant de n'avoir pu faire apprécier son éloquence ; du moins a-t-il montré son « insurmontable énergie » : c'est l'essentiel. Et maintenant il a hâte d'échapper à l'ignoble prosaïsme de la journée. Les Italiens chantent et leur musique enlève l'âme si haut que le passé le plus récent se trouve brusquement projeté dans un passé plus lointain.

Ce soir-là, les airs de *Sémiramide* protégèrent le sommeil du sage.

La cause était si bonne qu'Auguste Comte n'arriva pas à la perdre. Le 29 décembre, le Tribunal ordonna la suppression de l'*Avis,* annula le traité et condamna Bachelier à tous les dépens.

Mais quatre mois plus tard, le Conseil de l'École Polytechnique devait élire les examinateurs d'admission pour l'année 1843.

Un membre du Conseil, Mathieu, le beau-frère d'Arago, a déjà fait grand bruit dans les bureaux du *National* et n'a pas caché ses intentions : si Comte ose prononcer le nom d'Arago devant le Tribunal, son échec est assuré. Marrast, ami de l'académicien et du philosophe, a voulu arranger les choses; il a prêché pendant deux heures rue Monsieur-le-Prince; il a démontré que Bachelier devait seul être mis en cause; Arago, aurait-il ajouté, est prêt à déclarer qu'il ne fut pour rien dans la publication de l'*Avis.* L'unique effet de cette démarche fut d'ajouter un couplet imprévu au réquisitoire contre les charlatans : Comte affirma en plein Tribunal qu'il avait été menacé et qu'il bravait ces menaces, dût-il perdre son gagne-pain.

Le Conseil se réunit le 28 avril : il décide d'élire non Auguste Comte, mais une commission chargée d'examiner son cas. Le 13 mai, la commission dépose un rapport favorable à l'examinateur sortant : après trois heures de discussion, le Conseil décide une fois encore d'ajourner son vote. Enfin, le 19 mai, Comte est réélu à l'unanimité.

Le directeur des études doit pourtant accompagner cette bonne nouvelle d'un avis : certains membres du Conseil proposent l'essai d'un système qui évitera de mettre les candidats en présence des examinateurs des précédents concours; les examinateurs seraient alors renouvelés chaque année et le fait de n'être pas réélu n'aurait évidemment aucun caractère disciplinaire. C'était prévenir discrètement Auguste Comte qu'on lui accordait un sursis d'un an.

Comte vit la manœuvre : il oublia très vite qu'elle pouvait réussir; quelques mois plus tard, il attend qu'on lui donne la chaire de mathématiques transcendantes. Son camarade Duhamel sera bientôt directeur des études; diverses mutations suivront; la place depuis si longtemps désirée sera sans doute libre : Comte ne voit vraiment pas qui pourrait l'empêcher de l'occuper. Il dit : « *ma* chaire ».

Quant à ses fonctions d'examinateur... *ils* n'oseront pas. Le 30 janvier 1844, Comte obtient une audience du ministre et remet au maréchal Soult une longue lettre dans laquelle il propose un nouveau statut des examinateurs d'admission. Il donne d'excellentes raisons pour réfuter le projet du Conseil, expliquant que cette tâche exige une certaine habitude, un véritable apprentissage ; il demande que l'emploi soit désormais permanent. Il ajoute naturellement un récit de ses démêlés avec Arago, Liouville, Bachelier et les diverses coteries scientifiques.

Le 1er mai, très rassuré, il écrit à Stuart Mill : « Je ne crois pas avoir réellement rien à craindre, pour ma situation présente, de la réélection annuelle à laquelle je vais être, comme de coutume, assujetti ce mois-ci, et dont je suis bien décidé à ne pas même m'informer ». Il est donc très surpris lorsque Duhamel l'invite amicalement à prévoir le pire.

Le 27 mai, le Conseil de l'École établit une liste de trois candidats, comme l'exige une récente décision ministérielle. Le nom de l'examinateur sortant ne s'y trouve pas. Il avait été exclu par neuf voix contre cinq.

Le 1er juin, Auguste Comte est dans le cabinet du maréchal Soult ; il dépose une plainte longuement justifiée : « *Je n'hésite pas,* Monsieur le Ministre, *à accuser auprès de vous la majorité du Conseil d'Instruction de l'École polytechnique, d'avoir moralement prévariqué, dans sa séance du 27 mai, en abusant d'un droit de réélection annuelle pour satisfaire des inimitiés privées, entièrement étrangères à mon service public ; et je m'engage à prouver que cet acte n'a fait que réaliser, sous l'impulsion de M. Liouville, les coupables menaces de M. Arago à mon égard...* Je demande, en conséquence, que vous veuillez bien ordonner immédiatement, sur tout ce qui concerne ma réélection de 1843 et ma non-réélection de 1844, une *enquête officielle,* jusqu'à l'issue de laquelle vous suspendriez toute décision quelconque quant à la nouvelle présentation qui vient de vous être soumise. »

Le vieux maréchal est cordial; ses bureaux ne paraissent pas fâchés de contrarier les dispositions du Conseil de l'École; d'ailleurs Soult a l'intention de donner une nouvelle constitution à Polytechnique. Aucun examinateur d'admission n'est nommé; le service est confié à l'un des suppléants; Comte garde son titre. Enfin le ministre demande des éclaircissements au Conseil, jugeant cette exclusion « inconciliable avec le zèle et la loyauté que M. Comte a montrés pendant sept ans dans l'exercice de ses fonctions. »

A la rentrée, la situation est changée : le nouveau régime a enlevé au Conseil d'Instruction le droit de présenter les candidats aux fonctions d'examinateur ou de professeur; cette mission est confiée au Conseil de Perfectionnement, où siègent quatorze savants et quatorze représentants des grands services publics auxquels les polytechniciens sont destinés. Le philosophe espère que la présence de « l'élément pratique » va soustraire l'assemblée au funeste ascendant de la pédantocratie. Mais le 16 décembre, par dix voix contre neuf, le Conseil de perfectionnement exclut Auguste Comte.

Quatre jours plus tard, Comte revoit le maréchal et lui laisse une dernière lettre. Il oublie qu'il s'adresse au duc de Dalmatie; son récit suppose une certaine initiation à la philosophie et au vocabulaire positivistes; mais ses conclusions sont claires : le ministre peut et doit exiger une nouvelle présentation, en priant le Conseil d'apporter une accusation précise contre l'examinateur sortant, si la majorité prononce son exclusion. Auguste Comte invite aussi le gouvernement à ne plus céder aux préjugés du jour : il ne convient pas de diminuer l'autorité du pouvoir responsable au profit des corporations prétendues compétentes. Que le ministre reprenne le droit de nommer les fonctionnaires de Polytechnique !

Mais Soult, comme disait M. Thiers, « avait bien acquis par son grand âge et ses grands services le droit de se reposer. » L'année 1845 était à peine commencée qu'il choisissait un examinateur sur la liste du Conseil. Comte fut stupéfait. Il se demanda s'il ne fallait pas accueillir une explication que son nouveau disciple, M. Littré, jugeait sérieuse : une vieille et auguste dévote, poussée par le parti théologique, aurait sommé le maréchal, dans l'intérêt du ciel, d'abandonner le fondateur du positivisme.

Les amis de Comte ont fait ce qu'ils ont pu. Duhamel, directeur des études, et Lamé, professeur de physique, ont agi en fidèles camarades. Le philosophe a toujours célébré « l'active justice » des officiers supérieurs qui commandaient l'École. Poinsot a généreusement oublié la note du sixième volume qui flétrit avec une parfaite injustice sa « stérile bienveillance », sous prétexte que « son caractère n'est pas au niveau de son intelligence ».

Mais Sturm et Liouville ne perçoivent pas l'essence philosophique des injures qui illustrent les déductions d'Auguste Comte. Le premier est genevois, le second est de Toul : ils ne peuvent pas comprendre. Arago ne veut pas avoir l'air d'attacher la moindre importance aux grandes et aux petites colères de son ancien élève ; il prétend rester au-dessus de la mêlée : il souhaite simplement que l'École soit au plus vite débarrassée de ce personnage encombrant. M. Dubois, professeur de littérature, ne peut digérer une certaine note du *Cours* où le philosophe s'étonne de trouver un « maître de français » dans le Conseil de l'École : « Il nous brave et nous jette le gant, nous devons le relever ! »

Comte ne rend pas facile la tâche de ses amis. On va jusqu'à voir un nouveau défi dans la publication de son *Traité de Géométrie analytique*. N'a-t-il pas été entendu que les examinateurs d'admission ne feraient paraître aucun ouvrage élémentaire pouvant servir à la préparation de l'examen ? Cette décision du Conseil n'est pas un article du règlement : ce n'est pas une raison pour la mépriser. D'ailleurs, ce traité, les mathématiciens le regardent en souriant : les amis de Comte n'insistent pas.

Ils s'appliquent plutôt à laisser à la discussion un caractère professionnel. Il s'agit de savoir si Comte sera ou ne sera plus examinateur d'admission ; commençons par ce qui est essentiel : a-t-on à se plaindre de ses services ?

Ses premiers examens firent sensation : personne ne l'oublie. Comte interroge les candidats de manière à reconnaître d'abord le degré de leur culture ; s'il juge leur préparation suffisante, il leur pose des questions plus complexes qui éprouvent la force de leur esprit ; il conduit enfin les meilleurs à d'ingénieux petits drames dont le dénouement doit révéler la finesse de l'intelligence. Après chaque examen, il rédige une note très complète sur les mérites de celui qu'il quitte : il apprécie ses diverses aptitudes et même son caractère, n'oublie pas les victimes des précédents concours et, lorsqu'il les retrouve, essaie de mesurer leurs progrès. Une inspection aussi minutieuse est longue, entre trois quarts d'heure et une heure. Comte ne se presse pas et ne presse pas celui qui est devant lui. Un jour, dit-on, un candidat ne répondit rien ; Comte vit que le jeune homme réfléchissait ; il tira des papiers de sa poche et ne s'occupa plus de son partenaire ; la réponse fut bonne ; le candidat fut admis.

La probité de Comte n'est pas en cause, ripostent ses adversaires. Mais comment se fait-il que des candidats reçus dans un très bon rang soient si mal placés à l'examen de sortie ? Comte fut un examinateur parfait : l'est-il encore ? Ses fameuses questions jouissent maintenant d'une renommée qui nuit fort à leur efficacité : dans tous les lycées et dans toutes les pensions, on prépare les *colles de Comte ;* on répète même la petite comédie qu'il faudra jouer devant le tableau noir ; les malins savent comment on échappe au piège avec naturel : il faut d'abord avoir l'air embarrassé, feindre d'être pris, puis se relever au bon moment et poursuivre avec aisance sous l'œil ravi du maître.

L'histoire enregistre ces propos : mais leur contexte ? Le cas Auguste Comte n'est qu'un épisode dans la vie intérieure de l'École. Les sociétés scientifiques sont des lieux où soufflent les plus ardentes passions ; elles créent des milieux où les idées rencontrent des ambitions, et en se mêlant à des rivalités personnelles, les hauts conflits intellectuels prennent une vivacité plus humaine. Il faut bien dépenser d'une manière ou d'une autre ces forces vives que l'activité normale n'arrive pas à épuiser.

En 1843 et en 1844, les savants de l'Académie et de l'École sont nerveux. Ils sont en désaccord avec le ministre de la guerre. Soult a la prétention de choisir vraiment les fonctionnaires de l'École : il décide que le Conseil et l'Académie ne présenteront plus un seul candidat, mais une liste de trois noms.

Lorsque Duhamel devient directeur des études, sa place d'examinateur de sortie se trouve vacante ; une élection est nécessaire. Le Conseil se soumet de mauvaise grâce à l'ordonnance du ministre. L'Académie affecte de l'ignorer : elle présente un seul candidat. Le maréchal tient son vote pour nul ; il prend le parti d'attendre une proposition régulière avant de signer une nomination ; en même temps, il prie Duhamel d'exercer la fonction dont il reste légalement le titulaire jusqu'à la désignation officielle de son successeur. Alors éclate une révolte des élèves : le directeur des études a des renseignements sur chacun d'eux ; il n'est pas en état de juger les réponses en oubliant de qui elles viennent. Les journaux s'emparent de l'aventure. Au milieu d'août 1844, le ministre licencie la promotion récalcitrante. Il est donc probable qu'en devenant le candidat de Soult, Auguste Comte offrit à ses adversaires une nouvelle raison de le combattre.

Son échec fut plus qu'une déception : une excitation violente qui ébranla tout son être et réveilla l'instinct de la conservation. Il y a dans la vie intérieure d'Auguste Comte un souvenir que le philosophe ne repousse pas et qu'au contraire il regarde bien en face : le plus sûr moyen d'éviter une nouvelle catastrophe, c'est de ne jamais oublier ce qui s'est passé en avril 1826. Pourquoi cacher cette crise ? Ce n'est pas un événement extraordinaire qui échappe aux lois de la nature : Comte la voit surgir à l'instant où se rencontrent plusieurs séries de causes dont il a clairement établi les définitions ; désormais il n'a qu'à suivre avec attention les mouvements qui traversent son histoire, de manière à prévenir toute convergence qui pourrait rappeler la fatale addition de 1826. La volonté de ne pas être fou explique en partie son hygiène intellectuelle, son désir de ne plus voir Caroline, et aussi ses provocations répétées : il vit en continuel état de légitime défense.

Or certains membres du Conseil se sont servis de sa folie. Il a été décidé que le procès-verbal de la séance ne conserverait aucune trace de leurs paroles : mais Comte sait qu'elles ont été prononcées. Tout s'éclaire alors : il s'agit de le toucher au cerveau. Mes misérables ennemis, s'écrie-t-il, veulent provoquer une crise qui emportera d'un seul coup ma raison et mon œuvre.

Et Comte se défend avec l'acharnement d'un martyr : il veut sauver ce qui lui est plus cher que la vie.

Aussi, en dépit des apparences, les véritables vaincus sont les automates algébriques. Auguste Comte perd la moitié de son traitement, cinq à six mille francs chaque année ; ses ennemis perdent bien davantage : le philosophe a sauvé sa raison, la philosophie positive continue.

Le désastre matériel n'est d'ailleurs pas inquiétant. Dès le mois de juin 1843, Stuart Mill a écrit à son ami : « J'ai besoin de vous dire une chose, qui est de celles qu'on peut dire hardiment, lorsqu'on s'adresse à un caractère aussi supérieur à toute fausse délicatesse qu'incapable de manquer à la vraie : c'est que, quelque avenir qui vous soit réservé, toute pensée de détresse matérielle réelle vous est interdite, aussi longtemps que je vivrai, et que j'aurai un sou à partager avec vous. » Auguste Comte retient cette fraternelle proposition, mais comme extrême ressource : il n'est pas dans l'ordre que les philosophes paient les frais de la révolution morale ; il n'appartient pas au pouvoir spirituel d'usurper les devoirs du pouvoir temporel.

Dès qu'il apprend la décision du Conseil, John Stuart Mill se met en campagne. Le 14 août, il expédie un bref bulletin de victoire : les six mille francs perdus sont retrouvés ; la moitié de la somme est déjà souscrite par leur ami commun, M. Grote ; le reste est assuré. Huit jours plus tard, sir William Molesworth promet d'ajouter ce qui manque. Il sera d'ailleurs obligé de faire appel au concours de M. Raikes Currie, banquier et membre du Parlement. Stuart Mill n'a apporté que son zèle : la logique de la moralité positive est intacte.

Le 27 août, Auguste Comte se présenta à la caisse de la Banque Delamarre, Martin Didier et Cie; il y trouva trois mille francs. La même somme lui fut versée le 1er février suivant. Dans sa pensée, cet argent devait lui permettre de passer l'année sans modifier son train de vie; les effets du subside étaient donc limités et ne dépassaient pas le 1er août 1845. Le philosophe croyait qu'à ce moment sa situation serait excellente : il aurait trouvé de riches élèves anglais et surtout le Conseil de perfectionnement aurait manifesté son repentir : « la réparation est attendue presque universellement ».

L'année passait; la seconde tranche du subside devenait de plus en plus mince : les riches Anglais n'arrivaient pas et l'inévitable réparation paraissait ajournée. Le 15 mai, Auguste Comte écrivit à Stuart Mill : il serait au 1er août prochain dans la même situation qu'au 1er août dernier.

John Stuart Mill ne comprit pas. Il répondit en invitant son malheureux ami à prendre un pensionnaire et à écrire des comptes rendus dans les revues anglaises. Un non énergique accueillit la première suggestion et, sans repousser la seconde, Auguste Comte marqua nettement ses préférences pour une troisième.

Une noble intervention privée, déterminée surtout par votre active sollicitude, a heureusement détourné jusqu'ici l'action perturbatrice de l'injustice et de la mollesse, mais cette tutélaire influence va bientôt expirer. Je dois vous avouer, avec ma franchise fraternelle, que j'avais présumé qu'elle se prolongerait autant que le danger lui-même, que nous devions croire d'abord tous très passager, et qui, en effet, dure au delà de nos prévisions initiales. Comme ce secours résultait d'une sincère conviction de la valeur philosophique et de la portée sociale de l'ensemble de mes travaux, je n'aurais eu aucune répugnance à accepter la prolongation, pour une nouvelle année, de cette sorte de subside

volontaire généreusement accordé par les éléments spontanés du
nouveau pouvoir temporel à ceux du nouveau pouvoir spirituel.

Auguste Comte ne demande pas que le noble patronage
devienne une institution. Il ne peut même pas avoir l'idée
d'un subside définitif : ce serait douter de la prochaine
réparation que tous les hommes honorables attendent ; c'est
l'affaire d'un an au plus, de six mois peut-être.

John Stuart Mill fut très gêné. MM. Grote, Molesworth et
Currie éprouvent certes une vive sympathie pour la philosophie positive : Auguste Comte exagère en les prenant pour
des disciples. Ils ne se considèrent nullement comme les
éléments spontanés du nouveau pouvoir temporel ; ils ne
reconnaissent pas en la personne de Comte l'organe du
nouveau pouvoir spirituel : leur générosité n'est pas un
devoir. Pourtant Stuart Mill se tourna discrètement vers ses
amis : M. Grote envoya six cents francs. Ce fut le dernier mot
des patrons anglais.

Il restait à tirer la philosophie de cette histoire. Comte n'y
manqua pas. Deux lettres de quinze pages apprécièrent « la
défection imprévue » en proclamant les devoirs de ceux que
Saint-Simon avait appelés les industriels.

Les nouveaux grands, c'est-à-dire les riches, se sont crus
possesseurs à titre absolu, et dispensés de toute obligation morale
pour l'usage journalier de leur fortune. Ils tendent à se décharger
de tout protectorat volontaire, d'une part sur les efforts individuels
de chaque opprimé, d'une autre part sur l'intervention croissante
de la puissance publique. Mais le cours naturel de l'état
révolutionnaire, en développant les principaux inconvénients de
l'anarchie mentale et morale, doit faire mieux ressortir la nécessité
de ranimer, à cet égard, sous des formes convenables, les
dispositions vraiment sociales, soit dans un pressant intérêt public,
soit même pour la propre sécurité de la classe prépondérante.
Celle-ci se trouve ainsi spécialement exposée désormais aux
dangers croissants du genre d'aberrations anarchiques qui, sous le
nom de *communisme,* commence à acquérir, dans tout l'Occident
européen, presque autant qu'en France, une redoutable consis-
tance systématique ; ces désastreuses utopies reçoivent de plus en

plus une double sanction spontanée, soit des incontestables abus de la richesse actuelle, soit aussi des préjugés régnants sur la médication exclusivement politique de toutes nos maladies sociales.

Aide aux prolétaires, protection des clercs, tel est le devoir des hommes à qui la société industrielle a confié la possession des choses. Aussi la reconnaissance ne saurait-elle troubler le jugement du sage : Auguste Comte ne trahira point « la haute magistrature morale inhérente à son caractère philosophique ». Il oublie ce qu'il doit à MM. Grote, Molesworth et Raikes Currie : il compare leur geste à la mission que l'histoire impose à leur classe.

M. Auguste Comte, ancien examinateur à l'École Polytechnique, doit à ses protecteurs anglais une intime gratitude personnelle, qu'il lui sera toujours doux de proclamer. Mais l'auteur du Système de philosophie positive ne peut se dispenser de signaler au public impartial un abandon qui fait de ces mêmes protecteurs les complices involontaires d'une iniquité notoire.

Le système avait dévoré l'homme.

Chapitre XII

« ...MAIS ON PEUT TOUJOURS AIMER. »

> « Le positivisme religieux commença réellement, dans notre précieuse entrevue initiale du Vendredi 16 mai 1845, quand mon cœur proclama inopinément, devant ta famille émerveillée, la sentence caractéristique : on ne peut pas toujours penser, mais on peut toujours aimer, qui, complétée, devint la devise spéciale de notre grande composition ».
>
> Cinquième Sainte-Clotilde, lue devant la tombe de Mme Clotilde de Vaux, le 6 avril 1849, Testament, p. 146.

Auguste Comte ignorait les journaux. Les journaux le lui rendaient bien : les six volumes du Cours parurent sans provoquer un seul article dans la presse française. Cette unanimité silencieuse dura jusqu'au jour où M. Littré prit la parole.

M. Émile Littré cherchait la lumière et il avait trouvé le positivisme. Le positivisme trouva M. Émile Littré sans le chercher, mais au moment précis où il aurait dû chercher un homme comme celui-là. Membre de l'Académie des Inscriptions, érudit éminent, journaliste de gauche, le traducteur d'Hippocrate mit au service de la nouvelle foi l'enthousiasme d'une intelligence candide, des titres officiels, l'éclat de sa vertu et de puissantes relations. A la fin de 1844, il publia dans Le National six articles dont le retentissement dépassa le cercle des amis personnels de Comte. Le philosophe n'exagérait pas en disant que cette adhésion solennelle était

un événement décisif dans l'essor naissant du positivisme :
du système venait de sortir une école.

Cette école n'est ni une secte ni un parti ; elle sera dans
quelques années la Société positiviste : dans la pensée du
Maître, elle est déjà la société positive. Aussi n'est-ce pas du
côté de l'Institut qu'il faut se tourner pour rencontrer les
citoyens de la cité prochaine : l'adhésion de Littré est une
bienfaisante exception. Mais Auguste Comte a depuis longtemps entendu le subtil musicien qui transpose pour les
philosophes la promesse des Béatitudes.

Heureux ceux qui n'ont pas connu les livres, car aucune
science n'a aiguisé la pointe de leur esprit. Heureux ceux qui
n'ont pas fréquenté les écoles, car ils savent qu'ils n'ont rien
appris. Heureux ceux qui n'ont point à oublier la parole des
maîtres, car ils sont sans défense contre celui qui vient.

Dieu chérit les cœurs qui ont la force de ne pas résister à
son amour. Les philosophes chérissent les intelligences qui
n'ont pas la force de résister à leurs vérités.

Descartes appréciait l'ingénuité de l'honnête homme ;
Auguste Comte a toute confiance en la sagesse naturelle des
prolétaires parisiens. « L'heureuse absence actuelle de notre
sotte culture scolastique les rend propres, dans cette
lumineuse situation mentale et morale, à saisir directement,
quoique d'une manière nécessairement très confuse, le
véritable esprit d'une rénovation philosophique à laquelle les
intelligences mal cultivées qui pullulent dans le monde lettré
ne peuvent s'élever que très laborieusement et d'une façon
très imparfaite, après une lente instruction préalable, presque
jamais assez complète... Parmi les esprits qui ne sont pas
professionnellement philosophiques, c'est chez de vrais
ouvriers (horlogers, mécaniciens, imprimeurs, etc...) que j'ai
trouvé jusqu'ici la plus saine appréciation, non moins mentale
que sociale, de la nouvelle philosophie. »

Auguste Comte les retrouve chaque dimanche dans une
salle basse de la mairie du IIIe. Ils forment d'ailleurs une
minorité : un quart des auditeurs environ. « Le reste, dit-il, est
un mélange très varié, où abondent les vieillards... »

Comme au premier jour, l'astronomie reste l'objet ou parfois le prétexte de la réunion. Les cinq premières leçons de l'année sont réservées à une introduction philosophique. Alors, dans l'ancien couvent des Petits-Pères adossé à Notre-Dame des Victoires, l'aède raconte la grandeur et la décadence des dieux.

Sa voix est nette, ferme, assurée ; sans être forte, elle emplit la salle. Lorsque le philosophe veut accentuer sa pensée, l'accent devient plus grasseyant et les sonorités méridionales vibrent plus allègres dans les mots qu'elles détachent. La leçon commence sur le ton de la démonstration : les phrases se déroulent comme si elles sortaient d'un livre. Peu à peu, la diction passe au rythme plus accéléré de la conversation ; les formules jaillissent, brèves, pittoresques, mordantes ; elles se précipitent avec une étonnante vivacité, sans rompre pourtant la chaîne des idées : l'ironie soulève alors le lourd système et le fait voler en sarcasmes.

Pour compléter cet enseignement oral, Auguste Comte rédigea un *Traité Philosophique d'astronomie populaire* ou *Exposition systématique de toutes les notions de philosophie astronomique soit scientifiques, soit logiques qui doivent devenir universellement familières.* Le préambule parut en février 1844 sous le titre *Discours sur l'Esprit positif.* Apparaissant après le *Cours* et à la veille de la grande élaboration politique, cet opuscule est une sorte de programme distribué à l'entracte. Il ne rapporte pas toutes les péripéties du dénouement : il permet de suivre la pièce avec moins d'étonnement.

Auguste Comte est arrivé à l'heure qui partage la journée : la lumière vient d'un autre côté.

Le *Cours de Philosophie positive* reconnaît l'originalité de six sciences fondamentales. Notre esprit rêvait d'une loi unique et unifiante : il faut renoncer à cette chimère. Notre intelligence est trop faible pour un univers trop compliqué : elle atteint des lois de la nature ; elle n'ira jamais au delà. Impossible lorsqu'on regarde du côté des objets, l'unité l'est-elle encore lorsqu'on regarde du côté du sujet ? Ces sciences, qui ont chacune un objet propre, ont pourtant une destination commune : elles assurent la domination du sujet pensant sur les choses et le conduisent, par l'exercice même de sa puissance, à une connaissance plus complète de sa nature. L'Humanité recueille les fonctions cosmologiques que l'imagination de nos pères avait confiées à Dieu : toutes les idées positives ne forment qu'un seul système dont l'Humanité est le principe et la fin.

La biologie, la chimie, la physique, l'astronomie, ne mériteraient pas une heure de peine si elles n'avaient une valeur humaine. La science pour la science est méprisable. Il faut dire : tout pour l'homme, comme on disait jadis : tout pour Dieu. Ne s'écarter jamais de l'homme qu'afin d'y mieux revenir, telle est la formule de la *méthode subjective,* dont M. Emile Littré découvrit les inconvénients une dizaine d'années plus tard.

Comme le Dieu dont elle est l'héritière, l'Humanité donne son unité à la vie morale en même temps qu'à la science des choses. Dieu était une personne et ses serviteurs des individus : mais, entre l'esprit théologique et l'esprit positif, il y a désaccord sur ce qu'il convient d'appeler réalité. Lorsque Auguste Comte ouvre les yeux, ce n'est pas l'homme qu'ils voient, mais l'Humanité ; le fait humain, c'est la société ; l'individu n'est qu'une abstraction. Le bien ne peut donc se trouver que là où il y a l'être : notre premier devoir est de nous unir à ce qui nous fait exister. Mettre spontanément le bien public au-dessus de tout, donner toute licence à nos instincts sympathiques, sentir la liaison de chacun à tous, tel est l'unique commandement qui lui aussi, s'achève en une promesse d'immortalité : ne pas mourir, cela veut dire adhérer à ce qui ne meurt pas, participer à ce qui dure, « s'incorporer » à l'Humanité.

Le positivisme annonce le règne de l'homme, non du surhomme. Tous sont appelés ; ni exclusion, ni exception : la morale sera une et universelle. Mais il n'y aura pas pour tous une obligation de rechercher les raisons qui la fondent. Il en est de ses préceptes comme des lois scientifiques : ceux qui

ne veulent ou ne peuvent devenir géomètres croient les
géomètres sur parole ; les marins risquent chaque jour leur vie
sur la foi de théories astronomiques qu'ils ne comprennent
nullement. Cette foi peut désormais s'étendre aux règles de
conduite sans cesser d'être raisonnable. Il y a enfin sur la
terre un pouvoir spirituel qui enseigne une sagesse sans
chimères ; il n'est pas nécessaire de devenir sociologue pour
accepter les vrais devoirs : les sociologues, gardiens de la loi
nouvelle, sont la conscience du monde.

Il y a bien longtemps déjà, dans l'opuscule de 1822,
Auguste Comte avait prévu deux étapes dans l'avènement du
positivisme : l'élaboration de la doctrine et la propagande. La
première exige que l'imagination soit subordonnée à l'observation et à la raison. Mais la seconde ? « On ne passionnera
jamais la masse des hommes, disait-il, pour un système
quelconque, en leur prouvant qu'il est celui dont la marche de
la civilisation, depuis son origine, a préparé l'établissement...
Une telle vérité est à la portée d'un trop petit nombre
d'esprits, et exige même de leur part une trop longue suite
d'opérations intellectuelles, pour qu'elle puisse jamais pas-
sionner. » Organiser les idées morales qui conviennent à la
société moderne est une œuvre de science. Faire vivre ces
idées dans la société moderne est une œuvre d'un autre
ordre : il appartient aux artistes de rendre aimable ce que le
philosophe sait démontrer.

L'Humanité n'est pas une abstraction métaphysique : elle
demande à vivre dans le cœur des hommes. Comme ils sont
injustes, ceux qui voient dans le positivisme une philosophie
aux concepts desséchés ! « Je pleure et je prie Dieu, deux
choses qui vous paraîtront également bêtes. » La pieuse
Mme Austin ne comprend pas ce qu'elle appelle « l'anti-
religiosité » de son ami français. Rien d'humain n'est
étranger à celui qui aime l'Humanité. Rien n'est trop humain
aux yeux de celui qui communie avec l'Humanité. L'âme qui
prie perdra les mots qu'elle murmurait pendant l'enfance de
la raison, « mais, ajoute Comte, je sens très bien par moi-
même, que tous les nobles sentiments d'amour et d'élévation

que dirigeait à sa manière la philosophie théologique pourront retrouver sous d'autres formes une alimentation au moins équivalente dans le nouveau régime spéculatif. Ce n'est point exclusivement aux idées vagues, arbitraires et nébuleuses qu'appartient l'excitation systématique des sentiments tendres et généreux... Dieu n'est pas plus nécessaire au fond pour aimer et pour pleurer que pour juger et pour penser. »

Cette confidence est du 4 avril 1844. Quelques mois plus tard le philosophe commence l'ouvrage sur la politique dont il avait annoncé les quatre volumes à la fin du *Cours*. Il espère rédiger en octobre la moitié du premier tome. Mais, selon l'usage, l'approche d'un grand travail doit déterminer une certaine perturbation physique. En septembre précisément, un érysipèle très prononcé envahit la partie droite de son visage au-dessous de l'œil. Comte n'est pas étonné : c'est la forme inattendue de l'accident attendu qui doit suivre la surexcitation nerveuse provoquée par l'effort des dernières semaines et aggravée par les persécutions polytechniciennes.

Comte reste dix jours au lit et sans nourriture ; la douleur n'est point trop vive, mais les insomnies sont épuisantes. Alors il sent une merveilleuse activité cérébrale qui le dévore et dont le jeu rapide le réjouit : il arrête le plan, l'esprit et les principaux points de la nouvelle élaboration. Il annonce bientôt que le premier volume sera écrit avant la fin du prochain été.

Mais à ce moment une femme entre dans sa vie et dans sa philosophie.

Auguste Comte avait toujours conservé l'amitié du jeune écervelé qui écrivait des préfaces contre les académiciens. Maximilien Marie n'avait d'ailleurs pas écouté son ancien maître ; il avait publié son pamphlet et quitté l'artillerie, pour devenir professeur libre à Paris. En janvier 1844, il avait épousé une gentille petite personne qui venait tout juste d'atteindre ses quinze ans, et s'était installé au Marais, rue Pavée. On fut très fier de recevoir le philosophe.

Madame Marie, la mère, fit son portrait, et, comme elle était sociologue à sa manière, elle lui confiait ce que son cœur inventait pour guérir la misère des humbles. La mignonne Mme Marie touchait du piano. Comte et son ancien élève parlaient de leur École, de mathématiques, de politique ; ils partaient en guerre contre le despotisme pédantocratique. Toute la famille fut tenue au courant, jour pour jour, de l'infâme machination qui priva le cher grand homme de sa place.

Il y avait aussi un M. Joseph-Simon, dit Jérôme Marie ; mais il vivait dans une autre sphère, ne comprenant pas pourquoi son fils Maximilien avait quitté l'uniforme. C'était un ancien volontaire des Armées de la République ; en 1815, il était capitaine, avec vingt-trois années de campagne derrière lui : la Forêt-Noire, Gênes, la guerre d'Espagne, la retraite de Russie, Leipzig. La Restauration en fit un percepteur. Il est vrai qu'il avait de hautes protections : il avait épousé en 1813 Mlle Henriette-Joséphine de Ficquelmont. La vieille famille lorraine des Ficquelmont avait été dispersée par la Révolution. Ceux qui restaient connurent les fortunes les plus diverses : le capitaine en demi-solde Marie avait pour beau-frère le comte Charles de Ficquelmont, ministre de Sa Majesté l'Empereur d'Autriche.

Au mois d'octobre 1844, lorsqu'il fut en état de sortir, Auguste Comte retourna rue Pavée : une belle jeune femme le regardait ; Mme Clotilde de Vaux était tout étonnée de ne pas trouver le grand homme de son frère plus intimidant. Le visage du philosophe n'était pas très séduisant, surtout après un érysipèle.

Dès qu'il fut parti, Clotilde prit sa petite belle-sœur par la main et, en pouffant, elles se mirent à tourner comme une toupie.

« Comme il est laid ! Comme il est laid ! »
« Et il pleure d'un œil ! »
« Et il pleure d'un œil ! » répétait Clotilde en tombant sur une chaise.

Madame de Vaux allait atteindre la trentaine.

Elle avait été élevée à la Maison de la Légion d'Honneur : le jour de sa sortie était son meilleur souvenir de ce temps-là. Elle s'était mariée à vingt ans, un peu pour épouser M. Amédée de Vaux, un peu aussi pour échapper au gouvernement du capitaine. On aurait pu espérer que son fiancé faisait une fin. Il avait esquissé de vagues études de médecine dans les cafés du Quartier latin, puis cherché fortune à l'île Bourbon ; il y avait trouvé quelques dettes et une aventure dont les chastes péripéties lui laissèrent une haute idée de ses vertus. Son avenir s'annonçait plus paisible : il prendrait la succession de M. Marie ; il serait percepteur à Méru, Oise.

Quatre ans plus tard, M. Amédée de Vaux jouait et perdait dans les tripots du Palais-Royal une quinzaine de mille francs qui ne lui appartenaient point. La perspective de recevoir un inspecteur lui ôta toute possibilité d'attendre d'heureuses mises ; il fut affolé, mais ne perdit pas la tête : il fila du côté de Bruxelles, tandis que ses livres de comptes brûlaient dans la cheminée de la perception de Méru.

Ce n'était pas un méchant garçon : un raté très inférieur au rôle que ses médiocres exploits lui faisaient jouer dans la vie d'une femme. Amédée « homme fatal » ! La fatalité ajoutait l'ironie à la férocité.

Madame de Vaux restait mariée et n'avait plus de mari. Les lois ne lui permettaient pas de retrouver un autre foyer : elle revint auprès de ses parents. Lorsque Maximilien s'installa rue Pavée, il fut décidé que la mère suivrait le jeune ménage ; M. Marie eut son logement rue Miromesnil et Clotilde prit un petit appartement rue Payenne ; elle n'avait qu'à traverser la rue des Francs-Bourgeois pour être à la porte de son frère. Son couvert fut mis à la table familiale. L'oncle d'Autriche lui servit une pension de huit cents francs. Il ne lui manquait que le superflu, un peu d'argent de poche, afin de se dorloter tout à son aise. On l'aimait bien, mais on souriait lorsqu'elle parlait de ses maladies. Elle préféra provoquer d'autres sourires : elle serait écrivain, elle aurait du talent et les journaux la paieraient. Mme Marie avait publié ses idées philanthropiques dans *Le Sculpteur en bois*; Maximilien imprimait des opuscules mathématiques; Clotilde écrirait des romans : sa vie était assez romanesque pour lui en donner le droit.

Les *Pensées d'une fleur* ne sont pas plus bêtes que certains chefs-d'œuvre : ce sont des vers comme beaucoup d'autres, sans poésie. *Lucie,* qui parut dans *Le National,* et *Willelmine* sont des nouvelles qui ne manifestent pas un talent d'une exceptionnelle originalité. Mais, pour apprécier la qualité d'un esprit, est-il honnête d'attendre juste le moment où il a la faiblesse de se croire artiste ? Chercher l'auteur n'est pas toujours le plus sûr moyen de rencontrer l'homme : une œuvre médiocre prouve la médiocrité du poète ; la finesse de l'intelligence et la délicatesse du cœur relèvent d'un ordre plus intime. Clotilde de Vaux n'était qu'une petite femme de lettres, trop petite même pour tuer la femme.

D'ailleurs la vie devait aller plus vite que la littérature. Celle qu'Auguste Comte aima ne fut pas au-dessous de sa douleur.

Que se passa-t-il au cours de l'hiver qui suivit la première rencontre ? Ce qui est sûr, c'est qu'au printemps Auguste Comte est amoureux. Le 30 avril, il écrit sa première lettre à Clotilde : une bref billet qui accompagne une traduction de *Tom Jones.* Mme de Vaux le remercie aussitôt. « Puisque votre supériorité, lui dit-elle, ne vous empêche pas de vous faire tout à tous, je me réjouis de l'espérance de causer avec vous de ce petit chef-d'œuvre et de pouvoir recueillir quelquefois dans mon cœur et dans mon esprit vos beaux et nobles enseignements. »

Comte répète chacun de ces mots dont la douceur toute nouvelle le ravit. Ainsi la belle jeune femme n'a pas seulement reconnu sa supériorité philosophique : elle a deviné sa nature éminemment sociable. Il n'attend pas davantage pour lui révéler le sens profond de cette intuition : n'exprime-t-elle pas le secret d'une harmonie longuement préétablie ? « Outre l'élévation d'idées et la noblesse de sentiments qui semblent propres à toute votre intéressante famille, une triste conformité morale de situation personnelle constitue encore, entre vous et moi, un rapprochement plus spécial. »

Madame de Vaux n'était pas assez versée dans la philosophie de l'histoire pour lire l'avenir dans le passé : elle comprit que l'amitié d'Auguste Comte était grande. Quelques jours plus tard, Maximilien a besoin de consulter son ancien maître ; pour aller du Marais à la rue Monsieur-le-Prince, il doit traverser le plus beau Paris : sa sœur en profite ; elle l'accompagne. Dès sept heures, le lendemain matin, le philosophe la remercie de cette gracieuse visite : il lui demande la permission de la voir chez elle.

Madame de Vaux n'a aucune raison de prendre des airs prudes devant ce digne ami qui est séparé d'elle par une quinzaine d'années et une haute réputation. Mais, lorsque le vendredi suivant Comte arrive rue Pavée, il n'a pas encore reçu l'heureuse réponse : Clotilde lui répète donc très simplement ce qu'elle vient de lui écrire. La joie le soulève et c'est comme une montée de toute son âme à la surface d'elle-même.

Ernestine, Pauline, Caroline. Celles que les poètes ont connues. Celles qui meurent dans la dernière vision du dernier accord. Elles sont là, présentes, vivantes, toutes en une.

Deux yeux bleus rêvent sous les bandeaux de cheveux blonds.

Deux lumières...

On ne peut pas penser toujours, mais on peut toujours aimer.

Comte s'entend prononcer les paroles qui ont jailli comme un éclair.

Les jeunes femmes applaudissent. La bonne Mme Marie approuve. Maximilien est plus réservé.

Comte regarde avec émerveillement le sillage de feu.

On ne peut pas toujours penser, mais on peut toujours aimer.

Cette nuit-là, dormir eût été un sacrilège.

Dans l'après-midi du lendemain, Comte reçoit enfin le billet de Clotilde qu'une erreur d'adresse avait retardé. « Vous avez un cœur fait pour comprendre celui d'une femme, Monsieur... ». L'heureux homme ne veut pas cacher plus longtemps ce que son cœur a compris : il avoue à sa chère dame qu'un philosophe est amoureux d'elle et que depuis hier une philosophie vit de cet amour.

Il lui offre d'abord l'intime affection d'un frère aîné, mais le soupir qui suit cet aveu en exprime un autre, et, comme Auguste Comte n'a pas l'habitude de croire aux obstacles, il lui suffit de regretter son âge pour avoir aussitôt le droit de ne plus y penser. Aussi, en décrivant la crise nerveuse qui accompagne une si puissante secousse, il laisse clairement prévoir la nature des remèdes qu'il attend.

> Tant qu'une situation aussi inespérée n'est pas encore convenablement assise, ces précieuses émotions, ces effusions intimes, ces larmes délicieuses, tout cet ensemble d'affections plus fait pour être senti que décrit, contribuent aujourd'hui, dans le silence de mes longues nuits, à prolonger momentanément mon trouble physique passager, déjà provoqué par la première reprise de mes travaux essentiels : mais je n'échangerais pas volontiers ces ravissantes insomnies contre la plus parfaite santé possible. Je suis d'ailleurs très convaincu que les diverses conditions indispensables de cette nouvelle existence ne tarderont pas à se pondérer et coordonner spontanément, au commun profit de mon travail, de mon bonheur et même de ma santé physique...

Car il n'oublie pas sa mission. Il se hâte de rassurer Mme de Vaux : l'amour qu'elle lui inspire a une valeur systématique. Si elle pouvait comparer la naissance de la *Politique positive* à celle du *Cours* ! Au moment où commençait la première élaboration, la crise nerveuse provoquée par son travail était aggravée par la conduite indigne d'une femme, et c'était la faillite de l'intelligence. Aujourd'hui un épisode sentimental aggrave encore la crise nerveuse qui marque le départ de la seconde élaboration, mais telle est la vertu d'un noble amour qu'il bouleverse l'esprit pour l'élever à une plus haute perfection. Heureux trouble! puisqu'il est l'annonce d'un ordre pleinement humain où régneront les grandes pensées venues du cœur.

« Sans doute, les grands sentiments d'amour universel où m'entretiennent habituellement mes travaux propres sont délicieux à éprouver : mais combien leur vague énergie philosophique est loin de suffire à mes vrais besoins d'affection ! » Quelle force acquiert l'amour de l'Humanité lorsqu'il coïncide avec un désir plus spécialisé ! Dès ce moment, même si les convenances interdisent une dédicace publique, le *Système de Politique Positive* a pour patronne celle qui vient de rallumer la flamme dans le cœur du philosophe.

Ce message partit le samedi 17 mai : le mardi suivant, Comte n'a pas encore reçu la réponse. Il écrit à Clotilde : il craint qu'elle ne l'attende ce soir rue Pavée ; il est si affaibli qu'il ne peut sortir. Il ne dort plus, ne travaille plus, passe les jours et les nuits à relire les deux billets qui constituent jusqu'à ce jour toute la correspondance de son amie.

Le troisième arriva le lendemain un peu avant midi.

> J'ai trop souffert pour ne pas être au moins sincère, Monsieur ; et, si je n'ai pas répondu à votre lettre de Samedi, c'est parce qu'elle m'a causé des sentiments pénibles, que je n'aurais pas su vous cacher... Il y a un an que je me demande chaque soir si j'aurais la force de vivre le lendemain... Ce n'est pas avec de telles pensées qu'on peut faire des coups de tête... Epargnez-moi les émotions, comme je désire vous les éviter : je ne sens pas moins vivement que vous... Croyez à ma sincère affection comme à mon estime.

Comte ne voit qu'une chose : Clotilde est plus malheureuse qu'il ne le pensait. Clotilde n'a pas à dire pourquoi elle refuse. La volonté de Clotilde est sacrée : le respectueux ami se frappe la poitrine.

Mais l'épreuve est douloureuse : une fois encore, Comte défend sa raison. Il n'a pas besoin de médecin ; il est au lit, s'attachant de toute son âme au grand devoir que Clotilde lui impose : il attend que la bête se taise.

Et dans la parole même qui vient de le condamner, il trouve la force d'attendre.

Le refus de Clotilde est un de ces actes qui découvrent une nature morale jusqu'au fond ; celui qui en souffre voit aussitôt que son sacrifice honore la plus haute vertu. La décision de la bien-aimée le torture et l'émerveille : elle éclaire l'intérieur d'une âme où la raison s'allie à la délicatesse, où la bonté n'altère point la fermeté, où l'ordre est douceur.

> Combien votre sagesse pratique s'est montrée supérieure, malgré le contraste de nos âges, à ma vaine prééminence philosophique !

L'aveu vole au-devant de l'Humanité future en tête des livres qui annoncent la nouvelle loi. Cette clairvoyance, cette impartialité, cette sagesse, cette justice de Clotilde sont les attributs qui suivent une parfaite pureté, et voilà pourquoi, tandis que la passion égarait le philosophe, l'esprit de vérité parlait par la bouche d'une jeune femme de trente ans. Expérience cruciale qui établit la primauté des qualités morales et la souveraineté du cœur. Expérience décisive à la veille de la grande élaboration qui doit justement apporter aux sociétés modernes les principes de leur régénération spirituelle.

Mais la perfection de Clotilde est plus encore qu'une leçon de morale ; elle introduit un fait nouveau, imprévu, imprévisible : premier dans l'ordre intellectuel, Auguste Comte s'aperçoit qu'il ne l'est pas dans l'ordre moral ; il reconnaît qu'il existe un être humain supérieur à lui sous un certain rapport.

Miracle ?

Il n'y a pas de miracle dans l'univers de Comte : la perfection de Clotilde est une exigence de son système comme une création de son cœur. Pour la première fois, Comte accepte un échec : la volonté qui le frappe n'obéit ni à un préjugé de l'esprit théologique ni à une inspiration de l'esprit métaphysique. Son système ne lui laisse donc qu'une seule manière de se soumettre qui soit conforme à sa philosophie de l'histoire et à la philosophie de son histoire : accorder une valeur exceptionnelle à la puissance qui le contraint et qui le fait souffrir.

Alors Auguste Comte découvre les nouvelles images de son avenir. Sa mission reste la même ; mais les conditions historiques de son accomplissement sont changées. Il y a sur la terre une femme dont la perfection morale l'a illuminé ; la seconde partie de son œuvre a une inspiratrice, il n'est plus le seul prédestiné à la régénération spirituelle du monde ; l'Humanité attendait un couple sauveur.

Le philosophe n'a donc pas à cacher la farouche résistance de son désir. En vain Mme de Vaux le prie-t-elle d'éviter les causeries embarrassantes : il n'y a rien d'embarrassant, puisque tout est systématisé. « La grossièreté de mon sexe m'imposait, sans doute, cette orageuse transition pour aboutir au pur état d'une véritable amitié, que la délicatesse féminine vous permettait d'atteindre directement sans aucun tel préambule. » Le dialogue des derniers jours tient au drame du positivisme naissant : devenir l'égal de Clotilde est au programme des travaux qui doivent réorganiser la société.

Tandis qu'il accepte cette purification, Comte ne perd aucune occasion de mieux connaître ce qu'il doit remplacer.

3 juin : Sainte Clotilde. Auguste Comte offre ses vœux ; mais il n'est pas de ceux qui suivent les coutumes : son cadeau est une lettre sur la signification humaine de cette tradition catholique. La béatification chrétienne et l'institution des noms de baptême ont une valeur sociale qui survit aux saints du Paradis. Conserver le souvenir des meilleurs, proposer leur vie à l'admiration de tous les hommes, mettre à côté de chacun de nous un patron et nous inviter solennellement à toujours imiter ses vertus, c'est obéir à l'instinct de notre nature qui unit chacun à tous, et, niant la mort, rassemble les générations successives en une seule société. Il appartient au positivisme de sauver le sentiment de la continuité humaine : plus vaste que l'étroite chapelle romaine, son temple accueillera tous ceux qui ont travaillé au progrès de l'Humanité. Dès maintenant Auguste Comte

signale avec indignation l'étrange lacune du calendrier théologique : à côté de la reine Clotilde et de l'humble Geneviève, il inscrit Jeanne d'Arc.

Lorsque Maximilien Marie lui offre un filleul, Comte n'hésite pas : sa conscience lui dit qu'il est fidèle et aux principes du positivisme et à l'esprit de l'institution catholique. Le jour de la cérémonie, il remet à la jeune maman une dissertation sur le baptême chrétien. Ce que le fonctionnaire sacerdotal proclame dans son langage théologique, c'est l'incorporation d'un nouvel être à la masse humaine. Il ne suffit pas d'inscrire l'enfant sur un registre municipal ; la société est mieux qu'une administration : elle est une communion ; une solennité spirituelle doit marquer l'adhésion du nouveau membre au corps de pensées fixes qui assure l'unité du groupe. Devant les fonts baptismaux, Comte s'unira d'intention au prêtre, mais en rapportant intérieurement à sa doctrine les formules désuètes. Lorsque le ministre de Dieu invoquera les patrons du Ciel, le parrain positiviste évoquera la destinée de ces glorieux morts parmi les vivants dont ils deviennent les modèles ; aux prénoms qui plairont aux parents, il en ajoute trois qui répondent plus dignement à la fin éducative de l'institution : *Paul,* pour offrir à son filleul l'exemple permanent du plus noble type religieux ; *Charles,* en souvenir du grand Empereur de l'Occident ; le troisième est *Auguste.*

Lorsqu'il entre dans la Cité de Dieu, Comte n'est pas dépaysé : Dieu n'est plus là, mais l'homme demeure. Dans l'ouvrage de saint Augustin qu'il lit alors pour la première fois, le philosophe reconnaît une sagesse naturelle qui répond aux exigences de la vie sociale. Il y aura donc dans l'organisation future des devoirs qui rappelleront le baptême, la béatification, le culte des saints, et sans doute aussi le « charmant opéra » de la bénédiction nuptiale. Toutes ces pratiques ne sont plus que des rites sans âme, parce qu'elles sont liées à des croyances déchues : mais l'âme de leur ancienne âme les attend... « Il s'agit, au fond, d'incorporer intimement au positivisme, avec des améliorations radicales, tout ce que le système catholique du moyen âge a pu réaliser, ou même ébaucher, de grand ou de tendre. »

L'heure est enfin venue de tenir la promesse faite au temps de Saint-Simon ; mais aujourd'hui, Auguste Comte sait ce qu'il ne pouvait alors deviner : deux vies doivent correspondre aux deux parties de son œuvre. Le *Cours* a établi la supériorité intellectuelle du positivisme ; le *Système de politique* établira sa supériorité morale. La première étude était la systématisation de toutes les idées scientifiques ; la seconde sera la systématisation de tous les sentiments humains. Or on ne peut agir sur les sentiments des autres qu'après les avoir connus dans son propre cœur. Dans une dédicace secrète qu'il envoie à Clotilde le 5 août 1845, le philosophe demande à boire le philtre d'amour jusqu'à la lie.

> Après avoir jadis conçu toutes les idées humaines, il faut maintenant que j'éprouve aussi tous les sentiments, même en ce qu'ils ont de douloureux : c'est une irrésistible condition préalable, naturellement prescrite à tous les régénérateurs de l'Humanité. Une expansion habituelle de nos principales émotions, surtout de la plus décisive et la plus douce à la fois, devient donc autant indispensable aujourd'hui à mon second grand ouvrage que mon ancienne préparation mentale dut d'abord l'être au premier.

Avec ses joies et ses chagrins, l'amour est à la Politique positive ce que l'initiation scientifique était à la Philosophie ; mais pour concevoir toutes les idées, il suffisait d'entrer à Polytechnique : pour éprouver l'amour, il fallait rencontrer Clotilde. La religion seule possède les mots dignes d'un tel événement : Comte parle de leur sainte amitié.

Une douce expérience est comme la preuve de cette sainteté : le philosophe sent surgir ses meilleures inspirations lorsqu'il invoque sa bien-aimée devant le fauteuil rouge où elle s'est assise. « Votre autel », dit-il en pleurant de joie.

Jeudi 28 août 1845. L'Église fête saint Augustin, le patron du philosophe. Une prolétaire, Sophie Bliaux, la domestique de Comte, porte dans ses bras le petit Charles-Paul-Auguste-Maximilien-Léon. Clotilde est la marraine. Le fondateur du positivisme est le parrain. On se dirige vers la paroisse qui est placée sous le vocable de saint Paul, le fondateur du catholicisme.

L'Histoire rassemble ses souvenirs les plus exaltants et la robe claire de Clotilde est parsemée de fleurs.

Puisque le parrain et la marraine sont, en un certain sens, les parents de leur filleul, ne sont-ils pas, dans le même sens, époux et épouse? Le sacrement crée la famille spirituelle qu'il donne à l'enfant.

Tandis que le prêtre baptise le nouveau chrétien au nom du Père, du Fils et du Saint-Esprit, une invisible bénédiction unit Comte et Clotilde devant l'Humanité.

CHAPITRE XIII

L'ANNÉE SANS PAREILLE

> *« Un philosophe habitué, dès l'enfance, aux plus hautes méditations, aurait-il pu, dans sa pleine maturité, laisser ainsi absorber son cœur, si son adoration ne s'appliquait pas à une nature vraiment supérieure ? Plusieurs femmes sont devenues immortelles en exerçant un pareil empire sur des hommes nés pour la postérité. Vous, ma Clotilde, dont le nom peut acquérir des droits plus personnels à son éternel souvenir, vous augmenterez aussi, j'espère, mes propres titres à son incomparable reconnaissance. »*
>
> *A Clotilde*, Dimanche soir 22 février 1846 (4 h.), *Testament*, p. 519.

Je me reprocherais toute ma vie de porter le trouble dans un cœur sensible : ne parlons donc que de nos têtes, et tâchons d'y mettre le plus de gaieté que nous pourrons.

Il y a de gros ulcères au fond de chaque sac humain ; le tout est de savoir les cacher.

Epargnons-nous les émotions l'un à l'autre ; elles ne peuvent que nous être funestes. Explorez toutes vos armes d'homme pour cette lutte, Monsieur Comte ; une femme n'a que son cœur pour combattre, et elle n'en est pas moins tenue au succès.

Je ne me suis jamais défiée d'aucun homme. Une femme inspire toujours à peu près les sentiments qu'elle veut.

Il est indigne des grands cœurs de répandre le trouble qu'ils ressentent.

Si dur que soit le coup, le philosophe doit savoir de quelles douleurs est faite cette sagesse : un mari ne suffisait pas au malheur de Mme de Vaux ; depuis deux ans, un amour sans espérance la dévore et voilà pourquoi elle se demande chaque soir si elle aura le courage de vivre le lendemain. Qu'un homme, à cause d'elle, soit exposé à une telle ruine de l'âme, elle ne peut le supporter. Elle tient à une amitié si flatteuse, et elle le prouve bientôt en la scellant par un emprunt de cinquante francs ; mais, mieux elle apprécie la tendresse du philosophe, plus elle désire éloigner de lui les tempêtes du cœur. Trop de romanesque dans la vie laisse peu de romantisme dans la tête. De cette sensibilité surmenée jaillissent les maximes d'une fière obéissance à l'ordre.

Une telle sagesse ne demande pas de croire aux remèdes : elle assure qu'il y a des divertissements permis. Mme de Vaux a trouvé : puisqu'elle ne peut plus être une femme, elle sera une femme de lettres. Sa carrière d'écrivain semble même la préoccuper plus que les amours de son philosophe. Mais, lorsqu'elle paraît ne pas soupçonner les remous de leur amitié, elle donne le bon exemple : elle refuse de regarder ce qui se passe au dedans de sa volonté. Ne point penser à l'état de son cœur, chercher le bonheur des autres, être une victime utile, telle est la leçon que Clotilde prétend mettre dans sa conduite et dans ses écrits.

Propos exactement adaptés aux dispositions du philosophe. Cette justesse n'est d'ailleurs pas un effet de l'art ; s'il y a habileté, elle est dans les conséquences, non dans les intentions. Comment ne pas admirer ce respect spontané des vrais principes sociaux ! Quelle différence avec une George Sand ! *Le National* publie *Lucie*. Armand Marrast offre à sa jolie collaboratrice d' « éplucher » les romans de femmes. Et déjà *Willemine* transparaît à travers des promesses de gloire. « Laissez à la tourbe écrivante la trop facile démolition passagère d'une frêle morale publique au seul profit de quelques affections privées... Il y aurait maintenant plus d'honneur, et d'ailleurs plus de gloire littéraire, à fortifier les vraies notions fondamentales de l'ordre domestique qu'à se joindre, même avec talent, à la foule déjà si vulgaire des émeutières, insensées ou coupables, contre les bases élémentaires de la sociabilité humaine. » Auguste Comte annexe au

Système de Politique positive les prochains feuilletons et le futur roman.

Ainsi la volonté de la jeune femme triomphait.

Elle triompha jusqu'au vendredi matin 5 septembre. Alors toute sa sagesse l'abandonna et elle écrivit :

> J'aurais été vous voir hier, si je n'avais pas été fort souffrante. Pendant une partie de la journée, je me suis crue empoisonnée...
>
> Je ne veux pas que vous redeveniez malade ou malheureux à cause de moi. Je ferai ce que vous voudrez. La tendresse que vous me témoignez et les qualités élevées que je vous connais m'ont attachée sincèrement à vous, et amenée à réfléchir sur nos deux sorts. J'ai essayé de débattre intérieurement les questions sur lesquelles je vous ai souvent fait jeter un voile. Je me suis demandé comment, dans une situation comme la mienne, on pouvait approcher le plus près du bonheur ; et j'ai fini par penser que c'était en se confiant à une affection solide.
>
> Depuis mes malheurs, mon seul rêve a été la maternité : mais je me suis toujours promis de n'associer à ce rôle qu'un homme distingué et digne de le comprendre. Si vous croyez pouvoir accepter toutes les responsabilités qui s'attachent à la vie de famille, dites-le moi, et je déciderai de mon sort...
>
> Ecrivez-moi, et avec toute la raison et le calme que commande un tel sujet...
>
> Adieu, soignez-vous, et évitons les émotions vives. Je vous confie mon reste de vie.

Et pour la première fois, Mme de Vaux signait : CLOTILDE.

Pourquoi chercher des raisons entre les lignes ?

Clotilde a sous les yeux une lettre écrite le matin même : la crise de mai est revenue.

Depuis quelques jours, la famille Marie trouvait le philosophe encombrant ; dans sa lettre sur le baptême chrétien, il avait parlé de son éternelle amitié pour la noble marraine avec un accent qui ne pouvait tromper personne. Clotilde l'avait donc prié gentiment de venir moins souvent. Mais le parrain croyait que depuis la fête du 28 août il faisait partie de la famille : à la fin du repas, un chaste baiser avait publiquement scellé l'union du « couple protecteur ». Le conseil de Clotilde le bouleverse : il prend peur ; il lui semble

qu'on veut l'empêcher de voir son amie ; la grande élaboration qu'elle inspire est menacée. Oppression, angoisse,
faiblesse extrême, insomnie, impossibilité de travailler,
Clotilde sait ce que ces symptômes annoncent.

Elle sait même où peut conduire une telle crise : Comte lui
a donné toutes les précisions sur le fatal épisode de 1826.

Elle a pitié.

Sa volonté se cramponne à la même idée. Il ne faut pas que
cet homme soit malheureux. Non, il ne le faut pas.

Mais l'idée tire dans le sens qu'elle avait naguère interdit.

Alors...

Alors la jeune femme se dit que la pitié serait peut-être le
commencement d'un bonheur.

Et de cette vie qu'une toux prétendue nerveuse épuise, une
douce illusion s'élance, qui défie et l'amour et la mort.

> Samedi matin, 6 septembre 1845 (10 h.)
>
> J'ai dû, ma Clotilde, exercer hier sur moi-même un véritable
> effort pour ne pas répondre à votre divine lettre aussitôt après
> l'avoir relue à genoux devant votre autel. Mais je n'ai pas tardé à
> sentir, suivant votre digne recommandation, que l'entraînement
> même le plus légitime devait être scrupuleusement écarté de l'acte
> le plus décisif de toute ma vie. Je me suis donc prescrit de ne vous
> répondre que ce matin, sans avoir jusque-là cessé un moment de
> méditer, avec une intime sollicitude, sur l'ensemble d'une telle
> résolution.
>
> ... Je vous considère, dès hier, comme ma seule véritable
> épouse, non seulement future, mais actuelle et éternelle.
>
> Votre généreuse confiance veut bien me permettre que cette
> union reçoive, s'il le faut, sa plus extrême garantie, par cet
> ineffable sceau qui rend complet et irrévocable le mutuel enga-
> gement des cœurs honnêtes. En exprimant à vos pieds la gratitude
> que m'inspire une telle concession, je vous promets que sa réali-
> sation vous sera toujours respectueusement déférée. Après avoir,
> comme vous, et depuis une époque bien plus éloignée, ardemment
> souhaité et vainement attendu les sublimes émotions de la
> paternité, qu'il me serait doux de les devoir enfin à ma Clotilde !

Quelques mailles du système craquent : mais le stoppage
est instantané. Mme de Vaux est mariée ; Comte aussi ; le

positivisme proclame le lien conjugal indissoluble ; il démontre même que le divorce est une désastreuse aberration. Mais il y a des exceptions qui confirment la règle.

Pour tous ceux qui sentent, d'esprit et de cœur, le vrai caractère des saintes règles sociales, toujours générales mais jamais absolues, notre entière union, loin de nous écarter davantage de l'état normal, nous y fait, au contraire, rentrer autant que le comporte notre fatalité respective. Aussitôt que nous le pourrons, je serai heureux de solenniser mes engagements devant le magistrat temporel et le fonctionnaire spirituel, en un mot, par toutes les voies quelconques que l'Humanité a pu instituer pour consacrer publiquement les liens privés. Mais, jusqu'à ce jour désiré, et quand même, hélas ! il ne devrait jamais venir, je ne cesserai de me considérer comme tout aussi indissolublement lié, dès aujourd'hui, que si nos serments avaient reçu toutes les garanties sociales, qui, quoique profondément utiles à tous, ne sont vraiment indispensables qu'aux cœurs et aux esprits vulgaires...

Acceptant avec assurance la précieuse vie que vous me confiez, je vous offre, dès ce moment, tous les sentiments inaltérables de

Votre époux dévoué,

A^{te} Comte.

Le lendemain, au début de l'après-midi, Mme de Vaux était rue Monsieur-le-Prince .

Trois heures du matin. Comte ne peut dormir. Revoir Clotilde. Au plus vite.

« J'attends, ma bien-aimée... »

« J'attends », mots qui écrasent lourdement le cœur.

Brisée par l'impatience, sa pensée se traîne ; elle essaie de mettre « le dernier sceau naturel », « le gage de l'alliance », « l'unique garantie » au bout d'une démonstration ; elle s'obstine ; elle se recroqueville, elle n'est plus qu'une idée fixe dans la nuit. La fièvre brouille un désir et un système.

Mais ce matin-là, Clotilde répond avant d'entendre la question. Hier, rue Monsieur-le-Prince, l'amour sans espérance a vaincu l'espérance sans amour.

Je veux vous écrire tout de suite ; pardonnez-moi mes imprudences. Hélas ! je me sens encore impuissante pour ce qui dépasse les limites de l'affection. Personne ne vous appréciera mieux que je ne le fais ; et ce que vous ne m'inspirez pas, aucun homme ne me l'inspire : mais le passé me fait encore mal, et j'ai eu tort de vouloir le braver. Soyez généreux à tous égards, comme vous l'êtes à certains. Laissez-moi le temps et le travail ; nous nous exposerions à des regrets cruels maintenant...

Adieu. Si vous me comprenez réellement, vous ne m'en voudrez pas...

A vous de cœur.

CLOTILDE.

Lundi soir, 8 septembre 1845.

Je reçois votre lettre ; et, quoique celle que je viens de jeter à la poste pour vous doive vous répondre, je veux le faire ici d'une manière plus particulière.

Je suis incapable de me donner sans amour, je l'ai senti hier. Je me ferais horreur en passant une espèce de traité sur moi-même. J'attendrai donc, comme telle était mon intention, que mon cœur soit tout à fait calme et libre. D'ici là, je vous offre l'affection dont vous paraissiez heureux avant mon imprudente démarche. Je vous verrai chez mes parents, si vous voulez et pouvez continuer à venir. Dans le cas contraire, je rentrerai dans mon isolement.

Moi aussi, me voilà malade. N'abusez donc pas du pouvoir que j'ai eu l'intention de vous donner. Si vous vous étiez conduit différemment que vous ne l'avez fait, je vous mépriserais peut-être. Au lieu de cela, je vous estime et je vous aime. Vous avez eu le seul tort de me pousser à l'action que je viens de commettre. Soyons de nouveau libres. Dans six mois je m'interrogerai ; et, si nous nous convenons, il sera temps de nous engager. D'ici là, je veux travailler. Je vous l'ai dit, j'ai recouvré à grand-peine la santé, il est temps que je commence à l'utiliser ; cela importe à toute ma vie.

Je suis plus frustrée que vous dans cette circonstance, ne m'en veuillez donc pas. Exercez votre noble intelligence sur vous-même, et n'essayez pas de m'amener de nouveau à des actions regrettables.

Je suis de vos obligées la plus reconnaissante et la plus affectionnée,

CLOTILDE.

Pour la première fois, pour la dernière fois, Auguste Comte doute de la sagesse de Clotilde. Mais rien n'est perdu ; la véritable épouse lui ordonne d'être raisonnable : il va donc raisonner. Il plaide en appel ; il rejette une rétractation si précipitée ; il exige une révision ; il maintient ses droits sur le gage sacré ; il dirige de ce côté les feux de l'évidence la plus crue. Toute sa philosophie patauge dans son désir.

La réplique suit aussitôt, avec les mots qui nettoient instantanément une blessure.

> Je connais le mariage, et je me connais mieux que le premier savant du monde. N'opposez donc plus la moindre observation à mes sentiments... Je vous supplie de ne pas rappeler vos droits et vos sacrifices de dimanche : l'un et l'autre sont illusoires. On n'agit pas avec une femme de trente ans comme avec une petite fille. J'ai eu tort, je l'avoue, je le sens, j'en souffre ; mais j'en souffre trop pour que vous me le rappeliez. Ayez de l'empire sur vous-même, usez de vos pouvoirs d'homme, et ne vous imposez pas une continence que vous considérez comme nuisible... Je ne vous rappellerai pas que je ne voyais en vous que le père d'un enfant et non un amant... Plus un mot... Ceci est une réponse ; vous n'en devez donc pas faire... Si vous avez de l'affection pour moi, vous vous conduirez comme je le désire...

L'obéissance de Comte est si généreuse que la jeune femme se révolte contre son propre jugement ; elle ne peut faire que son admiration se change en amour ; du moins veut-elle que l'affreuse semaine reçoive en dernière heure le seul aveu permis.

Comte est au lit, sans sommeil, sans pensée, abattu.

> Je sens combien je vous aime de cœur en vous voyant souffrir. Ne m'en veuillez donc pas, mon digne ami : je vous fais la part la plus belle qu'on puisse faire à un homme ; le reste ne dépend pas de moi...

Divine Clotilde! T'en vouloir! Mais de quoi t'en voudrais-je? Serait-ce d'avoir tenté de me rendre heureux, ou bien de ne pas l'avoir pu?

L'âme a secoué sa torpeur. La vie se réveille. La joie entre-lace le *tu* et le *vous*. L'époux et l'épouse ne sont plus qu'une seule volonté. L'amour s'est élevé jusqu'à l'adoration.

Chaque matin, à genoux, devant l'autel, Comte se met en présence de sa bien-aimée. Il a choisi dans la sainte correspondance les passages qui fixent le caractère de leur affection et en fait les formules d'une tendre prière. Comme il bénit les nobles répugnances qui ont préservé la pureté de leur union! Il se contente d'une boucle de cheveux: « le don du cœur ».

Il l'appelle sa céleste amie. Elle l'appelle son philosophe. Ils partagent leurs souvenirs. Elle lui parle de son amour sans espérance. Elle lui confie les lettres de l'homme fatal. Elle lui expose son budget. Il veut que leur bourse soit commune, cette bourse qui crée alors de si impérieux devoirs aux patrons anglais. Il loue deux fauteuils aux Italiens: il institue « la stalle du prochain » qu'il offre successivement à tous les membres de la famille Marie afin de rendre moins visible sa principale destination.

Leur dialogue n'est plus qu'un monologue à deux voix.

ELLE: « J'ai compris mieux que personne la faiblesse de notre nature quand elle n'est pas dirigée vers un but élevé et inaccessible aux passions. »

LUI: « Votre noble ascendant a désormais lié profon-dément chez moi l'essor habituel des plus hautes pensées à celui des plus tendres sentiments. »

ELLE: « Me voilà à l'état de débris sans avoir même vécu... Il me reste au moins des sources d'enseignement pour les autres: c'est encore un intérêt réel dans ma vie. Je veux l'exploiter. »

LUI: « Je suis fier d'être apprécié de celle qui a su se donner spontanément une telle mission, au milieu de notre profonde anarchie morale... c'est à moi, Clotilde, à me demander en tremblant si je serai toujours complètement digne de toi. »

ELLE : « Je n'ai encore rencontré qu'en vous l'équité unie à d'amples besoins du cœur; aussi je me pénètre toujours plus de l'idée que vous êtes un homme parfait. Que ne vous ai-je connu plus tôt ! »

LUI : « Depuis que je suis inspiré par cet amour, aussi noble que tendre... je me sens devenu meilleur et plus juste envers tous. Il a augmenté mon attachement pour mes vrais amis, et même mon indulgence pour mes principaux ennemis; il me rend plus doux avec mes inférieurs, et mieux subordonné à mes supérieurs : en un mot, il me fait aimer davantage tous mes devoirs quelconques. »

ELLE : « Laissons le temps nous guider et nous faire. J'ai de singuliers moments pendant lesquels je me compare à une chrysalide; il me semble que je me transforme aussi dolemment qu'elle, et que je sors d'une aussi triste robe. »

LUI : « Moi aussi, il me semble que je commence, à tous égards, une seconde existence, à la fois plus pure et plus pleine que celle d'où vous m'avez fait sortir. »

Une nuit d'octobre, au retour du Théâtre-Italien, Clotilde eut une attaque congestive. Les jours suivants, elle se plaignit de son asthme. Le 11 novembre, elle cracha du sang.

Trois ans plus tôt, un médecin avait parlé d'une « névrose du cœur ». Le Dr Cherest, qui soigne la jeune femme, prétend qu'il y a peu de chose pour elle chez les pharmaciens; il recommande le repos, un régime et quelques frictions de digitale pour diminuer l'activité du pouls; une passion silencieuse excite son zèle et son espoir de la guérir. Les parents continuent à croire que la malade est surtout une neurasthénique et s'appliquent à soigner son moral. Ils voudraient tant qu'elle renonce à la littérature ! Ce n'est pas un métier pour une femme honnête, lorsqu'elle est jolie ! Mme Marie, née de Ficquelmont, se méfie des journalistes comme si elle avait surpris les galantes dispositions de M. Armand Marrast, car le directeur du *National* aurait bien volontiers consolé une Lucie vivante. D'ailleurs, mettre sa vie dans un roman, est-ce convenable? Pas plus que de mettre un philosophe dans sa vie. Prendre au sérieux les éloges d'un barbon amoureux! Comment cet encens peut-il tourner une tête aussi sage!

Les scènes sont d'autant plus pénibles que les uns et les autres se persécutent par affection. Mme Marie voudrait avoir sa fille auprès d'elle. Clotilde crie à la tyrannie. Ces laides niaiseries la dégoûtent! Dût-elle prendre un emploi de secrétaire, elle entend être libre.

Libre... elle répète ce mot, avec ivresse : en lui, elle met sa gloire, ses espérances, sa loi.

Le philosophe comprend-il mieux que les parents? Il supplie sa divine amie de se soigner; après l'accident du 11 novembre, il la confie à son médecin, le Dr Pinel-Grandchamp; mais cela ne l'empêche pas de reprendre juste à ce moment ses dissertations sur l'incomparable gage. Il n'essaie plus de croire à la fin de sa crise : les épisodes de mai et de juin marquent les phases aiguës d'un désordre nerveux continu qui risque de durer aussi longtemps que sa cause. Auguste Comte arrive bien à soigner son estomac : il ne peut rien contre la ravissante pensée du bonheur ineffable; « tout se réduit à un excès de vie ». Comme il lui serait plus facile d'écarter la tentation, s'il était sûr d'y succomber un jour! Il improvise une théorie qui justifie le don sans amour; il s'enfonce dans de pâteuses exégèses; il guette une espérance au détour de chaque phrase, harcelant comme un mendiant.

Espérez-donc! gémit Clotilde, mais elle se reprend aussitôt : l'espérance, c'est encore une prison, et même une prison fausse comme un décor. Le cœur ne se gouverne pas comme l'esprit et qui sait ce que peuvent devenir ses sentiments? Soyez libre, dit-elle doucement à celui qu'elle ne peut pas rendre heureux. Soyez libre afin que je reste libre. Il y a des instants où je sens le désir de mourir sans liens, tant j'ai souffert par eux. Vivez comme si je n'étais pas de ce monde. Aimez mon amitié.

Au commencement de février 1846, Clotilde crache encore du sang. Ses parents ne soupçonnent pas la gravité de son état. « Je voudrais, dit-elle, souffrir dans une coquille de noix pendant certains jours. » Elle cache et ses misères et son traitement, elle ne veut inquiéter personne et surtout elle tient à sauver son indépendance. Elle se montre le moins possible, ne prend plus ses repas rue Pavée et condamne le plus souvent sa porte, même pour son frère. D'ailleurs, sa belle-sœur perd sa mère et fait un séjour en Bourgogne ; Mme Marie tombe malade. Seul Auguste Comte a le privilège des confidences, mais, rassuré par son médecin, il s'enchante de radieuses certitudes, il affirme que les grandes tribulations, morales et physiques, sont maintenant passées pour sa Clotilde, et trouve le temps d'être jaloux d'Armand Marrast.

Lentement l'organisme de la jeune femme cesse de résister à la mort. Les drogues du Dr Pinel-Grandchamp délabrent son estomac ; des débâcles intestinales accélèrent l'épuisement ; la toux n'a pas cessé. Et puis, la fièvre, toujours la fièvre.

La famille voit enfin le danger. Le 10 mars, Clotilde laisse rappeler le Dr Cherest. Comte lui-même avoue que *l'huile infernale,* la *conserve de roses* et les remèdes trop violents de son médecin n'étaient pas spécialement indiqués ; il en conclut qu'il n'aurait pas dû subordonner son propre jugement à la sagesse doctorale ; il relit donc son Broussais, bien décidé à surveiller le nouveau médecin « sans aucune aveugle soumission ».

A peine a-t-il ouvert ses livres qu'une alerte le jette hors de son rêve : il comprend que Clotilde peut mourir.

L'atroce pensée agit comme un poison foudroyant ; elle détraque la machine nerveuse ; elle intoxique la volonté ; elle dissout jusqu'aux raisons de vivre : l'avenir sombre dans un immense désespoir.

Mais l'espérance de l'Humanité est plus forte que le désespoir de l'homme. Une fois encore la mission du prophète sauve le prophète. Si Clotilde l'abandonne, Comte n'abandonnera pas Clotilde : il faudra vivre sans elle, pour elle. L'auteur de la *Politique positive* n'a pas le droit de laisser le souvenir de son amie errer sans sépulture : son œuvre sera le monument qui associera dans une commune immortalité le fondateur et l'inspiratrice de la cité nouvelle.

La maladie joue avec la malade. Clotilde ressuscite. Tous les cœurs sont délivrés. Les pauvres parents acceptent la générosité exubérante du philosophe ; ils lui pardonnent ses attitudes théâtrales. Comte aussi ressuscite et fuit l'affreux cauchemar : il s'empresse d'expliquer à la jeune femme de quelle manière elle aurait été immortelle si le mal avait triomphé, et, puisque la vie continue, il essaie de définir leur sainte parenté.

La pratique quotidienne de l'adoration a si bien détourné Comte de lui-même qu'il ne sent plus le poids de son indépendance. La bien-aimée est en lui, elle vit en lui, elle veut en lui ; mais il est elle, il vit en elle, il se meut en elle. Clotilde lui a fait le don merveilleux que les chrétiens demandaient à un Dieu : la grâce d'une présence qui comble et qui apaise, comme si l'âme se trouvait enfin unie à sa perfection.

Clotilde est sa conscience et sa loi, sa volonté et son cœur, sa joie et sa vertu. Clotilde est tout : sa présence doit exalter tous les sentiments purs qu'une femme peut inspirer.

En elle, Comte retrouve Ernestine, figure fugitive du véritable amour qui souriait dans le demi-jour de l'adolescence. En elle, il retrouve la petite Louise que Pauline lui a donnée, ou attribuée. En elle, il retrouve la sœur que Mlle Alix n'a jamais été. Il est à la fois son époux, son père et son frère.

Ces parentés entrelacées ne sont pas des métaphores. L'une d'elles pourrait recevoir une sanction légale ; Comte y songe ; mais il reconnaît qu'il est trop amoureux pour un père même adoptif. Il vaut mieux que sa paternité reste « mentale » et sa fraternité « morale » : ainsi n'empêcheront-elles jamais une union réellement conjugale. Devant Clotilde ressuscitée, le désir espère encore ce qu'il a cessé de réclamer.

Quand on fut certain que la jeune femme ne se relèverait plus, Comte n'eut pas la force de laisser à la bien-aimée les illusions qu'il n'avait plus : pensant à leur incomparable mission, il demande solennellement à Clotilde de lui léguer le manuscrit de *Willelmine*. Le médecin essaie aussitôt de rassurer la malade et de chasser les lugubres idées qui justifient de pareils propos. « Allez ! réplique le philosophe, vous ne l'abusez pas, c'est une femme trop supérieure, trop intelligente. »

Comme époux, père et frère de la mourante, il entend ne plus perdre une minute de la précieuse vie qui lui fut confiée. Il vient tous les jours. Il installe Sophie dans l'appartement. Il est d'ailleurs à peu près chez lui : il a fait transporter ici un matelas pour la malade, un lit de sangle pour la garde, des draps, des serviettes, des mouchoirs ; la veilleuse qui somnole sur la cheminée lui appartient et c'est la montre de Rosalie Boyer qui compte les heures.

Il exerce ses droits avec arrogance. Il blâme vertement le Dr Cherest. Il ne traite guère mieux le médecin qui habite la maison et que l'on appelle dans les cas urgents. Il proscrit leurs remèdes et ne tolère pas sans difficultés la famille temporelle de Clotilde. Un jour, il arrête Mme Marie à la porte de la chambre :

« Madame, j'ai ordre de Mme de Vaux de ne laisser entrer ici que les femmes de service. »

Monsieur, réplique la mère de la mourante, je serais bien heureuse, dans ce cas, d'être une femme de service. »

« Mon Dieu ! est-ce que c'était pour maman ? » Clotilde lève les bras, découragée : Comte récite sa consigne qui ne prévoit aucune exception en faveur de Mme Marie.

Le jeudi 2 avril, Mme Marie appela un prêtre.

Le lit est tiré hors de l'alcôve. Les femmes sont à genoux, le vieux capitaine se tient près de la porte, appuyé contre le mur, debout. Comte est au chevet de la malade, à sa place. Maximilien n'a pas quitté le salon : la présence du prêtre ne lui convient guère ; celle de son ancien maître, beaucoup moins encore.

Clotilde n'a ni demandé ni refusé le sacrement : elle le reçoit sans dire un mot.

Le prêtre purifie les yeux, les oreilles, les narines, la bouche, les mains, les pieds. *Per istam sanctam unctionem...*

Comte s'effondre.

Lorsqu'il se relève, il balbutie des mots que peut-être Clotilde comprend. « Vous avez été méconnue, mais je vous ferai apprécier... Non, jamais aucune autre... »

La nuit suivante, il veilla sa bien-aimée. Il lui demanda le manuscrit de *Willelmine*. Il reçut la réponse qu'il souhaitait. Il l'entendit murmurer : « Vous n'aurez pas eu une compagne longtemps ! »

Samedi 4 avril. Très légère amélioration. Mme Marie décide pourtant de ne plus quitter sa fille. Cette résolution aurait provoqué, paraît-il, la scène violente qui rendit impossible la présence de Comte.

Mme Marie dans la chambre de Clotilde, c'est la souveraineté du Dr Cherest mise au-dessus de toute surveillance. Comte voit la manœuvre ; on veut l'exclure et, comme il se juge seul capable de soigner la malade, il doit empêcher ce crime. C'est l'épisode qui entrera dans l'histoire de la nouvelle semaine sainte sous le titre : *Ma remontrance à sa mère*.

« Madame, déclare-t-il, vous aimez votre fille comme un objet de domination et non pas comme un objet d'affection. »

Clotilde regarde, immobile, muette ; son philosophe est aussi obstiné que la mort ; elle sait cela avec bien d'autres choses qui oppressent sa poitrine. Sa petite belle-sœur se blottit, effarouchée, auprès de Sophie. Mme Marie appelle le capitaine et le prie de mettre Auguste Comte à la porte.

M. Marie est le seul membre de la famille auquel Comte reconnaisse encore une réelle dignité. M. Marie ne déteste pas ce savant aux façons si respectueuses, qui n'a jamais méprisé sa compagnie et qui le conduisait au Théâtre-Italien.

Il obtient d'abord que la conversation se poursuive ailleurs. Ils rejoignent Maximilien dans le petit salon. Alors le père adoptif en appelle au père temporel : il dénonce la faiblesse de la mère, l'incapacité du Dr Cherest, les mauvais sentiments du frère et de la belle-sœur. Inutile de protester : l'indigne couple est directement intéressé à la mort de la jeune femme...

Il n'y a plus qu'à lui ordonner de sortir.

Maximilien estime cette conclusion urgente. Mais Comte s'est jeté aux pieds du chef de la famille ; il prend ses mains, les baise en pleurant ; il jure que la mourante fut son unique amour ; il supplie qu'on le laisse encore revoir le visage adoré.

Le vieillard a pitié de ce fou : il lui promet de le rappeler avant la fin.

Dimanche 5 avril. Fête des Rameaux.

Le matin, Clotilde dit à sa belle-sœur : « Je sens que je vais mourir ! Faites avec ma robe blanche que je portais le jour du baptême de mon filleul une robe pour lui.... Mais il est mieux que ce soit ainsi ! Qui sait ce qui arriverait entre M. Comte et ma famille, si je vivais ! »

En effet, ce même matin, rue Monsieur-le-Prince, Auguste Comte écrit au capitaine Marie, il lui recommande de surveiller Maximilien qui espère toucher la pension de l'oncle d'Autriche après la mort de sa sœur. Sophie part aussitôt avec cet important message ; mais, rue Payenne, elle trouve M. Marie en compagnie de sa femme et de son fils ; elle s'abstient de remettre son billet.

Un peu après midi, le vieil officier comprit que le moment était venu de tenir sa promesse.

Maximilien guette à la fenêtre.

Comte arrive. Le temps de monter trois étages...

Les parents quittent la chambre. Ils se retirent dans le petit salon voisin ; la porte est placée de telle manière que leurs yeux ne se détachent pas de l'alcôve.

Il est deux heures.

Comte entre. Il ne salue personne. Il ne voit personne. Il va directement du vestibule à la chambre.

Que se passe-t-il ? Une main pousse aussitôt la porte du salon. On entend des serrures qui grincent...

Il s'est enfermé avec elle.

A trois heures et demie, la porte s'ouvrit. Il sortit. Elle était morte.

CHAPITRE XIV

LE GRAND-PRÊTRE DE L'HUMANITÉ

> *Je suis persuadé que, avant l'année 1860, je prêcherai le positivisme à Notre-Dame, comme la seule religion réelle et complète.*
>
> Comte à M. de Tholouze, le 23 Archimède 63 (22 avril 1851), *Correspondance inédite*, t. III, p. 101.

Elle est morte : il n'est pas fou.

Sous le choc, la raison est demeurée droite.

Auguste Comte enfin regarde sans crainte le souvenir du fatal printemps. Il n'est pas fou : il est sûr de ne jamais plus être fou.

Parce qu'elle est sans pareille, sa douleur est la mesure de sa force.

Le lendemain 6 avril, il devait recevoir un ami de Stuart Mill : il le reçut.

Deux jours plus tard, Maximilien Marie lui envoie ses témoins, le Dr Cherest et un jeune Portugais de sympathies positivistes. Comte refuse de comprendre le sens de leur démarche et surtout de voir le médecin : il s'en débarrasse en les envoyant chez son plus intime ami.

M. Lenoir, l'ancien directeur de l'Athénée, avait joué dans la tragédie le rôle du confident : il avait connu, avant Clotilde, la passion du philosophe. Entre la colère de Maximilien et la confiance de son ombrageux ami, le pauvre homme fit ce qu'il put : mais la seconde disparut en même temps que la première. Au moment où il se vantait d'avoir écarté la menace d'un duel, il apprit qu'en dépit de ses soixante-sept ans il était « léger d'esprit et de cœur », sans énergie et sans convictions. Le blâme a déjà le ton d'une excommunication.

Le Grand-Prêtre n'est pas loin.

Le Vendredi-saint 10 avril, Auguste Comte a institué les prières quotidiennes de son culte intime. Mais il n'est pas en état de travailler à la *Politique positive*; il faut laisser le régime agir avec le temps. Six mois passent; ce qui peut être guéri est guéri; le sommeil est revenu; les digestions sont normales. Comte écrit la dédicace qui doit rendre son culte public et proclamer la sainte union en tête de l'œuvre immortelle.

Paris, le dimanche 4 octobre 1846. Noble et tendre Victime...

Clotilde est morte pour ceux qui la cherchent avec les yeux du corps. Ils ont mis la chose inerte dans un cercueil. Ils l'ont présentée à l'église Saint-Denis-du-Saint-Sacrement. Ils l'ont suivie en cortège à travers le Marais. Ils l'ont laissée dans un trou au Père-Lachaise. C'est cela qu'ils appellent être mort. Mais il n'y a de mort véritable que l'oubli. Entrée vivante dans un cœur, Clotilde demeure vivante.

... Loin de t'oublier, je dois m'efforcer de te supposer vivante, pour continuer à nous identifier de plus en plus.

Aucune voix ne répond, et pourtant il y a une réponse : des sentiments plus purs, des pensées plus grandes, une conduite plus noble révèlent l'action secrète de l'ange invisible. L'amour a cueilli spontanément le mot le plus suave de la chimère chrétienne; le système s'émeut : il y aura des anges gardiens dans la religion de l'Humanité.

Mais il y a quelqu'un qui ne peut profiter de ces saintes dispositions : la présence de la véritable épouse exclut nécessairement celle de l'autre. La séparation de 1842 n'avait pas privé Caroline de tout mérite; le philosophe n'avait plus envie de voir sa femme : il n'entendait pas renoncer à l'admiration d'une femme d'esprit. Mme Comte suit régulièrement ses conférences du dimanche ; il la tient au courant de ses projets, de ses ambitions, des persécutions académiques ; il lui écrit dix-huit lettres pendant les six mois qui suivent leur rupture, vingt-huit en 1843, vingt-quatre en 1844.

L'année sans pareille lui révèle ce que Mme Comte ne lui a pas donné ; pourtant il est sincèrement chagriné lorsqu'à la fin du subside anglais il doit réduire sa pension à deux mille francs ; c'est une malheureuse, et il a pitié d'elle. Mais il prend l'habitude de penser sa femme par opposition à l'épouse parfaite et la logique de son amour exige que Caroline ne soit plus rien lorsque Clotilde est tout.

Le 10 janvier 1847, il envoie à Mme Comte la lettre mémorable :

« Un fatal mariage, seule faute capitale de toute ma vie... ». Pour lui ôter tout désir de reprendre la vie commune, il lui annonce officiellement l'existence de la véritable épouse. « Avec un esprit non moins distingué que le vôtre, elle vous surpassait infiniment par le cœur... Quoique plus jeune que vous de douze ans, mon angélique Clotilde m'accorda bientôt la réciprocité d'affection que je n'avais jamais pu obtenir de vous... Vu l'inévitable publicité extérieure, il convenait, à tous égards, Madame, que vous fussiez d'abord informée spécialement d'une intimité qui, malgré sa courte durée, immortalisera peut-être, à côté du mien, le nom de l'ange dont je n'ai pu préserver la vie. »

Mme Comte prit-elle ce roman au sérieux ? Elle fit comme si rien n'avait été dit. Le philosophe la retrouva chaque dimanche à son cours. En 1849, il se demande quels motifs la poussent : le fol espoir de reprendre sa place au foyer ? Une conversion sincère à la doctrine qu'elle a vue naître sans l'apprécier ? Dans le premier cas, elle perd son temps ; dans l'autre, le chef d'école n'a pas le droit de refuser le concours d'un esprit aussi distingué : le mari peut garantir ses « éminentes facultés de discussion et de propagation ».

L'année suivante, il penche vers l'hypothèse favorable. Le gouvernement lui retire la salle du Palais-Royal où, depuis 1849, il faisait son cours d'instruction populaire. Mme Comte se joint à un ami de son mari, le sénateur Vieillard, pour obtenir une nouvelle autorisation ; elle connaît personnellement le ministre des travaux publics ; elle le voit ; elle lui écrit ; l'interdiction est retirée. Comte ne cache pas que la démarche de sa femme fut une des causes du succès et, pour la remercier, il lui fait l'honneur de lire à la Société positiviste des passages de la lettre où elle disait au ministre : « Mon mari est un homme européen, avec trois cents personnes derrière lui. C'est bien peu ; mais trois cents hommes honnêtes et d'un esprit sérieux, c'est beaucoup. »

Quelques mois plus tard, il prétend qu'elle a toujours méconnu son esprit et son cœur. En effet, elle commence à trouver que le roman angélique est un peu long : son mari célèbre publiquement le culte de sa Béatrice et ses effusions ont des sous-entendus peu flatteurs pour celle qui n'est pas la véritable épouse. Elle n'est d'ailleurs pas seule à le penser : on murmure même parmi les fidèles. Le 16 avril 1851, Auguste Comte réunit la Société positiviste : puisqu'un philosophe doit vivre au grand jour, il expose « l'ensemble de sa fatalité domestique ». Il n'épuise pas le sujet en une seule séance et continue le 23. Sa femme riposte en menaçant de ne plus toucher sa pension et d'aller à l'hospice ; mais il faut être Littré pour croire à cette grève ; le philosophe reste impassible ; elle n'insiste pas.

Il n'y a point de salut pour ceux qui ont voulu être comme des dieux. Mme Comte a osé se croire la rivale de l'incomparable épouse : elle se précipite elle-même dans une espèce de néant. Son mari lui taille une définition dans la loi des trois états : en face de l'héroïne positiviste, elle représente l'esprit métaphysique, exclusivement critique et destructeur, disposé à trouver partout des droits et nulle part des devoirs, incapable d'aimer l'ordre et surtout de s'y soumettre. « Malgré ses airs positivistes, sa nature restera purement révolutionnaire. » Puisque la noble et tendre Patronne est « le meilleur type de l'avenir féminin », Mme Comte est nécessairement privée des principaux attributs qui caractérisent son sexe : tendresse, bonté et vénération ; elle est une anomalie biologique, « une femme monstrueusement exceptionnelle ». Ainsi l'indigne épouse n'est plus qu'une antithèse : l'envers de la sainte.

Au contraire la présence de la sainte épouse rappelle à Comte qu'il a une famille ; mais, seule, Rosalie Boyer ressuscite dans un souvenir glorieux. Aux premières heures de son amour, le philosophe découvre sa mère et, en la retrouvant, il se retrouve en elle : c'est à Rosalie Boyer qu'il doit ce cœur ardent dont Clotilde a fait vibrer « les cordes intimes » ; comment honorer Clotilde sans associer Rosalie à son culte ? Sans doute le titre de mère appartient-il à Clotilde, avec ceux de sœur, de fille et d'épouse, puisqu'elle a donné une seconde vie à son ami : mais l'une est la mère *objective*, l'autre la mère *subjective* ; il ne peut pas y avoir de contradiction entre les deux notions, il ne peut pas y avoir de rivalité entre deux anges gardiens.

Avec les vivants, il est plus difficile d'être à la fois juste et bon. En 1848 une première réconciliation rend à Comte la joie d'avoir un père et l'espoir d'améliorer sa sœur. Leur abstention financière prouve bientôt la faiblesse du vieillard et la cupidité de la fille. Les lettres de Mlle Alix sont pourtant très affectueuses : elles sont trop innocentes pour être sincères. La sensibilité sacerdotale décèle les plus secrètes concurrences : le pontife reconnaît très vite sous les déclarations les plus fraternelles « une sorte d'antipathie fanatique, mal déguisée sous le patelinage chrétien ». Il devine les manœuvres jésuitiques et les artifices papistes. Il répète sa vieille accusation : sa sœur lui vole l'affection et l'héritage de son père. En 1852, il juge ce « replâtrage » indigne de lui et préfère une franche rupture. Il choisit alors un père subjectif. Il substitue Condorcet à M. Louis Comte, ce qui, remarque-t-il, n'altère pas la pureté de la sainte mère, « car c'est de la femme, au fond, que provient l'homme ».

Mais la vie intérieure a sa logique. Comte est trop sincère pour ruser avec son devoir. Peu à peu, le souci de sa perfection morale le rend plus exigeant. Etre brouillé avec sa famille, est-ce une situation convenable pour un Grand-Prêtre de l'Humanité? Puisqu'il prêche l'amour, il doit donner l'exemple et pardonner les injures. D'ailleurs il apprécie mieux l'actualité du catholicisme et la question religieuse ne le sépare plus de ses parents. Le 5 juillet 1855, il écrit très simplement à son père : « Approchant de la vieillesse, j'éprouve le besoin de vous témoigner combien je regrette la longue interruption de nos relations. Quant à ma sœur, je dois seulement me souvenir du grand service qu'elle n'a jamais cessé de me rendre en vous consacrant toute son existence. » N'ayant pas les moyens d'aller à Montpellier, il envoie son buste, il lègue son portrait à sa sœur. Il se sent parfaitement bon.

Lorsqu'il est bon, il est excellent. Il loge rue Monsieur-le-Prince Sophie Bliaux, son mari et ses deux petits enfants. Il les traite avec une telle amitié que les pauvres gens lui offrent leurs économies lorsqu'il se trouve sans ressources. Devant « l'éminente prolétaire », il découvre l'humilité : il se juge moralement inférieur à cette femme qui ne sait pas lire, se soumet à son exemple, se corrige en la regardant vivre.

Il l'associe à son immortalité : elle sera sa fille adoptive et son troisième ange gardien.

Le *Cours de Philosophie positive* avait substitué l'Humanité au fantôme divin. Réorganiser sans Dieu ni roi et avec l'Humanité, tel est le programme du *Système de Politique positive* commencé au temps de Saint-Simon et jamais oublié. La sociologie est la science de ce qui remplace Dieu ; mais, pour que Dieu soit remplacé, il ne suffit pas de connaître son remplaçant ; il faut que l'Humanité soit capable de remplir l'immense vide laissé dans les cœurs, dans les foyers, dans la cité.

Par ses organes et par ses facultés, l'homme n'est qu'un animal mieux doué ; lorsque la physiologie du cerveau sera plus avancée, personne ne contestera l'absurdité de la psychologie. Mais un ordre vraiment nouveau apparaît avec l'évolution humaine : alors que les groupements des autres animaux ne changent guère, la masse des hommes passés, présents et futurs est comme un seul être qui se développe et qui grandit. Un progrès en trois états, la victoire continue de l'esprit sur la nature, la primauté reconnue de l'instinct social sur l'égoïsme, voilà ce que l'on ne trouve dans aucune espèce voisine. Ce qui fait l'Humanité, c'est l'histoire de la société humaine semant les civilisations le long du temps.

Nul mystère n'obscurcit l'Être au-dessus duquel il n'en est pas de plus grand. Sa grandeur vient de son unité. Il ne se défait pas avec l'instant qui passe : la tradition prolonge toute création ; les générations d'hier agissent sur celles d'aujourd'hui ; les vivants ne peuvent échapper au gouvernement des morts : par delà les tombeaux des hommes, l'Humanité continue.

L'unité humaine est une communion. Aimer l'Humanité, c'est sentir cette unité et participer joyeusement à cette communion.

Au moment où le théoricien de l'Humanité allait en devenir l'apôtre, une épreuve sans pareille révélait à son cœur l'amour que son enseignement devait prêcher. Par sa pureté, par son désintéressement, par sa totalité, la passion qu'inspire Clotilde n'est pas de ces sentiments étriqués qui rétrécissent l'âme à leur mesure et la séparent de son humanité : elle est l'amour qui rejoint tous les autres et qui veut être l'offrande d'une vie harmonieuse. Auguste Comte n'a jamais mieux aimé l'Humanité qu'en aimant Clotilde : il faut donc aimer l'Humanité comme il aime Clotilde. L'expérience a une valeur universelle : elle présente le parfait modèle du don que tout homme doit faire à l'Humanité.

L'amour de Comte pour Clotilde est spontanément devenu adoration, prière sans demande et culte quotidien : l'amour de l'homme pour l'Humanité est voué au même destin. La science de l'Humanité s'achève en religion de l'Humanité et devant le fauteuil de sa noble patronne le fondateur de la sociologie répond à l'appel de l'Occident qui demande un pape : son œuvre, son amour, sa douleur le sacrent Grand-Prêtre de l'Humanité.

Mais la sainte passion a une autre vertu ; elle est le modèle de la dévotion parfaite parce qu'elle tend vers un type parfait de l'Humanité : elle offre un exemple ; elle doit offrir une médiation. « Si Dante put réellement concevoir sa Béatrice comme la personnification de la philosophie, il doit m'être bien plus facile et plus légitime de me représenter ma Clotilde comme l'image de l'Humanité. » Aimer l'Humanité comme Auguste Comte aime Clotilde, n'est-ce pas, avec lui, aimer l'Humanité à travers Clotilde et Clotilde pour l'Humanité ? Comment le culte intime du Grand-Prêtre ne serait-il pas un jour culte public, puisqu'il unit l'Etre-Suprême à sa plus pure incarnation ?

Comment ne pas revêtir du plus haut symbole l'ange incomparable que « l'ensemble des destinées humaines » a chargé de l'annonciation ?

Humanité des sociologues et des savants. Humanité de Clotilde, de Rosalie et de Sophie. Humanité sensible à la raison et au cœur.

Dès 1847, Auguste Comte proclame la religion finale dans son cours populaire. Il résume ses leçons l'année suivante dans un *Discours sur l'ensemble du Positivisme,* prélude au grand traité politique. En même temps, il compose un nouveau calendrier et marie deux prolétaires. Au printemps de 1849, il considère que l'Église universelle est instituée. Alors il jouit d'une paix qu'il n'avait jamais connue ; il sent qu'il est à sa place ; il est naturellement prêtre et naturellement Grand-Prêtre. Il est enfin celui qu'il attendait.

« Faire passer dans les autres un peu de cette plénitude de vie morale et mentale dont je sens en moi l'ardeur ! » Une joie apostolique délivre son enthousiasme. La veille, le 1er octobre 1849, il a commencé l'Introduction au *Système de Politique positive.* La science lui avait révélé dans l'histoire l'Humanité militante : la prière le conduit face à l'Humanité triomphante.

Le Grand-Être que nous aimons n'est pas le vague et inco-hérent assemblage des divers individus, mais « l'ensemble des hommes vraiment assimilables ». Il exclut les Néron, les Robespierre, les Bonaparte, et tous ceux qui ont rompu l'harmonie humaine. Il ignore les parasites « qui ne transmirent aux successeurs aucun équivalent de ce qu'ils reçurent des prédécesseurs. » Il accueille ceux qui méritent de ne point mourir. L'ancien Être-Suprême donnait à ses créatures l'être et l'immortalité : l'immortalité des hommes fait la vie de l'Humanité.

Ne pas mourir, ce n'est pas aller ailleurs, dans un paradis ou un enfer : c'est vivre dans la mémoire ou dans les œuvres des vivants, anonyme peut-être, mais nécessaire, comme la pierre cachée dans la colonne du temple. A nous de choisir : vivre pour autrui et subsister en autrui, ou bien perdre l'existence *subjective* avec l'existence *objective*. Celui qui a tout donné ressuscitera : il sera mort et présent. Celui qui a méprisé la communauté humaine n'y entrera jamais ; ce sera comme s'il n'avait jamais été, il sera mort et absent, n'ayant été sur cette terre qu'un « producteur de fumier ».

La valeur d'une vie ne peut être appréciée qu'après son dernier jour : ainsi l'Humanité se compose de beaucoup plus de morts que de vivants et la Religion de l'Humanité est essentiellement un culte des morts. Sous le titre de *Calendrier positiviste,* Comte présente un « système complet de commémoration occidentale » ; chaque année est divisée en treize mois de quatre semaines ; chaque mois reçoit le nom d'un patron qui caractérise une phase ou un aspect de la grande évolution humaine. Moïse ou *La Théocratie initiale,* Homère ou *La Poésie ancienne,* Aristote ou *La Philosophie ancienne,* Archimède ou *La Science ancienne,* César ou *La Civilisation militaire,* saint Paul ou *Le Catholicisme,* Charlemagne ou *La Civilisation féodale,* Dante ou *l'Epopée moderne,* Gutenberg ou *l'Industrie moderne,* Shakespeare ou *Le Drame moderne,* Descartes ou *La Philosophie moderne,* Frédéric ou *La Politique moderne,* Bichat ou *La Science moderne.*

Chaque jour glorifie un grand serviteur de l'Humanité. Les nouveaux saints sont groupés en équipes de sept, commandées par le patron du dimanche, qui personnifie un mode ou un degré de l'évolution dans l'ordre caractérisé par le héros du mois. Ainsi la première semaine de « Descartes » évoque la naissance de la philosophie moderne : elle a pour chef hebdomadaire saint Thomas d'Aquin, escorté d'Albert-le-Grand, Roger Bacon, saint Bonaventure, Ramus, Montaigne et Campanella. Enfin il y a des adjoints qui remplacent le patron du jour pendant les années bissextiles.

Il reste une journée hors cadre qui correspond à l'ancien 31 décembre : elle est consacrée à la Fête universelle des Morts. Le jour additionnel des années bissextiles est réservé à une Fête générale des Saintes Femmes. La prise de la Bastille marque la fin de la chronologie chrétienne ; 1789 est l'an I de l'ère de transition ; 1855 sera, dans l'avenir, le point de départ de l'ère définitive.

Neuf sacrements sociaux sanctifient la vie et la rendent humaine. Le premier est la *présentation* du nouveau-né au Prêtre : en le vouant au service de l'Humanité, ses parents promettent d'assurer sa préparation physique, intellectuelle et morale ; le parrain et la marraine garantissent cet engagement. Désormais l'enfant de l'Humanité est pris dans un ordre, à la fois religieux et arithmétique, par la grâce du chiffre sept et de ses multiples. A quatorze ans il passe de l'éducation maternelle à l'instruction sacerdotale : sa vie publique commence ; *l'initiation* est la première leçon de catéchisme. La culture théorique est terminée à vingt et un ans : *l'admission* est l'autorisation de servir librement le Grand-Être ; la jeune fille peut se marier. Le jeune homme doit attendre jusqu'à vingt-huit ans : il fait d'abord l'apprentissage de son métier, au besoin il en essaie plusieurs, il éprouve sa vocation ; la *destination* est, à l'entrée de chaque carrière, cette consécration religieuse que le catholicisme réservait à l'ordination des prêtres et au sacre des rois.

Il n'y a point d'âge rigoureusement déterminé pour le *mariage :* sept années sont laissées à la fantaisie des candidats ; les sacrements précédents fixent les limites inférieures ; au delà de trente-cinq ans pour les hommes et de vingt-huit pour les femmes, il faut une autorisation spéciale du prêtre. La mort ne brise pas le lien conjugal ; le remariage établirait une polygamie subjective ; le serment du veuvage éternel est donc obligatoire.

A quarante-deux ans l'enfant de l'Humanité est devenu serviteur de l'Humanité; s'il en est digne, la *maturité* proclame son aptitude aux grades les plus élevés de la carrière qu'il a choisie; c'est alors, par exemple, que le vicaire peut être prêtre. Vingt et un ans plus tard, le septième sacrement vient solenniser la *retraite*. La *transformation* remplace l'extrême-onction catholique. Le prêtre qui purifia Clotilde a dénoué les affections humaines; Comte s'est senti exclu au profit de Dieu; il déclare la cérémonie « monstrueuse », non parce qu'elle peut chasser les illusions du mourant, mais parce qu'elle occupe sa pensée d'une éternité égoïste, en faisant de la rupture des liens terrestres la condition de son bonheur. « Mêlant les regrets civiques aux larmes domestiques », le prêtre positiviste rappelle que justement les affections humaines protègent le souvenir des disparus, il apprécie la vie objective du malade, et, « moyennant un repentir sincère et les réparations possibles », lui donne l'espoir de l'avènement subjectif.

Cet avènement ne peut être proclamé que sept ans après la mort; mais, dès la quatrième année, le prêtre doit l'annoncer afin de permettre une sorte de procès public avant la béatification. *L'incorporation* est le sacrement qui donne leur sens à tous les autres. Les huit consécrations précédentes sanctifient chaque vie en l'unissant à l'Humanité; par le jugement dernier, cette union devient indissoluble; celui qui est justifié entre dans la suprême et unique réalité : il est incorporé au Grand-Etre. Alors son cercueil quitte le cimetière municipal; il est solennellement conduit dans le bois sacré qui entoure le Temple; sa tombe est ornée d'une simple inscription, d'un buste ou d'une statue, selon le degré de sa gloire. Les médiocres restent au cimetière municipal. « La complète flétrissure consiste à transporter le fardeau funeste au désert des réprouvés, parmi les suppliciés, les suicidés et les duellistes, quoiqu'il ne doive point subir, comme eux, l'exploration anatomique. »

A partir de 1849, il n'y a plus, dans la vie de Comte, une minute qui échappe à la logique du sacerdoce. Il révise les prières à Clotilde, adopte le nouveau calendrier, prêche tous les dimanches au Palais-Cardinal, restituant son ancien nom au Palais-Royal pour honorer Richelieu qui le fit construire. Il publie enfin le *Système de Politique positive,* mais ajoute maintenant la seconde partie du titre, invisible au temps où Saint-Simon réchauffait la théophilanthropie : ou *Traité de sociologie instituant la Religion de l'Humanité.* Il écrit quatre volumes avec une rapidité foudroyante : le premier paraît en juillet 1851, le dernier en septembre 1854 ; l'ensemble atteint presque deux mille cinq cents pages. C'est une sorte de Coran qui fixe les dogmes en indiquant toutes leurs conséquences, véritable code de morale, de droit canon, de politique, d'administration, de pédagogie et même d'esthétique. En même temps, le Grand-Prêtre songe à la propagande : il compose un *Catéchisme positiviste,* « sommaire exposition de la Religion universelle, en onze entretiens systématiques, entre une Femme et un Prêtre de l'Humanité. »

Depuis janvier 1847, il avait un cachet avec la devise politique : *Ordre et Progrès* ; il en ajoute un autre avec la devise morale : *Vivre pour autrui ;* puis, le 4 Frédéric 62, ou, en termes archaïques, le 8 novembre 1850, il a un sceau pontifical où le titre *Religion de l'Humanité* circonscrit la formule sacrée du positivisme : *L'Amour pour principe, et l'Ordre pour base ; le Progrès pour but.*

Il est logique que le prêtre vive de l'autel. Auguste Comte n'a jamais oublié cette condition de la vie sacerdotale : il trouva une démonstration supplémentaire dans les échecs qui le privèrent graduellement de ses fonctions profanes.

En 1846, reprenant le projet jadis écarté par Guizot, il demande la création d'une chaire d'*Histoire générale des sciences positives* au Collège de France ; l'affaire traîne ; la Révolution arrive ; Comte expédie une lettre « personnelle » au citoyen Carnot, ministre de l'Instruction publique : « J'espère que le besoin de représenter dignement l'esprit positif dans l'ensemble de nos études historiques sera bientôt senti par le fils d'un des plus purs organes de la véritable science. L'immortel fondateur de l'École Polytechnique, et aussi son digne fils aîné, s'étonneraient, sans doute, aujourd'hui de voir l'histoire des connaissances réelles entièrement exclue du haut enseignement français, où tant de chaires sont consacrées à l'histoire des rêveries métaphysiques... ». Comte avait toujours à la bouche la trompette du jugement dernier. M. Littré savait des airs plus discrets ; dans le *National* du 7 juillet, son article faisait valoir l'intérêt social d'un pareil cours au lendemain des insurrections de juin, car, disait-il, le désordre matériel est un symptôme du désordre intellectuel ; mais lorsque l'éminent académicien vit le nouveau ministre de l'Instruction publique, M. de Vaulabelle lui répondit que la République avait déjà créé des chaires pour MM. Lamartine, Ledru-Rollin, Marrast et autres... La jeune République ne détestait pas les rêveries métaphysiques.

Auguste Comte n'est pas plus heureux à l'École Polytechnique. En avril 1848 trois places d'examinateur d'admission deviennent libres : il pose sa candidature ; il ne doute pas du succès : il s'agit de lui rendre ce qu'on lui a volé. Mais le Conseil de perfectionnement le présente pour une seule place et en seconde ligne, derrière un gamin de la promotion 1839, Joseph Bertrand. Comte écrit au ministre de la guerre, qui est justement un de ses anciens élèves, le général de Lamoricière. « Citoyen ministre, déclare-t-il, j'accuse de prévarication formelle le Conseil de Perfectionnement de l'École Polytechnique. » Comme il aime la précision, il tient à excuser la majorité coupable, surtout de faiblesse et de négligence, et il donne le nom des meneurs : ses anciens ennemis Liouville et Mathieu, en compagnie du physicien Regnault. Une réclamation faite sur ce ton était condamnée d'avance au panier. Le ministre respecta le vœu du Conseil. Comte expliqua son échec par la trahison de son vieux camarade Duhamel, oncle du jeune Bertrand.

À la même époque, la crise qui suivit la Révolution imposa des économies à M. Laville. Comte fut sacrifié. Il ne lui restait plus que son poste de répétiteur à l'École avec deux mille francs d'appointements par an. Alors il en appela au public occidental : à la fin du *Discours sur l'ensemble du positivisme,* il annonce à « tout l'Occident » qu'il cherche des leçons de mathématiques. M. Littré entendit, et même comprit : il inventa le subside positiviste.

Auguste Comte exprima très franchement son avis : « Je suis convaincu, en effet, que l'ensemble de mes services mérite déjà que le public me défraye, même quand ma détresse actuelle ne proviendrait pas d'une injuste spoliation... C'est pourquoi je serai toujours prêt à accepter sans scrupule, et même avec orgueil, toute souscription collective qui tiendrait à faciliter le reste de ma grande élaboration, en m'épargnant de graves déperditions de temps et de vigueur. »

Littré rédigea la circulaire du 12 novembre 1848 adressée aux amis de la science et aux ennemis de l'injustice ; onze fidèles signèrent avec lui. Ils demandaient cinq mille francs, ils reçurent 2.928 fr. 30. Désormais Auguste Comte attendit plus tranquillement les prochaines persécutions qui le débarrasseraient de sa dernière corvée polytechnicienne.

Il ne les provoquait certes pas : il les attirait. Il était trop sûr de perdre sa place pour la conserver. Plus il vivait dans l'Humanité, moins il était en état de vivre parmi les hommes.

Ses fonctions de répétiteur lui imposaient trois séances par semaine, chacune devait durer deux heures : il les réduisait à une heure et demie, prétendant que sa longue habitude lui permettait de gagner cinq minutes par examen. Il se dispensait des interrogations sur le calcul des probabilités, « une aberration surannée », disait-il.

Jadis il faisait la leçon à ses contemporains : maintenant il présidait le tribunal des morts, mais en oubliant que les vivants sont de futurs morts. Ses jugements partaient comme des fusées multicolores. Il traitait Duhamel de « vil traître », et flétrissait « l'égoïsme précoce » du jeune examinateur Bertrand. La « prétendue » découverte de Neptune excitait sa verve : il rangeait Le Verrier parmi « les avides recruteurs de planètes insignifiantes et mêmes fictives. » Il affichait son mépris pour Sturm, le professeur dont il examinait les élèves : le 10 février 1851, il l'accusa de ne pas respecter les méthodes prescrites par le programme; il terminait sa lettre au nouveau directeur des études, un colonel, en parlant de « l'intime dégénération de notre École Polytechnique. »

Certains avaient la faiblesse de lui garder rancune. Les plus indulgents souriaient : *Aristote, Archimède, Frédéric* et tous les héros vénérés de l'Occident avaient une si curieuse figure entre le chiffre du jour et celui de l'année ! Un militaire conclut que « le répétiteur d'analyse avait un fort coup de marteau. »

En novembre 1851, Comte ne fut pas réélu. Les puissances malignes le privaient de son dernier office profane : en s'acharnant contre l'homme, elles libéraient le prêtre. La souscription volontaire des positivistes devint obligatoire : ce fut le subside sacerdotal. Payer sa cotisation était un commandement de l'Église; le minimum était fixé à un centime par jour.

Rien n'interrompt plus désormais le soliloque d'Auguste Comte.

Pourtant, chaque matin, son barbier lui apporte les nouvelles; mais, tandis qu'il écoute, il lit dans l'histoire de l'Humanité ce que son barbier vient de lire dans le journal.

Les diversités nationales et religieuses n'ont pas complètement brisé l'unité intellectuelle et sociale de la République occidentale fondée par Charlemagne. Depuis le IXe siècle il y a sur la terre une famille d'élite qui est l'organe du Progrès. Unies autour du centre français, l'Angleterre, l'Allemagne, l'Italie et l'Espagne participent à la même civilisation[1]. Toute révolution éclate en France, puis ébranle le bloc occidental;

---

1. Il s'agit des *populations,* non des *Etats.* La Hollande est la portion la plus avancée de la population germanique. La population britannique ne doit pas être séparée de « son expansion américaine », ni la population espagnole de « son appendice portugais », et par suite des immenses colonisations qui ont conduit les Occidentaux en Amérique du Sud. D'autre part, il y a « deux éléments accessoires qui, occidentaux par l'histoire, ancienne chez l'un, moderne chez l'autre, et orientaux par leur siège, constituent une transition naturelle entre l'Orient et l'Occident » : ce sont les populations grecque et polonaise.

alors l'Humanité suit. Toute expérience française est donc une expérience humaine.

Mais au centre du peuple central, il y a Paris. Paris de sainte Clotilde et de sainte Geneviève. Paris qui prononça la déchéance de l'ancien monde. Paris où l'ange a déjà planté le nouvel arbre de vie. Paris à l'avenir flamboyant, capitale religieuse de l'Humanité, résidence du Pontife occidental, héritière de Rome, ville sainte.

Paris, ville sainte qui ignore encore sa sainteté.

Aux armes, citoyens !

Le prêtre se retire dans la chambre la plus solitaire. La fusillade crépite. Il souffre. Il sait : ce sont les prolétaires de la Métropole humaine qui meurent pour hâter l'avènement de la Religion universelle. Le temps est proche où les prophéties vont s'accomplir.

Le gouvernement français sera républicain et non monarchique...

Le 24 février, Louis-Philippe abdique ; un si bon roi, pourtant ! A la Chambre, Lamartine harangue « le peuple glorieux » qui se promène dans le Palais-Bourbon avec le sans-gêne des grands jours. Le soir, vestale invisible, la République parcourt les rues : le feu des bivouacs ne s'éteindra pas.

Sera-t-elle bourgeoise, jacobine ou socialiste ? A l'Hôtel de Ville, on ne choisit pas, on juxtapose. Rue Monsieur-le-Prince, la réponse a depuis longtemps supprimé la question : des secousses violentes détruiront l'ordre tant que l'ordre sera rétrograde, et il restera rétrograde tant que le progrès restera anarchique. Les bourgeois aiment l'ordre, mais ils en ignorent les conditions actuelles. Les jacobins prennent pour une fin ce qui est un moyen. Les socialistes rêvent : ils prétendent connaître l'ordre futur sans étudier la science sociale. La Révolution de 1789 continue parce que les prolétaires, artisans du progrès, ne savent pas vers quel ordre nouveau l'Histoire se dirige.

Ce n'est pas un roi que la France attend, mais un professeur de sociologie et de morale ; ce n'est pas un parlement à l'anglaise, mais une immense école du soir.

Le 25 février 1848, Auguste Comte fonde l' « Association libre pour l'instruction positive du peuple dans tout l'Occident européen », qui devient quelques jours plus tard la « Société positiviste ». Comme en 1830, il invite les citoyens à se rassembler au pied de sa chaire : mais aujourd'hui, il leur promet un cours de catéchisme. Sa première leçon sera un acte : son principal ennemi est un membre du gouvernement provisoire ; il a besoin d'une autorité intacte et d'un nom sans tache. Comte retire la flétrissure qu'Arago avait jadis méritée ; il s'excuse de l'avoir offensé en donnant à ses regrets la publicité la plus solennelle.

... La République française sera sociale et non politique...

En juin le carnage recommence. Une inflexible discipline retient le philosophe dans sa maison. Les sinistres détonations ne cessent pas : c'est le général Damesme qui enlève les barricades de la rue Soufflot, de la Sorbonne et du quartier Saint-Jacques. Comte est pour les prolétaires contre le gouvernement des métaphysiciens et des littérateurs ; quand il parle des insurgés, il dit « nous » ; mais il les plaint d'être encore séduits par les utopies des *rouges,* ces « singes de la grande révolution » qui sacrifient la vraie liberté à une égalité anarchique.

... La République sera dictatoriale, et non parlementaire...

2 décembre 1851. Il faut choisir entre Louis-Napoléon Bonaparte et l'anarchie. Pas d'hésitation : tout, même Henri V, plutôt que la tyrannie des *rouges.* Cela choque les préjugés libéraux de M. Littré ? Qu'il s'en aille. Qu'il retombe dans l'ornière révolutionnaire. Sa place est dans le camp des métaphysiciens, avec ses dignes collègues de l'Institut et l'épouse satanique dont il fut toujours l'avocat trop zélé. Comte ajoute sans sourciller : tant pis pour Mme Littré !

« Le positivisme s'occupe peu de l'origine des forces quelconques, surtout temporelles ; il ne pense qu'à leur bon emploi, quand il a constaté leur réalité. » La vigoureuse expédition de Décembre nous délivre à jamais des souverains à 25 francs par jour et d'un régime anti-français qui, par de misérables tactiques légales, fausse nos esprits, gâte nos cœurs et dégrade nos caractères. Devant un tel résultat, il ne faut pas trop épiloguer sur les personnes. D'ailleurs, le Président n'est-il pas l'ancien élève et l'ami du sénateur Vieillard, depuis vingt-cinq ans témoin sympathique de l'effort positiviste ? Qui sait ? Une évolution politique rapide est peut-être proche : on convertit plus facilement un dictateur que cent mille prolétaires.

Il est vrai que le dictateur ne parait pas pressé de se convertir et même il célèbre le premier anniversaire du 2 Décembre en proclamant l'Empire. Mais les fantaisies d'un dandy ne changent pas le cours de l'Histoire, pas plus que « le vote fantastique des paysans français, qui pourraient aussi bien conférer à leur fétiche une longévité de deux siècles avec l'exemption de la goutte. » L'Empire ! L'hérédité monarchique combinée avec la souveraineté populaire ! Une absurdité essayant de vivifier un dogme mort ! C'est tout simplement grotesque. Cette mascarade *mamamouchique* est un intermède : le drame continue et se dénoue selon les prophéties.

Le 17 septembre 1852, tandis que le Président fait son tour de France en célébrant les bienfaits de l'Empire, Auguste Comte dit la bonne aventure occidentale : à la fin de 1853, l'armée française est coupée en deux ; un bref combat jette la partie républicaine contre la partie impérialiste ; le prolétariat parisien les départage ; la dictature passe de M. Bonaparte à M. Cavaignac ; c'est la secousse finale et demain...

...*Avènement décisif du triumvirat systématique qui caractérise la dictature temporelle annoncée par le positivisme dès 1847, comme le gouvernement préparatoire propre à la transition organique.*

Il est possible que ce soit avant 1860. Il faut être prêt. Auguste Comte désigne les triumvirs : il donne les Finances à M. Fabien Magnin, ouvrier menuisier, et l'Extérieur à M. Eugène Deullin, banquier à Epernay ; le Gouverneur de l'Intérieur est M. Hadery propriétaire-cultivateur au domaine des Vattis, par Bessay (Allier).

Et maintenant, en avant, par delà les systèmes !

« Aujourd'hui comme toujours, et même plus que jamais, il peut seulement exister deux partis bien tranchés : le parti de l'ordre et le parti du désordre ; les conservateurs et les révolutionnaires. » La révolution rouge, c'est l'agitation politique, l'interrègne religieux, l'indiscipline morale : Comte lance un *Appel aux Conservateurs* pour constituer le véritable parti de l'ordre où catholiques et positivistes s'uniront contre les perturbateurs communistes ou même libéraux.

En 1856, un plénipotentiaire se présente au Gésu où réside le véritable chef du catholicisme, « le pape étant irrévocablement réduit à l'état d'un simple prince italien » : il vient exposer un plan de campagne pour l'abolition du budget des cultes, modeste préface d'une nouvelle sainte alliance où Auguste Comte et le Général des Jésuites prendraient la tête de « la grande ligue religieuse des âmes d'élite contre l'irruption anarchique du délire occidental. »

« HABITANT UNE TOMBE ANTICIPÉE... »

« Habitant une tombe anticipée, je dois désormais tenir aux vivants un langage posthume, qui sera mieux affranchi des divers préjugés, surtout théoriques, dont nos descendants se trouveront privés. Ayant dû jusqu'ici parler au nom du passé, quoique en aspirant toujours à l'avenir, c'est de l'état futur, irrévocablement déduit de l'ensemble des divers modes antérieurs, que je dois maintenant occuper le public occidental, afin de discipliner en consacrant. Sans cesser de vivre avec nos meilleurs ancêtres, je vais surtout vivre avec nos descendants jusqu'à ce que je revive dans eux et par eux après avoir assez vécu pour eux ».

La journée s'ouvre par la prière du matin qui dure de 5 h. ½ à 6 h. ½.

La première partie est une *commémoration* de quarante minutes, à genoux devant l'autel. Comte évoque les tableaux de l'année sans pareille propres au jour qu'il sanctifie : ainsi, le lundi, il revoit la visite que lui fit Clotilde le lundi 2 juin et deux scènes dans le décor de la rue Pavée liées aux lundis 30 juin et 25 août ; il y a trente et une images normales et vingt et une images exceptionnelles réparties le long de la semaine. Après cette *commémoration spéciale*, il passe à une *commémoration générale*, pieux chemin de leur amour en onze stations : il revit les grandes heures de leur voyage en récitant les passages correspondants de leurs lettres ; au seuil de la méditation éclate le joyeux salut de Clotilde entrant rue Monsieur-le-Prince le 2 juin ; chacun des onze mois suivants marque une étape de leur rapprochement, depuis *l'estime* jusqu'à *l'union définitive* qui triomphe de la mort.

La seconde partie est une *effusion* de vingt minutes. Il commence par une action de grâces, cinq minutes à genoux, devant un bouquet de fleurs artificielles, œuvre et présent de sa bien-aimée ; il la remercie de purifier sa vie et une strophe de Calderón flétrit celui qui tombe au-dessous de son plus grand souvenir. Debout près de l'autel, pendant dix minutes, il célèbre Clotilde inspiratrice de la nouvelle religion, puis Clotilde meilleure personnification du Grand-Être ; il est ainsi conduit à réciter le credo positiviste, avant de murmurer la douce litanie de l'adieu : *Addio, sorella ! Addio, cara figlia ! Addio, casta sposa ! Addio, sancta madre ! Vergine-madre, figlia del tuo figlio, Addio !*

Une *conclusion* de cinq minutes termine l'effusion. Il enveloppe le fauteuil de sa housse verte et, à genoux devant l'autel recouvert, il oublie l'anarchie de la transition contemporaine ; sa vue s'étend jusqu'à ce monde normal où son nom sera béni. Il contemple sa vraie famille, objective et subjective, réunie à Montpellier avec ses principaux disciples le Dimanche 4 septembre 1870. Mais Clotilde, Rosalie et Sophie se détachent de l'image. Une autre vision surgit : le drapeau collectif de l'Occident régénéré s'incline devant la tombe idéale où le Grand-Prêtre repose au milieu de ses trois anges.

« Puissè-je t'aimer plus que moi-même, et ne m'aimer moi-même qu'à cause de toi ! » Comte répète trois fois le sublime aveu de l'âme au Sauveur : pour son éternelle compagne, pour l'Humanité et pour son éternelle compagne personnifiant l'Humanité. L'incarnation du Grand-Être est la vérité qui unit l'amour et la philosophie dans une même élévation ; ici, Clotilde n'est plus adorée comme éternelle compagne et comme épouse, mais comme noble patronne et mère de la seconde vie ; aussi la dernière invocation relie-t-elle toujours la parole de *L'Imitation* au titre que Dante offrit à Marie : « Vierge-Mère, fille de ton fils ». *Vergine-madre, figlia del tuo figlio, amem te plus quam me, nec me nisi propter te.*

A 10 h. ½, il recommence. La prière du milieu du jour est la plus courte. La *commémoration,* dix minutes, a pour principal exercice la lecture de la dernière, puis de la première lettre de Clotilde. *L'effusion* est seulement de sept minutes : Comte récite, à genoux, des vers de Dante ; ensuite, assis, deux sonnets de Pétrarque. Une *conclusion* de trois minutes reprend les invocations finales du matin, encadrant sept maximes mémorables de la sainte patronne.

La prière du soir commence lorsque le philosophe entre dans son lit. Une *commémoration* de dix minutes évoque le martyre de l'innocente victime ; mais, dans son *effusion* de quinze minutes, il reconnaît que, même meurtri, son amour fut le bien souverain de sa vie : alors il bénit une destinée qui, en le conduisant vers Clotilde, a dépassé tout ce qu'il pouvait espérer et même rêver. Jusqu'à ce moment, il est sur son séant. Il se couche, et pendant les cinq minutes de la *conclusion,* les thèmes qui chantent le règne du cœur bercent ses dernières pensées.

Un jour, Clotilde apparut, reposant sur son lit, toute blanche, les yeux noyés d'amour. C'était peu après le fatal dimanche. Comte se jeta à genoux, demandant la force de vivre à celle qui mourait devant lui pour la seconde fois. Il se releva plus calme, moins seul. C'est alors sans doute que sa prière reçut la forme d'un drame : désormais son extraordinaire mémoire en composa les scènes avec une telle précision que les choses ressuscitées appelaient la compagne de leur silence.

Ses seules sorties régulières sont le pèlerinage du mercredi au Père-Lachaise et, à partir de novembre 1854, celui du samedi à Saint-Paul. Lorsqu'il a un livre en train, il ne sépare pas les deux visites et s'arrête à l'église en revenant du cimetière. Il prie une demi-heure dans la chapelle contiguë au baptistère où fut célébré son mariage spirituel. Après avoir

déposé son obole dans le tronc, il regagne le seul endroit de
la terre où il se sente heureux : là, Sophie l'attend ; elle le
débarrasse de son chapeau, de ses gants et de sa redingote
noirs ; elle lui apporte sa robe de chambre verte ou, l'été, un
veston noir d'étoffe légère ; puis il se cloître entre « les
saintes murailles à jamais empreintes de l'image adorée ».

La morale et l'hygiène lui imposent une règle de vie
monastique. Il se lève à cinq heures et se couche à neuf. Le
matin, à dix heures, il prend soixante grammes de pain et un
bol de lait, froid en été, chaud en hiver, contenant soixante
grammes de sucre. Il dîne le soir, à six heures, avec cent
grammes nets de viande et un plat de légumes qu'il ne pèse
point. Il remplace le dessert par un morceau de pain sec
mangé en pensant aux malheureux qui ont faim. Une fois par
mois, le jour de sortie de Sophie, il fait un « dîner
exceptionnel » dans un restaurant de la rue de l'Ancienne-
Comédie.

La prière, la société des grands poètes de l'Occident, les
divers devoirs de son ministère l'emprisonnent dans un rêve
sans portes ni fenêtres. Il lit chaque jour un chapitre de
L'Imitation et un chant de la Divine Comédie. Les sacrements
ne sont pas encore demandés, mais la direction de conscience
est un grave office dans une Église qui recherche les âmes
d'élites. « Je vous engage à consulter plus souvent votre chef
spirituel, écrit-il à un disciple, quand vous sentirez le besoin
d'appui, de direction ou même d'épanchement. » Père
commun de la famille positiviste, il a des droits sur ses
enfants ; il dispose, non sans fantaisie, de leur avenir,
s'attribuant le privilège naguère divin de connaître le secret
des cœurs. Le jeudi est toujours réservé à la correspondance
et aux visiteurs qui ne peuvent profiter des réceptions du soir.
Auguste Comte écrit chaque semaine de longues lettres qu'il
compare lui-même aux Epîtres de saint Paul.

Le Pontife parisien a des missions en Hollande, en
Espagne, en Angleterre, aux États-Unis. Organiser leur
apostolat est une tâche délicate : il faut tenir compte des
préjugés nationaux, accepter parfois certaines concessions ;

l'essentiel est de ne jamais sacrifier les principes. Gardien du dogme et de la discipline, un pape n'est pas un diplomate ; l'intransigeance est de rigueur. Du reste, les circonstances l'exigent. La religion de l'Humanité est condamnée à recruter ses premiers adeptes dans les milieux libérés, et aussi contaminés, par l'esprit métaphysique. Les conversions directes du catholicisme au positivisme sont exceptionnelles ; les nouveaux venus ont le plus souvent perdu, avec la foi de leurs prêtres, cette aptitude à la soumission qui fait les vrais fidèles. L'orgueil a déjà corrompu « ces prétendus positivistes, qui, se qualifiant d'*intellectuels,* sont les moins intelligents de tous » ; Littré et sa bande acceptent la construction scientifique du *Cours* et rejettent la construction religieuse de la *Politique ;* comme s'il pouvait y avoir une science sans religion ! C'est le grand schisme.

Même au sein de la famille positiviste, l'humeur révolutionnaire sera longtemps vivace et il faudra extirper l'hérésie au premier signe de moisissure. L'intuition pontificale est aussi instantanée qu'infaillible ; elle abolit les hésitations et les souvenirs qui troubleraient un esprit trop critique ; les excommunications sont foudroyantes et dépouillées de ces périphrases qui sauvent les personnes en réprouvant les doctrines. Lorsqu'il reçut la bulle qui le condamnait, le capitaine de Blignières fut fixé dès les premières lignes. « D'après la corvée exceptionnelle que j'ai scrupuleusement accomplie », c'est-à-dire : après la lecture de votre ouvrage, « je regrette de vous avoir d'abord qualifié d'*avorté :* l'expression était trop indulgente ; car l'avortement suppose la fécondation, tandis qu'ici le mot vraiment convenable est finalement *stérilité.* »

Enfin deux devoirs reviennent chaque année, envers la patronne spirituelle et les patrons temporels de l'Église. En janvier, le Grand-Prêtre rédige une circulaire adressée à chaque coopérateur du libre subside qui passe progressivement de trois à huit mille francs. Au cours de l'été, il renouvelle l'offrande que la jeune femme avait acceptée pour sa fête : il écrit une longue confession dans laquelle il raconte sa vie et celle de son Église ; un mercredi, il lit la *Sainte-Clotilde* devant la tombe.

Le fondateur de la religion universelle doit encore à la société quelques milliers de pages. En tête de ses derniers volumes, il a inscrit la maxime de Vigny : « Qu'est-ce qu'une grande vie ? Une pensée de jeunesse, exécutée par l'âge mûr. » Le *Système de Politique positive* tient la promesse de l'opuscule qui portait le même titre ; mais, depuis longtemps, sont annoncés d'autres ouvrages sur les mathématiques, la pédagogie, l'industrie : leur tour arrive.

Ils auront un caractère que les précédents ne pouvaient prendre. La publication de la *Politique positive* a changé la face du monde : jusqu'alors, il était permis de méconnaître un système inachevé ; après le quatrième tome du traité religieux, le public va « réellement mériter des reproches s'il ne fait point une suffisante attention au positivisme. » L'Humanité est au sommet de son histoire : 1855 marque le début de l'*ère normale*. Désormais les livres qu'Auguste Comte écrit sont composés au cours de « voyages subjectifs au monde normal » ; ils sont contemporains de l'avenir. Dans la préface de la *Synthèse subjective*, l'auteur nous explique l'artifice général qui préside à la rédaction : « il consiste à supposer que j'écris dans l'année 1927. »

Ces volumes destinés à l'élite fidèle jouissent d'une composition qui rapproche la prose de la régularité poétique. Chacun a sept chapitres, une introduction et une conclusion. Tout chapitre a trois parties. Une partie est faite de sept sections. Chaque section groupe sept alinéas : trois alinéas de cinq phrases d'abord, puis un alinéa de sept et à nouveau trois alinéas de cinq. Les sections initiales et finales ont une structure particulière. Les phrases ne doivent pas dépasser cinq lignes d'imprimerie, c'est-à-dire deux cent cinquante lettres. Les initiales des alinéas sont choisies de telle manière qu'en les juxtaposant on obtient un mot par section. Les huit cents pages de la *Synthèse subjective* sont rédigées selon ces règles et l'auteur s'en trouve très satisfait. « Le perfectionnement de l'intelligence, comme celui du sentiment et de l'activité, repose sur une digne soumission. » Il faut toujours que des gênes bien placées fassent obstacle à la dissipation de l'esprit.

Auguste Comte reçoit, de sept à neuf, tous les soirs, sauf le mercredi, jour des séances de la Société positiviste.

Le maître est assis près de la cheminée ou devant la fenêtre. Le disciple préféré est Pierre Laffitte, un jeune gascon enthousiaste dont l'imagination robuste a trouvé rue Monsieur-le-Prince le climat tropical qui lui convient. Il y a parmi les fidèles plusieurs médecins : le Dr Robinet, futur chef du parti républicain dans le VIe arrondissement ; les docteurs Foley et Audiffrent, anciens polytechniciens que leurs fonctions retiennent trop souvent en province ; le Dr Segond, sous-bibliothécaire puis professeur agrégé à la Faculté de médecine, qui épousa devant le Grand-Prêtre de l'Humanité Mlle Léonie de Lanneau, fille de M. le Directeur de l'Institution des Sourds-Muets, ancien maire du XIIe arrondissement. Quelques prolétaires rencontrés au cours du dimanche ne quitteront plus leur professeur : Fabien Magnin, menuisier, Fili, mécanicien. Il y a aussi le pauvre Charles Jundzill, mort à trente ans, laissant à ses amis de beaux souvenirs et quelques mauvais vers ; Joseph Lonchampt, un polytechnicien tendre, associé d'agent de change ; et le futur maire de Versailles, Deroisin, qui s'efforçait d'être toujours sérieux.

Qui ne dit rien approuve ; le maître ne troublait pas le silence d'un disciple. Tous le suivaient-ils jusqu'au bout ? Ils l'aimaient bien.

> Il me rappelait maintenant, écrit un de ses anciens élèves, une de ces peintures du Moyen Age qui représentent saint François uni à la Pauvreté. Il y avait dans ses traits adoucis une tendresse qu'on aurait pu appeler idéale plutôt qu'humaine. A travers ses yeux à demi fermés éclatait une telle bonté d'âme qu'on était tenté de se demander si elle ne surpassait pas encore son intelligence.

Il parle. Son teint mat se colore. Ses yeux fixent les auditeurs ; mais il est trop myope pour les voir ; son regard traverse les choses et se perd aux limites d'un rêve.

Des silhouettes défilent. Les flèches partent en sifflant, droites et pointues, mais sans venin. Un mouvement des lèvres à peine esquissé : il rit.

Il jouit de sa fantaisie. Il rectifie les zigzags de l'histoire. Les événements du jour perdent leur cachet quotidien ; le présent devient mince et transparent comme un passé qui emporta dans sa mort presque tous ses témoins. Le fils du soleil tend à bout de bras la petite boule terrestre et la fait danser dans sa main.

Sa voix rit derrière un visage impassible.

Mais voici qu'il s'émeut. Il arrive aux bords de l'avenir. Des images et des chiffres l'attirent. C'est le vertige des prophètes.

Il dit : le Panthéon m'appartient. Il s'étonne que le gouvernement oublie les droits du seul pontife qui institua le culte des grands hommes. C'est pourtant là que, tous les dimanches et le premier lundi de chaque mois, il célébrera les soixante-cinq apothéoses qui doivent, chaque année, glorifier les chefs hebdomadaires et mensuels du calendrier. Les murs du sanctuaire sont couverts d'inscriptions. Des statues mêlent aux vivants les patrons de l'Occident. Sur l'autel central, une femme de trente ans qui tient son fils dans ses bras : l'Humanité sourit à son peuple, douce comme celle qui accueillait nos pères au portail de la cathédrale.

Les fidèles affluent ; les saintes veuves prennent place autour de la chaire sacrée ; une musique emplit l'espace de prière. Mais l'orchestre se tait ; l'orgue gémit ; la voix de l'officiant psalmodie : *Amem te plus quam me*. Le chœur soutenu par tous les instruments répond : *nec me nisi propter te*.

Dressée au sommet du temple, une gigantesque Sainte Geneviève regarde la foule éparpillée qui descend les pentes de la montagne. Les hommes ont quitté le Panthéon sans dieux ; lentement des images muettes s'ensevelissent dans la nuit. Pourtant, à l'ombre d'un pilier, une femme agenouillée verse un torrent de larmes ; son âme semble brisée de douleur ; puis, comme subitement mue par une force retrouvée, elle se lève et dit : « Merci Maître adoré ; j'essaierai d'imiter ton courage, et je réussirai en me nourrissant de tes exemples. Toi aussi, tu as vu méconnaître ta générosité et tes sacrifices ; mais tu n'en es pas moins resté fidèle au devoir. Auguste Comte, notre père, fondateur de la sainte Église, que ta mémoire me guide, et me conserve la digne fille de l'Humanité, de ce jour jusqu'à l'heure de ma mort. Ainsi soit-il ! »

Le prophète a tourné la page. A la pieuse gravure succèdent les colonnes magiques d'un grand livre de comptes. Une arithmétique en délire tresse des guirlandes de chiffres.

L'Occident régénéré reçoit deux mille banquiers, « généraux naturels de l'industrie moderne », cent mille commerçants, deux cent mille manufacturiers, quatre cent mille agriculteurs. Ce patriciat industriel gouverne cent quarante millions d'habitants. Deux mille temples s'élèvent à côté des deux mille maisons de banque ; chacun est desservi par dix philosophes, sept prêtres au traitement de douze mille francs et trois vicaires au traitement de six mille francs. Le Grand-Prêtre touche soixante mille francs, indemnités de service non comprises ; il est assisté de sept Supérieurs nationaux qui reçoivent trente mille francs sans compter les frais de tournée ; il en augmentera le nombre à mesure que l'Église positive deviendra vraiment universelle ; ce haut clergé sera composé de quarante-neuf membres lorsque la race humaine sera tout entière régénérée.

Un colossal règlement administratif s'abat sur le monde, où peut-être renaît, dilatée, l'imagination d'un petit fonctionnaire français, caissier méticuleux de la recette générale de l'Hérault.

Dans cet avenir systématique, des dates étincellent sous les titres des dernières œuvres du fondateur.

1858 verra le premier tome du *Système de morale positive* dédié à Rosalie Boyer : c'est le début du *Traité de l'Education universelle* promis trente-cinq ans plus tôt.

1859. Second volume du même *Traité,* ajoutant à la morale théorique une morale pratique.

1861. Publication, annoncée dès 1822, d'un *Système d'Industrie positive* ou *Traité de l'action totale de l'Humanité sur la Planète,* dédié à la mémoire de Ternaux, le généreux manufacturier qui protégea le secrétaire encore inconnu de Saint-Simon.

1862. En ce temps-là, dit Comte, les Jésuites seront assez émancipés pour sentir la supériorité d'Ignace de Loyola sur Jésus; ils accepteront le nom que je leur donnerai dans un *Appel aux Ignatiens.* « J'inviterai leur Général à se proclamer chef spirituel des catholiques, en déclarant le pape prince-évêque de Rome et le laissant se démener avec ses sujets comme ils pourront. » Le pontife ignatien habitera Paris, capitale religieuse de la terre; il y trouvera le Grand-Prêtre de l'Humanité animé des meilleures intentions, prêt à établir le front unique des positivistes et des catholiques contre les révolutionnaires de toutes nuances. Les deux clergés peuvent, au nom de la raison et de la morale, obliger tous ceux qui croient en Dieu à devenir catholiques et tous ceux qui n'y croient pas à devenir positivistes, éliminant d'un commun accord le protestantisme, le déisme et le scepticisme, qui sont les trois degrés de la maladie moderne.

1864. Un volume exceptionnel contiendra la sainte correspondance d'Auguste Comte et de Mme de Vaux, les prières quotidiennes, les confessions annuelles et le Testament écrit en décembre 1855. Le fondateur de la Religion universelle se propose d'ajouter à ces documents sa biographie et celle de son amie. Se résignant à ne pas être Dante après avoir été Aristote et saint Paul, il donnera pourtant l'ébauche d'un poème en treize chants sur sa seconde vie.

1867. Un traité sur *La Philosophie première* fête la soixante-dixième année du pontife occidental.

Le 21 mai 1857, Auguste Comte apprit la mort de M. Vieillard par un billet qui arriva peu avant l'heure des funérailles. Bouleversé, il se rendit en toute hâte au domicile du sénateur, rue Blanche; puis, sans attendre la levée du corps, il se dirigea vers l'église Saint-Louis-d'Antin. C'est là qu'un ami l'informa d'une disposition nouvelle : un testament découvert au dernier moment réclamait des obsèques civiles. Comte voulut aussitôt rejoindre le cortège en marche vers le cimetière de l'Est; le temps était orageux et lourd; cette course l'exténua. Il dut rentrer chez lui en voiture; il se coucha tout frissonnant; la nuit fut mauvaise et suivie d'un embarras gastrique fébrile.

Des troubles aussi familiers ne pouvaient être inquiétants. Au milieu de juin, la crise paraissait terminée; mais le régime alimentaire normal du philosophe n'était peut-être pas très fortifiant et quelques jours de diète le laissèrent dans un état d'extrême faiblesse. C'est alors que le capitaine de Blignières publia son exposé du positivisme; aux observations de son chef spirituel, ce disciple tant aimé fit des réponses qui révélaient une monstrueuse absence de vénération. La colère pontificale fut terrible et sans doute plus nuisible au justicier qu'au rebelle.

Le mercredi 17 juin, pour la première fois depuis onze ans, Auguste Comte ne va point au Père-Lachaise.

Selon la pathologie positiviste, toute maladie a pour principe un épisode cérébral; il fut donc décidé que cette révolution morale serait la cause essentielle des accidents contemporains, ce que le médecin positiviste Robinet explique en les décrivant : « Cette agression brutale et les funestes débats que suscita sa répression, provoquèrent un orage intérieur, une rupture momentanée de l'unité cérébrale, dont le corps aurait, en tout autre temps, surmonté le contrecoup, mais qu'il subit à ce moment d'une manière désastreuse. Le moral réagissant trop fortement sur ce physique délabré, y porta le trouble qui l'agitait, et produisit bientôt l'anarchie organique... : la fièvre, des congestions rénale, gastro-intestinale, hépatique, et enfin un ictère considérable. »

Naturellement Auguste Comte se réserva « la surintendance du traitement », qui ne fut guère compliqué : repos, diète lactée, boissons rafraîchissantes et surtout point de médicaments. Il avait pourtant prié le Dr Robinet d'être son médecin : il s'agissait simplement d'étudier la maladie sous la direction du malade. Une seule fois, le philosophe lui

demanda une consultation, mais il en fit aussitôt une
réfutation complète. Le jeune disciple était très fier d'une
pareille confiance.

A la fin du mois suivant, les palpitations, l'insomnie, la
fièvre avaient disparu ; le teint était moins jaune ; le malade se
leva ; mais, le 26 juillet, sans effort ni douleur, il vomit plus
d'un demi-litre de sang. Il reconnut dans cet accident un
symptôme excessivement favorable. « On a calomnié ma
muqueuse, et cette brave muqueuse s'est soulagée de la
manière la plus naturelle et la plus digne par une copieuse
émission de sang. »

Il n'avait plus, pensait-il, qu'à reconstituer ses forces ; il
revint progressivement à son régime normal, allant jusqu'à
soixante grammes de viande ; il ajoutait seulement à son
menu quotidien quelques gorgées de vin vieux et « une stricte
cuillerée à café du meilleur rhum. » Il recevait ses amis,
écrivait à ses disciples, terminant ses lettres par un vœu qui
était aussi une bénédiction : « Continuez à toujours croître en
Fraternité, Vénération et Dévouement ». Le 23 août, il fêta le
quatre-vingt deuxième été de son père en lui promettant de
passer un mois à Montpellier dans cinq ans.

Le Dr Robinet était beaucoup moins satisfait. « Dès les
derniers jours de juillet, déclara-t-il, on avait pu suspecter la
formation d'un épanchement sérieux abdominal : le 1er août,
la présence d'une certaine quantité de liquide dans le ventre
est bien évidente et un peu d'infiltration se montrait aux
extrémités inférieures. Ces accidents ne firent qu'augmenter à
partir de ce jour et prirent bientôt une intensité effrayante :
toute la cavité abdominale se remplit de liquide, et les parties
inférieures du corps, les pieds, les jambes, les cuisses, les
parois du ventre même s'infiltrèrent successivement. De telle
sorte que bientôt les mouvements devinrent extrêmement
pénibles, et que la respiration se trouva entravée. »

Le 31 août, le jeune médecin écrivit à son Maître : je ne
crois pas qu'il soit convenable d'abuser un malade tel que
vous.

Le Maître qualifia paternellement de faiblesse les craintes de son ami. Le 1er septembre, il répondait aux vœux d'un disciple : « Vos espérances envers le renouvellement de forces, physiques et morales, qui va bientôt résulter de cette crise, coïncident avec les miennes, surtout quant à l'active longévité qu'exige l'immense office sacerdotal propre à la vieillesse dont cet événement marque le préambule, tandis que son début arrivera normalement dans quatre ans... ».

Mais le vendredi 4 septembre, à la fin de la journée, il sentit un étrange malaise ; il ne put dîner et s'étendit sur le canapé du salon ; à neuf heures, ayant fait quelques mouvements pour se lever, il cracha du sang.

Sophie et son mari passèrent la nuit auprès de « leur père ». Il n'avait pas voulu déranger le médecin et même, vers quatre heures, trompé par une vague impression de soulagement, il exigea que ses compagnons se reposent. Ceux-ci firent semblant d'obéir et veillèrent dans la pièce voisine. Ils accoururent au premier bruit.

... Il gisait au pied de son autel, abattu par un nouveau vomissement. C'était l'heure où chaque jour, devant le fauteuil, il commençait la prière du matin.

Alors Comte cessa de croire à sa vieillesse. « M. Robinet avait raison, mes enfants. Il faut le prévenir, mais faites en sorte de ne point l'effrayer. »

On l'étendit sur un tapis devant son canapé, un coussin sous la tête. « Voilà, dit-il à Sophie, comment je serai dans ma tombe. »

Puis il resta seul avec l'ombre aimée qui ne le quittait plus, seul en face d'un monde qui serait demain sans Grand-Prêtre.

A midi, il décida de se coucher dans son lit et se traîna péniblement du salon à sa chambre. « Que je suis donc faible, mes enfants ! »

Une légère agitation annonça bientôt l'agonie. Le malade réclama plusieurs fois le Dr Robinet qui n'était pas à Paris et n'arriva qu'au milieu de l'après-midi. Il demanda souvent à boire. Il aurait aussi déclaré à Lonchampt qu'il allait manger une perdrix aux choux.

A partir de quatre heures, il ne parla plus. Ses lèvres souriaient. Ses yeux lentement s'éteignirent en regardant les fleurs flétries que Clotilde avait cueillies dans son âme de petit fille.

Vers six heures et demie, Auguste Comte entrait dans l'Humanité des morts.

> Dès qu'on croira que j'ai cessé de vivre, on devra me laisser au lit comme un simple malade, jusqu'à ce que mon corps soit dans un état prononcé de putréfaction, seul signe de mort vraiment certain, faute duquel ont souvent lieu des inhumations déplorables. Nul ne devant être soumis à l'exploration anatomique sans sa propre autorisation, j'interdis envers moi cette vaine curiosité, que j'ai toujours jugée aussi stérile pour l'intelligence que funeste au sentiment. Ce respect doit être poussé jusqu'à me préserver de toute opération d'embaumement.

Le Testament avait tout réglé. Le corps resta exposé pendant soixante heures; puis il fut placé dans le cercueil, la main droite sur le cœur, serrant le médaillon qui contenait les cheveux de Clotilde; on ajouta deux cénotaphes avec les inscriptions prévues : *Clotilde de Vaux, éternelle compagne d'Auguste Comte, née le 3 avril 1815 à Paris, et décédée le 5 avril 1846, à Paris* et *A la digne mère d'Auguste Comte, Rosalie Boyer, née le 28 janvier 1764 à Jonquières (Hérault) et décédée le 3 mars 1837 à Montpellier.* Ces symboles devaient créer une communauté subjective dans la tombe réelle, puisqu'il fallait renoncer à la communauté objective de la tombe idéale. Le Testament laissait au mari et aux enfants de Sophie la liberté de décider si la fille adoptive reposerait à côté de son maître ou si elle serait représentée par un troisième cénotaphe.

> Le samedi 1er mai 1847, dans une sainte visite au cimetière de l'Est, je fis spécialement connaître à M. Laffitte le lieu précis de ma sépulture, au centre d'une petite vallée adjacente à la tombe d'Elisa Mercœur. C'est là que les positivistes, d'abord réunis à mon domicile, devront me conduire, sous la bannière sacrée de la religion universelle, si, comme je l'espère, le Gouvernement leur permet cette manifestation d'un emblème de paix et d'ordre.

J'invite ce cortège à s'arrêter devant l'église Saint-Paul, rue Saint-Antoine, où, depuis la fin de novembre 1854, je vais, chaque samedi, prier une demi-heure.

Le mardi 8 septembre, un groupe d'amis et de voisins conduisit le philosophe au Père-Lachaise. Les cordons du poêle étaient tenus par le mari de Sophie et des disciples choisis parmi les treize membres de l'Exécution testamentaire, MM. Fabien Magnin, Auguste Hadery et le Dr Robinet. Derrière eux l'Histoire ne reconnaît que M. Proud'hon. Il n'y avait point de bannière.

On recouvrira le saint groupe d'une simple pierre, surmontée d'une plaque de marbre. Autour du demi-cercle qui terminera celle-ci, la formule sacrée du Positivisme : *L'Amour pour Principe et l'Ordre pour base ; Le Progrès pour but*, enveloppera le titre *Auguste Comte et ses trois anges*. Toute clôture étant spécialement déplacée envers le philosophe qui prescrit de *vivre au grand jour*, la commune sépulture sera seulement entourée d'une balustrade de fer, dont les deux côtés doivent être chacun extérieurement pourvus d'un banc de bois à dossier.

Cette tombe est aujourd'hui le centre d'un petit cimetière positiviste, enfoui dans un coin de l'immense carrefour où des croix neuves indiquent encore le chemin de l'éternité. Sophie Bliaux et sa famille, Pierre Laffitte, Fabien Magnin et quelques disciples ont suivi leur maître sous les grands arbres du bois sacré, colonnes du Temple imaginaire où le messie aux yeux éteints annonce aux morts la résurrection des vivants.

APPENDICE I

Les écrits d'Auguste Comte n'ont pas été réunis dans une collection d'œuvres complètes. Ils se trouvent éparpillés en de multiples publications, voici les plus importantes.

I. Ouvrages

OPUSCULES DE PHILOSOPHIE SOCIALE 1819-1828, Paris, Leroux, 1883, 1 vol. in-12. Recueil contenant : *Séparation générale entre les opinions et les désirs* (juillet 1819). — *Sommaire appréciation de l'ensemble du passé moderne* (avril 1820). — *Plan des travaux scientifiques nécessaires pour réorganiser la société* (1822 et 1824). — *Considérations philosophiques sur les sciences et les savants* (novembre 1825). — *Considérations sur le pouvoir spirituel* (décembre 1825 à février 1826). — *Examen du Traité de Broussais sur l'Irritation* (1828). — Ces opuscules ont été reproduits par Comte au t. IV du *Système de Politique positive*, Appendice ; les textes primitifs ont parfois été légèrement retouchés et ce sont ces textes retouchés qui sont publiés dans le receuil de 1883.

COURS DE PHILOSOPHIE POSITIVE, Paris, Rouen, puis Bachelier, 1830-1842, 6 vol. in-8°. — 5ᵉ édition identique à la première, Paris, Au siège de la Société Positiviste, 1892-1894.

TRAITÉ ÉLÉMENTAIRE DE GÉOMÉTRIE ANALYTIQUE, Paris, 1843, 1 vol. in-8°. — Réédition en 1894, Paris, L. Bahl.

TRAITÉ PHILOSOPHIQUE D'ASTRONOMIE POPULAIRE, Paris, 1844, 1 vol. in-8°.

DISCOURS SUR L'ESPRIT POSITIF, Paris, 1844, 1 vol. in-8° — Plusieurs rééditions, notamment à la librairie Schieicher, 1909, et dans *Œuvres choisies,* voir plus loin p. 239.

DISCOURS SUR L'ENSEMBLE DU POSITIVISME, Paris, Mathias, 1848, 1 vol. in-8°. — Réédition au siège de la Société positiviste, 1907.

SYSTÈME DE POLITIQUE POSITIVE OU TRAITÉ DE SOCIOLOGIE INSTITUANT LA RELIGION DE L'HUMANITÉ, Paris, Mathias, 4 vol. in-8°, 1851-1854. — Edition conforme à la première, Paris, Au siège de la Société Positiviste, 1912.

CATHÉCHISME POSITIVISTE, Paris, chez l'auteur, 1852, 1 vol. in-12. — Multiples rééditions, notamment édition Pécaut, chez Garnier, 1909.

APPEL AUX CONSERVATEURS, Paris, chez l'auteur, août 1855, 1 vol. in-8°.

SYNTHÈSE SUBJECTIVE OU SYSTÈME UNIVERSEL DES CONCEPTIONS PROPRES A L'ÉTAT NORMAL DE L'HUMANITÉ. Tome I, Paris, chez l'auteur, 1856, 1 vol. in-8°.

TESTAMENT D'AUGUSTE COMTE *avec les documents qui s'y rapportent : pièces justificatives, prières quotidiennes, confessions annuelles, correspondances avec Mme de Vaux...* Paris, 10, rue Monsieur-le-Prince, 1884, 1 vol. in-8°. — 2e édition, 1896, contenant l'*Addition secrète.*

II. Correspondances

SIX LETTRES INÉDITES À ROMÉO POUZIN, Paris, Crès, 1914, 1 brochure in-8° de 20 p. (1814-1843).

LETTRES D'AUGUSTE COMTE À M. VALAT, PROFESSEUR DE MATHÉMATIQUES, 1815-1844, Paris, Dunod, 1870, 1 vol. in-8°.

LETTRES D'AUGUSTE COMTE À DIVERS, Paris, 1902-1904-1905, Fonds typographique de l'Exécution Testamentaire, 3 vol. in-8° ainsi numérotés : t. I, 1re partie et t. I, 2e partie : *1850-1857* ; t. II : *Lettres antérieures à 1850.*

CORRESPONDANCE INÉDITE D'AUGUSTE COMTE, Paris, Au siège de la Société positiviste, 1903-1904, 4 vol. in-8°.

Lettres inédites de John Stuart Mill à Auguste Comte publiées avec les réponses de Comte, publiées par L. Lévy-Bruhl, Paris, Alcan, 1899, 1 vol. in-8°.

Lettes au Dʳ Robinet, publiées par Émile Corra, Société positiviste internationale, 1926.

Lettres à Clotilde de Vaux, *reproduites à la suite du* Testament.

Lettres et Fraguements de lettres, Centro positivista de São Paulo, 1927 (dans ce volume, M. F. Germano Medeiros a réuni toutes les lettres de Comte non recueillies dans les volumes précédents et publiées dans divers ouvrages ou dans la *Revue Occidentale).*

Lettres inédites à C. de Blignières, présentées par Paul Arbousse-Bastide, Vrin, 1932.

Nouvelles lettres inédites, textes présentés par Paulo E. de Berredo-Carneiro, Archives positivistes, 10, rue Monsieur-le-Prince, Paris, 1939 (cet ouvrage contient une Table chronologique de toute la correspondance d'Auguste Comte, p. 245-272).

III. Autres documents

On les trouvera sous la rubrique : *Matériaux pour servir à la biographie d'Auguste Comte* dans la *Revue Occidentale*, Paris, mai 1878 à septembre 1914 [que nous désignerons par les initiales : R. O.] et la *Revue positiviste internationale*, Paris, à partir de juillet 1906. [R. P. I.].

La maison qui abrite « le domicile sacré », 10, rue Monsieur-le-Prince, est monument historique depuis le 12 décembre 1928. La conservation de l'appartement est assurée par *La société civile immobilière P. Laffitte et Cⁱᵉ* ; j'ai l'agréable devoir d'évoquer ici l'accueil bienveillant de son secrétaire, M. F. Rousseau[1].

---

1. Note de la 2ᵉ édition : Cette Société est devenue une association dénommée *La Maison d'Auguste Comte, Association internationale,* dont les statuts ont été publiés en 1954 en une brochure illustrée, 10, rue Monsieur-le-Prince.

On peut également visiter la maison de Clotilde, 5, rue Payenne, où l'Église positiviste du Brésil a installé une chapelle de l'Humanité. D'ailleurs, d'après les recherches très précises de M. Paul Carneiro, il semble bien que la véritable maison de Clotilde soit au 7. (Voir : Ch. De Rouvre. *Il faut classer la « vraie » maison de Clotilde de Vaux.* Le Progrès civique, 27 septembre 1930.)

APPENDICE II

Les principaux ouvrages concernant Auguste Comte peuvent être répartis en deux groupes.

I. Ouvrages écrits par les témoins de sa vie

I. Côté des positivistes orthodoxes.

E. Robinet : *Notice sur l'œuvre et la vie d'Auguste Comte*, 1re édition, Paris, 1864. — 3e édition augmentée de pièces justificatives et entièrement refondue, 1891. [Multiples inexactitudes].

J. Longchampt : *Notice sur la vie et l'œuvre d'Auguste Comte*, Paris, 1900. [Reproduction des articles de R. O. de 1889].

Dr. G. Audiffrent : *Centenaire de l'École Polytechnique. Auguste Comte, sa plus puissante émanation*, Paris, 1894.

P. Laffitte. Articles publiés dans R. O. sous la rubrique : *Matériaux pour servir à la biographie d'Auguste Comte*.

II. Côté des positivistes dissidents.

E. Littré : *Auguste Comte et la Philosophie positive*, 1re édition, Paris, 1863. [Écrit sous l'inspiration de Mme Comte].

III. Il faut ajouter le livre de Deroisin, positiviste qui n'est ni orthodoxe ni dissident : *Notes sur Auguste Comte par un de ses disciples,* Paris, 1909, et les articles haineux de Joseph Bertrand : *Souvenirs Académiques. Auguste Comte et* *l'École Polytechnique* dans la *Revue des Deux-Mondes*, 1er décembre 1896, et *Journal des Savants*, nov. 1892.

II. Ouvrages postérieurs

I. CÔTÉ DES POSITIVISTES.

Il convient de signaler les très impartiales brochures de M. Emile CORRA : *La Naissance du génie d'Auguste Comte*, où le Directeur du Positivisme a commencé une histoire de Comte année par année, éditions de la *Revue Positiviste internationale*; — et les monstrueuses compilations de TEIXEIRA MENDES, utiles mais malheureusement peu lisibles : *Clotilde de Vaux et Auguste Comte*, Rio, 1916-1918.

II. HISTORIENS INDÉPENDANTS.

Nombreuses études de détail. Contentons-nous de signaler le livre de LÉVY-BRUHL, indispensable introduction à l'étude de la pensée positiviste, *La Philosophie d'Auguste Comte*, Paris, 1900; — et l'étude de psychologie normale et pathologique du Dr Georges DUMAS, *Psychologie de deux Messies positivistes*, Paris, 1905.

Parmi les articles et ouvrages publiés depuis la première édition de ce livre, ajoutons simplement :

Paul ARBOUSSE-BASTIDE, *La Doctrine de l'éducation universelle dans la philosophie d'Auguste Comte comme principe d'unité systématique et fondement de l'organisation spirituelle du Monde*, 2 vol., Paris, P.U.F., 1957; bibliographie sur la philosophie positiviste, à laquelle on ajoutera le n° spécial du *Bulletin de la Société française de philosophie* pour la *Célébration du Centenaire de la mort d'Auguste Comte*, 1958.

Sur Clotilde : Étienne GILSON, *L'École des Muses*, Paris, Vrin, 1951, Ch. V : Une Muse philosophique; André THÉRIVE, *Clotilde de Vaux ou la Déesse morte*, Paris, Albin Michel, 1957.

On trouvera dans la collection *Les Grands Philosophes* un bon recueil de morceaux choisis : *Auguste Comte, choix de textes et études du système philosophique*, par René HUBERT, 1 vol. in-16, Paris, Michaud ; dans la collection *Bibliothèque philosophique* un recueil d'*Œuvres choisies*, par Henri GOUHIER, Aubier, 1re édition 1943 ; dans la collection *Archivistes positivistes* deux recueils : *Auguste Comte, Système de philosophie positive, Préliminaires généraux et Conclusions* (1830-1842), contenant : *Avis* des 6 tomes du *Cours*, les leçons I, II, LVII [extrait], LVIII, LIX, LX et des lettres, 1942 ; et *Auguste Comte, le prolétariat dans la Société moderne*, textes choisis avec une introduction de R. Paula LOPEZ, 1946.

APPENDICE III

Voici les principaux documents qui constituent la trame de nos chapitres. Nous présentons des justifications plus complètes dans : *La Jeunesse d'Auguste Comte et la formation du positivisme*. Bibliothèque d'Histoire de la philosophie, Paris, Vrin, t. I, 1933 ; t. II, 1936, 2ᵉ édition 1964 ; t. III, 1941.

Prologue

Œuvres de Saint-Simon et d'Enfantin, Paris, 1865-1878, 47 vol., dont 11 consacrés à Saint-Simon, et *Œuvres choisies de C. H. de Saint-Simon*, 3 vol., Bruxelles, 1859. — G. Hubbard, *Saint-Simon, sa vie et ses travaux*, 1857. — Maxime Leroy, *Les spéculations foncières de Saint-Simon*, 1926 et *La Vie véritable du Comte H. de Saint-Simon*, 1925. [Toutes les références de ce chapitre sont données dans : Henri Gouhier, *Les années d'apprentissage de Claude-Henri de Saint-Simon*, dans *Le Roseau d'Or*, 8ᵉ numéro de Chronique, juillet 1929, ou : *La Jeunesse d'Auguste Comte*, t. II].

Chapitre I

Lettres de Mᵐᵉ Louis Comte à son fils, R. O., 1909. — *Lettres de M. Louis Comte à son fils*, R. O., 1910 et 1911. — *Lettres de Mˡˡᵉ Alix Comte à son frère*, R. O., 1910 et 1911.

Montarroyos, *Voyage au pays natal d'Auguste Comte*, R. O., 1914. — Aulard, *Napoléon 1ᵉʳ et le monopole universitaire*, 1911. — Louis J. Thomas, *Montpellier, il y a cent ans*

dans Conférences sur l'histoire de Montpellier, 1912. —
Bourchenin, *Daniel Encontre*, 1877.

Cours de Philosophie positive, t. VI, p. IX. — *Synthèse
subjective*, Dédicace. — *Correspondance avec Mme de Montfort*, R. O., 1909. — *A Clotilde*, 24 nov. 1845, et 4e et
5e *Sainte-Clotilde*.

CHAPITRE II

A Roméo Pouzin, p. 8 à 10. — *A Valat*, p. 1 à 11.

Fourcy, *Histoire de l'École Polytechnique*, 1828. —
Pinet, *Histoire de l'École Polytechnique*, 1887, not^mt p. 104.
— *École Polytechnique : Livre du centenaire*, 1894-1895. —
M. Sautai, *L'École Polytechnique pendant la campagne de
France*, 1910. — Henry Houssaye, *1814* (15 éd., 1894). —
E. Le Gallo, *Les Cent-Jours*, 1924. — *Le Moniteur* de 1815.
— J. Bertrand, *Revue des Deux-Mondes*, 1896, p. 530. —
Extraits d'un cahier de notes du général de Campredon,
R. O., 1906, t. 2. — Deroisin, p. 19. — Pépin, *Le Licencie-
ment de l'École Polytechnique*, R. P. I., 1909-1910 (inter-
prétations suspectes).

CHAPITRE III

Pépin (art. cité). — *Documents d'Auguste Comte relatifs à
l'École Polytechnique. Association des élèves de l'École*,
R. O., 1892, t. 2. — *Un opuscule inédit d'A. Comte : Mes
Réflexions*, R. O., 1882, t. 2. — *A Roméo Pouzin*, 9 juillet
1816. — *A Valat*, p. 12 à 38. — *Le général de Campredon*,
R. O., 1906, t. 2. — Henri Gouhier, *Une année de la jeunesse
d'Auguste Comte*, Revue Philosophique, 1930 ou : *La
Jeunesse d'A. Comte...*, t. I, ch. V.

CHAPITRE IV

A Valat, 17 avril, 15 mai et 15 juin 1818. — Longchampt,
p. 37. — *A d'Eichthal*, 1er mai 1824 [*A divers*, t. II, p. 35 sq.].
— *Lettre et circulaire de Saint-Simon*, fin mai ou début de
juin 1817 [*Œuvres de Saint-Simon*, t. XVIII, p. 214-221 et
A. Pereire, *Autour de Saint-Simon*, p. 13 sq.]. — *L'Indus-*

trie... Tome troisième, 4 cahiers in-4° de 40 p., 10 p., 15 p. et 10 p. et *Tome quatrième, Première Partie, Premier cahier*, 1 vol. in-4° de 19 p. [Texte reproduit dans R. O., mars 1884 à janvier 1885]. — *Opinion sur le projet de loi relatif à la presse, pour M. Casimir Perier*, Décembre 1817 [R. O., 1er mai 1882, p. 326-328 et p. 339-343].

CHAPITRE V

A Valat, avril 1818 à septembre 1820. — *Testament, etc,* note secrète et p. 533. — *L'Industrie... Tome quatrième*, 1er cahier in-8°, 160 p. [texte reproduit dans *Œuvres de Saint-Simon*, t. XIX, p. 43 et p. 73 sq. — opuscule connu sous le titre : *Vues sur la propriété et la législation*]. — *Deux lettres à M. H. Saint-Simon par une personne qui se nommera plus tard*. [Voir : Alfred Pereire, *Autour de Saint-Simon :* texte étudié p. 29 *sq.* et version authentique, p. 141 *sq.*] — *Le Politique*. 12 livraisons en 1 vol. in-8°, XXVII-54-520 p. [les articles signés B***, sauf une lettre d'introduction, ont été reproduits dans la Revue Occidentale de 1882 et 1883]. — *Accord fondant le Politique :* [Alfred Pereire, *ouvr. cité*, p. 59-66]. — *Le Censeur européen*, journal quotidien, 15 juin 1819-22 juin 1820. [Articles de Comte dans les numéros du 16 juin et 17 juillet 1819]. — S. Charléty, *La Restauration*, Livre II. Ch. I. [Tome IV de : Lavisse, *Histoire de la France contemporaine*, Hachette]. — *Opuscules de 1819 :* 1) opuscules scientifiques : Revue Occidentale, 1879 ; mars et novembre 1881 ; 2) opuscules politiques : Revue Occidentale : mai 1882, p. 379-386 et *Séparation générale entre les opinions et les désirs*, dans *Opuscules de Philosophie sociale*.

CHAPITRE VI

L'Organisateur et pièces annexes. [*Œuvres de Saint-Simon*, t. XX]. — *Du Système industriel*, 1re partie, 1 vol. in-8° de 311 p., février 1821. [*Œuvres de Saint-Simon*, t. XXI]. 2e partie, 220 p., 1821. 3e partie, 45 p., 1822. [*ibidem...*, t. XXIII]. — *Catéchisme des Industriels*, 4 cahiers parus en

1823 et 1824. [*Œuvres de Saint-Simon :* 1er et 2e au t. XXXVII; 3e au t. XXXVIII; 4e au t. XXXIX]. — Cf. Bibliographie du *Prologue*. — Auguste Comte, *Opuscules de Philosophie sociale*, Opuscules 2 et 3. — Pierre Laffitte, *De l'opuscule fondamental*, R. O., 1893, t. II et 1895, t. I. — Robinet, p. 366 (acte de la vente sous seing privé).

A Valat, 6 sept. 1820; 21 mai, 8 sept. et 25 décembre 1824. — *A Tabarié,* dans *Lettres à divers,* t. II, 5 avril, 17 juillet et 22 août 1824. — *A D'Eichthal* (même recueil), quatre premières lettres (ses réponses sont dans R. O., 1896, t. I.).

Chapitre VII

A Tabarié, dans : *A divers,* t. II, 5 avril et 22 août 1824. — *A Valat,* p. 149, p. 162, p. 164-166 et p. 174-179. — *Testament,* édition 1896, *Addition secrète.* — *A Cerclet, Correspondance,* t. IV, p. 3. — T. Mendès, t. II, 1, p. 561-562 (témoignage de Longchampt reproduit seulement dans l'édition portugaise de sa biographie de Comte). — Camille Monier, *Les souvenirs de J. Bertrand sur A. Comte,* R. O., 1897, t. I, p. 3. — *Acte de mariage d'A. Comte,* R. O., 1893, t. I. — Longchampt, p. 71. — Littré, p. 32.

Chapitre VIII

A Valat, p. 181 à 194. — *A G.* et *A. D'Eichthal* [*A divers,* t. II], 6 avril 1825 à mars 1826; le billet daté 15 avril 1826 est dans R. O., 1896, t. I (p. 353) où se trouvent (p. 354) les lettres de Mme A. Comte pendant cette période. — *A Blainville,* dans *Correspondance,* t. I, 4 lettres du 27 février au 15 avril 1826. — Littré, 1re partie, ch. VII. — *Relations d'A. Comte avec La Mennais,* R. O., 1880, t. II et 1886, t. I. — Deroisin, p. 24-26. — *Déclaration de Mlle Alix Comte* (sur la folie de son frère), R. O., 1895, t. I, p. 439. — Note de M. Louis Comte sur les avances faites à son fils pendant sa maladie, *ibidem,* p. 440 sq. et 1898, t. I, p. 30 sq. — Dr Dumas, p. 127 à 151.

Testament (et lettres à Clolilde), *Addition secrète,* et p. 31, 265, 290, 292, 296.

Opuscules de philosophie, opuscules 4, 5 et 6.

CHAPITRE IX

A d'Eichthal, dans *A divers,* t. II, 9 déc. 1828, 7 déc., et 11 déc. 1829. — *A son père,* 20 décembre 1829, dans *Correspondance,* t. IV, p. 39. — *Au Ministre du Commerce* [*A divers,* t. II, p. 145]. — *Lettres de Mme Comte mère,* R. O., 1909, t. I, p. 97 à 116 et t. II, p. 47 à 66. — Littré, 2e partie, ch. III et IV. — Les articles de 1828 se trouvent dans R. O., 1er juillet 1883. — *Cours de philosophie positive,* t. I. Avertissement. — Henri Gouhier, *Auguste Comte et le positivisme en 1830,* La Vie Intellectuelle, Janvier 1930.

E. Pépin, *Auguste Comte et la Révolution de 1830,* R. P. I., 1912, t. I. — *Adresse... de l'Association polytechnique au Roi des Français.* Robinet, p. 414. — *Au président de l'Association polytechnique, Correspondance,* t. IV, p. 144. — Deroisin, p. 30. — R. O., 1883, t. I, p. 164 à 297.

Sur Comte, l'École Polytechnique et le Collège de France : *Correspondance,* t. IV, p. 147 à 191 et *A Blainville,* 21 juin 1832, *ibidem,* t. I. — Bertrand, Revue des Deux-Mondes, p. 535-536. — Robinet, p. 415 *sq.*

Sur Comte et sa femme : *A Littré,* 28 avril 1851, dans *Testament,* p. 50. — *A Clotilde, ibidem,* p. 433-434. — *A Mme Comte, ibidem,* p. 38 *sq.*

CHAPITRE X

A Pouzin, p. 13. — *Tableau du nombre de jours et de feuilles employées par Auguste Comte dans la rédaction de ses ouvrages,* R. O., 1892, t. II, p. 436. — Littré, 2e partie, ch. II. — *A M. Chevalier, Correspondance,* t. I, p. 65.

Affaire de Polytechnique en 1840 : *A Valat,* 10 mai à 13 oct. 1840. — *Correspondance,* t. IV, p. 196 à 208 et t. I. *A Blainville,* p. 47 à 52. — R. O., 1887, t. II et 1889, t. I. — Bertrand, Revue des Deux-Mondes, p. 537 *sq.*

Comte et sa femme : documents cités au ch. IX. — Littré, 2e partie, chap. XIII. — *A Stuart Mill,* 19 juin à 24 août 1842.

A Maximilien Marie. De Rouvre, *ouvr. cit. au ch. XII,* p. 106.

CHAPITRE XI

Correspondance, t. IV, p. 213 à 245, et *A Blainville,* t. I, p. 52 et 58. — *A Mme Austin,* 22 juillet 1844. [*A divers,* t. II, p. 279]. — *A Valat,* p. 313 *sq.* et 343 *sq.* — *A Stuart Mill,* à partir du 5 nov. 1842 jusqu'au 18 déc. 1845, Littré, 2e partie, ch. VII, VIII et IX. — Robinet, p. 428. — Bertrand, *art. cité,* p. 540 *sq.*

CHAPITRE XII

Deroisin, p. 4 *sq.* — *A Mill,* p. 313 et p. 360. — Dumas, p. 152. — De Rouvre, *L'Amoureuse histoire d'Auguste Comte et de Clotilde de Vaux,* Paris, 1917. — Clotilde de Vaux, *Willelmine, Ébauche inachevée,* Facsimilé du manuscrit autographe et texte typographié, précédé d'extraits des écrits de Clotilde de Vaux et d'Auguste Comte, 1 vol. in-4°, Édition Positiviste, Paris, 1929. — *A Clotilde et réponses.* [*Testament*] : 36 premières lettres et une lettre du 22 mai non envoyée, *Correspondance,* t. IV, p. 67. — *A M. ou Mme Marie,* 30 mai et 8 juin 1845, *Correspondance,* t. IV, p. 75 *sq.* — *A Lenoir,* dans : Mendès, t. II, p. 1051. — La lettre sur *La Commémoration sociale* suit le *Testament.* Celle sur *Le baptème chrétien* est dans *A divers,* t. II, p. 311.

CHAPITRE XIII

De Rouvre, *ouvr. cité,* notamment le *Mémoire* de Mme Marie, p. 383 *sq.* — *A Clotilde et réponses* : les 85 dernières lettres. — *A M. ou Mme Marie,* 5, 7 et 15 avril 1846, *Correspondance,* t. IV, p. 83-89. — Mendès, t. II, 2, P. LXXXVI, 895-896. — Des œuvres de Clotilde sont au t. I de la *Politique positive, Lucie* et le poème *Les Pensées d'une fleur.*

Chapitre XIV

A Mill, p. 529. — Mendès, t. III, p. 985 *sq.* — *A Lenoir*, 9 lettres du 14 avril au 28 octobre 1846, *Correspondance*, t. IV, p. 99-120. — *A M. d'Aguiar*, *ibidem*, p. 121. — *A M. ou Mme Marie*, 4 lettres du 19 avril au 16 octobre 1846, *ibidem*, p. 90-95. — De Rouvre, *ouvr. cit.*

Sur Comte et sa femme : *A Mme Comte,* 10 janvier 1847, 31 octobre 1849, 5 janvier, 2 mars et 21 mai 1850, *Correspondance*, p. 125 sq. — *A Littré*, 28 avril 1851, *Testament*, p. 46 ou *Correspondance*, t. II, p. 8. — *Sainte-Clotilde*, p. 143, 157, 175. — Deroisin, p. 6 et 57 *sq.* — Littré, p. 492-501, 611-617.

Comte et ses parents : *A Louis Comte* : 2 juin 1846 et 8 mars 1848, *Correspondance*, t. IV, p. 49-51 ; 5 juillet 1855, 26 janvier 1857, R. O., 1909, t. I, p. 11-17. — *A Mlle Alix Comte* : 8 et 16 mars 1848, *Correspondance*, t. IV, p. 52-53 ; 14 octobre et 22 décembre 1850, 27 juin 1852, R. O., 1909, t. I, p. 23-29.

Comte et Polytechnique : *Correspondance*, t. IV, p. 250-261 et 265-293. — *Système de Politique*, t. I, p. 23, n. 1. — Bertrand, *art. cit.*, p. 544-546.

Comte et la Révolution : *3e Sainte-Clotilde.* — *A Arago*, 2 mars 1848, *Correspondance*, IV, p. 264. — Documents sur la Société Positiviste : Robinet, p. 461 à 468. — *Pièces relatives à l'évolution politique de la France*, *ibidem*, p. 482-483. — Deroisin, p. 38 *sq.* — Littré, 3e partie, ch. VIII.

Le subside positiviste : Littré, 3e partie, ch. IX. — *Les circulaires annuelles* sont publiées par Robinet p. 487 *sq.* — Les sacrements positivistes sont définis dans : *A B. Profumo*, 4 mars 1851, *Correspondance*, t. III, p. 196 *sq. A P. Laffitte,* 20 août 1849, *ibidem*, t. II, p. 51. *Politique positive*, t. IV, p. 123. — On trouvera ses commentaires sur l'actualité politique particulièrement dans les lettres à *Deullin*. [*Correspondance,* t. I] et à *Hadery* [*ibidem*, t. II]. — Sur ses négociations avec les Jésuites : R. O.,1886, t. II, p. 57 *sq.* Deroisin, p. 169. *A Sabatier*, 5 lettres. [*A divers*, t. I, 2e partie].

Chapitre dernier

Prières quotidiennes, à la suite du *Testament.* — *Circulaires annuelles* (Robinet, p. 487 *sq.*), notamment p. 502-503 et 528. — *Politique positive,* t. IV, p. 254 *sq* et 307 *sq.* — *Synthèse subjective,* p. 755 (règles de composition). — A *Blignères,* 27 juin 1857, *Correspondance,* t. III, p. 313. — *A M. le Baron Constant,* 1er sept. 1857, *ibidem,* t. I, p. 338. Toutes les lettres de l'été 1857, à Deullin [*ibidem,* t. I], Laffitte [t. II], Hadery [t. II], de Tholouze [t. III], Dr Audiffent [*A Divers,* t. I, 1re partie], Dix Hutton [*ibidem*], Dr Foley [*ibidem,* 2e partie].

Longchampt, p. 154-157, 201-202, 204-207. — Deroisin, p. 88 à 94, p. 174 *sq.* — Robinet, 2e partie, ch. XIII et Pièces justificatives 33 et 34. — *Mes souvenirs personnels d'Auguste Comte* (article du *Chamber's Journal de Dublin*), *ibidem,* p. 553.

TABLE DES MATIÈRES

ACHEVÉ D'IMPRIMER
EN DÉCEMBRE 1997
PAR L'IMPRIMERIE
DE LA MANUTENTION
À MAYENNE
N° 428-97

Dépôt légal : 4ᵉ trimestre 1997